*Der **Autor Pit Saylor** ist im Oktober 1974 in Hamburg geboren. Sein Vater ist Engländer und fährt als Nautiker zur See. Seine Mutter ist Lehrerin in einer Hamburger Schule, ebenso wie seine Frau. Beide sind glücklich verheiratet, haben zwei Kinder und leben in der Nähe von Hamburg. Er begann auf Grund eines guten Abiturs in Hamburg Physik zu studieren, brach das Studium aber nach dem vierten Semester ab und schrieb sich in der juristischen Fakultät ein. Aber auch dieses Studium entsprach nicht ganz seinen Vorstellungen und so ging er in die Praxis. Jetzt ist er in einer technischen Bibliothek tätig. Das ist genau sein Metier. Nebenbei verfasst er Kurzgeschichten und schreibt Romane. Seine Vorliebe gilt der Kriminalliteratur. Ein guter Freund aus der Nordheide entwirft die Covers für seine Bücher und ist auch sein Manager. Er unterstützt ihn bei allen technischen Details, bei der Gestaltung seiner Bücher und deren Vermarktung. So kann sich der Autor in seiner Freizeit dem Schreiben widmen.*

www.pitsaylor.de

Bibliografische Information der Deutschen Nationalbibliothek: Die Deutsche Nationalbibliothek verzeichnet diese Publikation in der Deutschen Nationalbibliografie; detaillierte bibliografische Daten sind im Internet über dnb.dnb.de abrufbar.

© 2021 Pit Saylor

Umschlaggestaltung: Dr. Berthold W. Seemann

Herstellung und Verlag: BoD – Books on Demand, Norderstedt

1. Auflage 2022

ISBN: 9 783 755 730 446

Pit Saylor

Die Macht des Zyklopen

Kriminalroman

Kapitel 1

Die 28-jährige Bankangestellte Gertrud Schwindt beginnt den sonnigen Tag schon um 6:00 Uhr mit einem Trainingslauf auf der kleinen Leinerunde. Die schöne, 3, 8 km lange Strecke führt kurz hinter der Schlossstraße an das Ufer der Leine. Dabei kommt sie schnell in den Ihme-Park. Da um diese Zeit noch nicht viele Menschen unterwegs sind, genießt sie die morgendliche Ruhe. Aber ganz so besinnlich ist es auch nicht, denn etwa 100 Meter von ihr entfernt beobachtet sie eine männliche Person, die mit einem anderen, auffallend schlanken Mann herumrangelt und ihn schließlich zu Boden wirft. Gertrud unterbricht das Training, weil ihr das Verhalten der Männer komisch vorkommt. Sie stellt sich hinter einen Baum, damit sie nicht gesehen wird. Plötzlich richtet sich der sportlich aussehende Mann auf, schaut in die Runde und entdeckt sie dabei, weil sie etwas neugierig hinter dem schützenden Baum hervorgetreten ist. Er erblickt sie und rennt plötzlich los. Als er in die enge Glockseestraße mit der Grafikkünstler Fassadenkunst hineingerannt ist, hat sie ihn aus ihrem Blickfeld verloren. Weil sie sich nun nicht mehr als mögliche Zeugin in Gefahr sieht, läuft sie zu dem am Boden liegenden Mann hin. Doch dieser liegt regungslos, mit geschlossenen Augen auf der Seite in einem niedrigen Gebüsch auf dem Rasen. Sie greift mit zwei Fingern an seine Halsschlagader, verspürt aber keinen Puls und wählt jetzt sofort auf ihrem Smartphone die 110.

Beim Kommissariat Mitte klingelt das Notruftelefon und schon nimmt ein Beamter den Hörer hoch:

„Polizeinotruf Hannover Mitte, wie können wir helfen?"

„Hier spricht Gertrud Schwindt, ich jogge gerade durch den Ihme-Park, da sehe ich einen Mann regungslos im Gras liegen. An der Aorta habe ich keinen Puls gespürt."

„Danke, wo sind Sie genau?"

„Ich schicke Ihnen per WhatsApp die GPS-Daten: An welchen Namen soll ich die Daten senden?"

„Bitte schicken Sie an ‚0178 110 110 110'. Danke und bleiben Sie vor Ort, wir sind gleich da."

Während Gertrud ihr Smartphone wieder in die Tasche steckt, atmet sie erst einmal tief durch, denn der Schreck sitzt ihr immer noch in den Gliedern. Sie lehnt sich an einen Baum und hat den Toten ständig im Auge. Es ist das erste Mal in ihrem Leben, dass sie mit dem Tod eines Menschen konfrontiert wird. Es ist aber nicht allein der Anblick, sondern auch die Erinnerung, dass sie aus relativ geringer Distanz ansehen musste, wie ein Mann getötet wurde. Schon hört Gertrud das Signal des nahenden Polizeifahrzeuges. Gleichfalls kommt ein Rettungswagen dazu, damit ein Arzt feststellen kann, ob vielleicht noch Hilfe möglich ist oder er nur noch den Tod feststellen kann.

Drei Beamten steigen aus dem Streifenwagen aus. Während zwei zu dem im Gras liegenden Mann gehen, kommt ein Polizist auf Gertrud zu und fragt:

„Guten Morgen, hatten Sie uns angerufen?"

„Ja, ich habe den Notruf abgesetzt und Ihnen die GPS-Daten geschickt.

„Danke, das war sehr gut, so fanden wir schnell hier im Ihme-Park die genaue Stelle. – Bitte beschreiben Sie mir jetzt im Detail, was Sie beobachtet haben."

Nun nennt Gertrud ihren vollen Namen und gibt dem Polizisten ihre Kontaktdaten, damit der auch die Telefonnummer und die E-Mail-Adresse hat, falls es noch Nachfragen geben sollte.

Danach darf Gertrud ihr Training fortsetzen, was sie aber wegen des Zwischenfalls nicht macht. Sie wählt eine Abkürzung, denn schließlich hat sie auch heute noch einen Arbeitstag vor sich. Dieser wird gewiss durch das einmalige Erlebnis im Kreis ihrer Kollegen etwas anders aussehen. Sie wird einige Fragen beantworten müssen.

Am Tatort sind die Polizeibeamten damit beschäftigt, die Personalien des Getöteten aufzunehmen, die Spuren zu sichern und diverse Fotos zu machen. Der Rettungswagen muss den Tatort wieder verlassen. Leider kam für das Opfer jede Hilfe zu spät. Die Bestattungsgesetze der einzelnen Länder verbieten es Privatpersonen und damit auch dem Personal von Rettungsfahrzeugen, einen Leichnam zu transportieren. Die Überführung eines Verstorbenen darf daher ausschließlich von Bestattungs- oder Überführungs-unternehmen vorgenommen werden. Da es nicht zulässig ist, den Toten mitzunehmen, warten die Polizisten auf den Leichenwagen, der das Opfer direkt in die Gerichtsmedizin fährt.

Hier wird die soeben eingelieferte tote Person gleich begutachtet.

Es handelt sich um Christian Groß, 36 Jahre. Die Pathologin, Dr. Ilse Eichmann, bestätigt als Erstes den Todeszeitpunkt mit 6:22 Uhr. Dann geht sie systematisch an ihre Arbeit. Es braucht nicht lange, dass sie überrascht feststellt, dass der Tote nur ein funktionierendes Auge besitzt und sich die Kunststoffprothese des rechten Auges nicht in der Augenhöhle befindet, sondern schlechthin fehlt. Sofort ruft sie Oberkommissar Helmut Brenner an:

„Oberkommissar Brenner, was gibt's denn?"

„Hier spricht Dr. Eichmann aus der Pathologie. Herr Brenner, ich habe gerade den heute früh eingelieferten Leichnam des Christian Groß auf dem Tisch und musste eine ungewöhnliche Feststellung machen. Groß hat operationsbedingt nur noch das linke Auge, doch die Prothese des rechten Auges ist nicht vorhanden. Er muss sie bis zu seinem Tod getragen haben, sonst hätte er starke Schmerzen gehabt. Es ist mir ein Rätsel, wie man auf dem Wege vom Tatort bis in die Pathologie sein ‚Glasauge' verlieren kann. Er hat sozusagen das Auge aus dem Auge verloren.

Bitte klären Sie unverzüglich den Sachverhalt. Vielleicht ist es in dem eventuell stattgefundenen Todeskampf verloren gegangen. Auf Wiederhören."

So etwas hat O. K. Brenner in seiner gesamten Dienstzeit noch nicht erlebt, dass eine Leiche sein Kunstauge verliert.

Daher ruft er sofort seine beiden Kommissare Berta Zöllner und Klaus Weise zu sich ins Büro.

„Wie Ihr erfahren habt, mussten wir heute in aller Frühe zu einem Mordfall in den Ihme-Park fahren. Nach Abschluss unserer Untersuchungen wurde die Leiche in die Gerichtsmedizin gebracht. Dort stellte Dr. Eichmann fest, dass dem Opfer das rechte, künstliche Auge fehlt. Die Augenhöhle rechts ist leer.

Ihr müsst also sofort noch einmal zum Tatort fahren und das Glasauge suchen. Man sagt zwar Glasauge, weil sich dieser Ausdruck über Jahre eingebürgert hat, als es noch keine Kunststoffaugen gab. Fahrt bitte los, durchkämmt den ganzen Rasen im Ihme-Park und kommt mit insgesamt fünf Augen zurück. Na ja, dieser Spaß sei mir vergönnt, aber Ihr wisst, was ich meine. Viel Erfolg!"

Und wieder fährt ein Streifenwagen lautlos aber mit Blaulicht in den ruhigen Park. Sie kriechen förmlich über den Rasen, denn so ein kleines Teil ist zwischen Blumen und Grashalmen schlecht auszumachen.

Nach erfolglosem Suchen fällt es wie Schuppen von Bertas Augen und sie sagt:

„Klaus, ich wohne nicht weit von hier entfernt. Lass uns schnell in unseren Garten fahren und ich nehme mir von uns eine Harke mit. Damit sind wir auf der sicheren Seite. Komm, fahr!"

Jetzt geht die Fahrt wieder los, doch dieses Mal mit Sondersignal. Allerdings ist Klaus noch nicht klar, wie er das ‚Herbeiholen eines dienstlich erforderlichen

Hilfsmittels' mit einem eingeschalteten Sondersignal begründen kann. Doch es muss jetzt schnell gehen und so sind sie auch schon vor Bertas Gartenhaus. Mit der Harke in der Hand kommt sie wieder zurück zum Streifenwagen.

Da Bertas Mutter nicht berufstätig ist und das Haus hütet, entgeht ihr nichts. Der plötzliche Besuch ihrer Tochter im Gartenhaus erscheint ihr schleierhaft. Das wird noch fragwürdiger, als sie sieht, dass Berta mit einer Harke wieder abzieht und mit dem Streifenwagen auf und davon ist.

Ohne nennenswerten Zeitverzug sind sie wieder am Tatort. Noch auf dem Weg dorthin hat Berta sicherheitshalber ihren Chef berichtet, was sie eben gemacht haben.

Während sie ihre besondere Art der Beweismittelsuche fortsetzen, klingelt bei Oberkommissar Helmut Brenner das Telefon:

„Hallo Helmut, hier spricht Eduard vom Kommissariat Süd. Sag mal, hattet ihr eben schon wieder einen Einsatz? Ich sah nur an unserem Gebäude einen von euren Streifenwagen mit Sondersignal vorbeirasen. Auch meine Kollegen hier sind ganz aufgeregt, deshalb habe ich auf ‚laut' gestellt, damit sie deine Antwort hören können. Nun erzähl mal, Helmut, was ist los bei euch?"

Helmut fasst sich bewusst kurz:

„Nichts Besonderes, Berta und Klaus haben nur eine Harke geholt."

Das ist der akustische Startschuss für ein lautes Gelächter im Kommissariat Süd. Dieses Telefonat zwischen den

12

beiden Kommissariaten wird mit Sicherheit in die Annalen der Landespolizei Hannover aufgenommen.

Die gesamte Rasenfläche im Ihme-Park wird förmlich gerastert, doch leider ohne Erfolg. Nach über vierstündiger vergeblicher Suche, das Glasauge zu finden, geben sie auf und fahren ohne Sondersignal zurück in ihr Kommissariat. Dort können sie ihrem Chef nur berichten, dass sie trotz penibler Suche nichts gefunden haben, was einem Kunststoffauge ähnlich sah. Auch Bruchstücke konnten nicht gesichtet werden. Dazu sagt jetzt Helmut mit betont ruhiger und sachlicher Stimme:

„Liebe Kollegen, ich weiß, und nicht nur von Euch, dass Ihr mit aller Kraft und allen Mitteln versucht habt, das Beweisstück ausfindig zu machen. Bedauerlicherweise ist es nicht gelungen.

Mir hat Dr. Eichmann gesagt, dass er ohne das künstliche Auge große Schmerzen gehabt hätte. Das heißt aber auch, dass er zum Tatort noch mit der Augenprothese gekommen sein muss. Wenn Ihr dort trotz intensiven Suchens keine Prothese gefunden habt, ist sie auf dem Transport in die Gerichtsmedizin abhandengekommen oder der Täter hat sie gestohlen. Soll eine Augenprothese wirklich ein Tatmotiv sein? Also das kann ich mir nicht denken und daher müssen wir als Nächstes das Motiv des Täters herausfinden."

Nun wirft Berta aber ein:

„Da hast du vollkommen recht, aber zunächst müssen wir wissen, wer er überhaupt ist."

Helmut legt nun die weitere Vorgehensweise fest:

13

„Da wir den Täter nicht kennen, müssen wir das Umfeld des Opfers erkunden. Vielleicht haben Täter und Opfer schon einmal Kontakt gehabt. Bitte übernehmt Ihr beide diese Aufgabe und sucht die Angehörigen von dem getöteten Christian Groß auf. Hier ist die Adresse."

Die Kommissare Berta Zöllner und Klaus Weise fahren zur angegebenen Adresse. Sie stehen vor einem Einfamilienhaus, vor dem ein kleiner Vorgarten angelegt ist. Das ist am Weddingenufer bei vielen Häusern so, dass vor dem Hauseingang ein bisschen Grün dem Haus schon einen netten Anstrich gibt. Berta klingelt und eine Frau öffnet die Tür. Die beiden Polizisten stellen sich vor:

„Guten Tag! Ich bin Kommissarin Berta Zöllner und das ist mein Kollege Klaus Weise. Sie sind wahrscheinlich Frau Groß?"

„Ja, das bin ich. Aber was führt Sie zu mir?"

„Frau Groß, dürfen wir kurz eintreten."

Sie werden in das Wohnzimmer geführt, wo alle drei Platz nehmen. Jetzt beginnt Berta:

„Frau Groß, wir müssen Ihnen leider eine traurige Nachricht überbringen. Ihrem Mann ist heute früh etwas zugestoßen. Er wurde im Ihme-Park von einem unbekannten Mann ermordet."

Frau Groß bricht in Tränen aus und Berta versucht sie zu trösten. Doch schnell fängt sich die Frau wieder und stellt die Frage:

„Wer hat das denn getan?"

„Ja, das wüssten wir auch gern. Uns ist nur bekannt, dass es eine männliche Person war, die ihrem Mann im Park aufgelauert hat."

„Mein Mann machte immer gern in aller Frühe vor seinem Dienstbeginn einen Morgenspaziergang und der führte ihn dann auch in den Ihme-Park und an der Ihme entlang."

„Wir werden alles daransetzen, den Mörder zu finden. Dürfen wir Ihnen denn jetzt schon einige Fragen stellen?

Hatte ihr Mann jemals in seinem Umfeld einen Menschen, dem Sie so etwas zutrauen würden?"

„Nein, denn das hätte er mir gewiss nicht verschwiegen, weil wir immer offen zueinander waren. Aber vor wenigen Tagen hatte er eine Andeutung gemacht, dass ein Unternehmen gern einen Erfahrungsbericht über sein künstliches Auge haben möchte und er ihm dafür viel Geld anbot. Und jetzt, wo Sie danach fragen, fällt mir ein, dass mein Mann gestern Abend sagte: ‚Wenn ich morgen vom Dienst komme, trinken wir ein Glas Sekt zusammen."

„Was Sie uns da sagen, ist ein wichtiger Hinweis. Das könnte der Mörder gewesen sein, der Ihren Mann unter diesem Vorwand heute früh im Ihme-Park treffen wollte. Haben Sie denn einen Namen oder eine Telefonnummer erfahren?"

„Frau Kommissarin, Sie sollten wissen, dass mein Mann mit Leib und Seele Beamter bei der Finanzbehörde war. Wir hatten vereinbart, dass wir immer, wenn wir aus dem Haus gehen, eine kurze Info auf einem Zettel hinterlassen, wohin wir gehen und wann wir wieder zurück sein werden. Ich schau mal nach, wo ich einen solchen Zettel finde.

Einen Augenblick bitte, ich gehe zu seinem Schreibtisch und werde nachsehen, ob er im Tischkalender etwas vermerkt hat. – Ja, hier steht: ‚Treffen mit Harald und dann diese Telefonnummer hier.“

„Finden Sie im Kalender vielleicht ein paar Tage vorher noch einen anderen relevanten Hinweis?“

„Ja, hier stehen aber nur zwei Buchstaben mit einem Fragezeichen:‘ J&C?‘. Mehr steht da nicht, aber diese Zeichen kommen mir irgendwie bekannt vor. –

Mein Mann war begeisterter Dart-Spieler und das war sein großes Übel. Bei einem solchen Spiel im Club prallte ein Pfeil aus Versehen an einer harten Kante ab und traf sein rechtes Auge. Das lief sofort aus. Er kam zwar unmittelbar danach ins Krankenhaus, doch das Auge war für immer verloren.“

„Aber woher kennen Sie jetzt J&C?“

„Im Krankenhaus musste er eine Woche bleiben, bis die große Wunde versorgt war. Und da kam zu ihm einmal ein Vertreter von J&C und bot ihm an, dass seine Firma ihm gern ein künstliches Auge liefern würde. Sie seien noch eine Firma im Aufbau und brauchten jeden Auftrag. Er hatte das mit seinem behandelnden Augenarzt besprochen, doch der empfahl ihm das Produkt eines anderen Herstellers, mit dem sie bereits

16

gute Erfahrungen gesammelt hätten. Christian hat sich dann für diese Firma entschieden. Da es sein momentanes Problem war, wieder schnell einen hochwertigen Ersatz zu bekommen, hat er mir alles, was diese Operation betraf, genauestens erzählt.

Mehr weiß ich nicht und langsam wird es mir auch zu viel."

„Vielen Dank, dass Sie uns so viele Informationen gegeben haben. Es wird helfen, den Mörder zu finden und ihn seiner gerechten Strafe zuzuführen"

Das waren die Abschiedsworte von Kommissar Klaus, der sich mit Fragen sehr zurückgehalten hatte, weil er überzeugt ist, dass das in einer solchen Situation einer Frau besser gelingt.

Wieder zurück auf dem Kommissariat berichten sie kurz Helmut von dem Gespräch mit der Witwe Groß. Er meint dazu:

„Jetzt müssen wir versuchen, alles über diese Firma J&C und über Harald zu erfahren. Bitte geht in dieser Richtung weiter."

Klaus sucht nun in verschiedenen Quellen nach dem Kurzzeichen J&C. Er wird dabei schnell fündig und erfährt, dass diese beiden Buchstaben auf folgendes Unternehmen hinweisen. Es ist die

J&C Prosthetic in Sarstedt.

Sie produzieren diverse Kunststoffprodukte und sind noch nicht so lange auf dem Markt. Daher versuchen sie, sich auf dem Gebiet künstlicher Prothesen zu profilieren.

Aus dem Gespräch mit Frau Groß ist herauszuhören, dass dieses Unternehmen beabsichtigt, künstliche Augen herzustellen.

Klaus hat aber auch herausgefunden, dass der Marktführer für Augenprothesen neben Anbietern aus Fernost das deutsche Unternehmen SEP in Isernhagen ist. Hinter den drei Buchstaben verbirgt sich die vielversprechende Firmenbezeichnung ‚Scientific Eye Prosthetis‘ mit einem Dr. Wagner als Leiter.

Nun kommt Kommissarin Berta Zöllner ins Spiel, denn sie vermutet, dass der Täter mit dem Namen Harald bei J&C anzutreffen ist. Aber sie will absolut sicher sein und so ruft sie von ihrem privaten Handy aus an. Aus gutem Grund ist auch auf diesem Gerät die Positionsweitergabe unterdrückt. Andernfalls könnte der Angerufene schnell feststellen, dass der Anruf aus der Landespolizeibehörde in Hannover kommt und das muss vermieden werden.

Berta wählt die Nummer, die dieser noch unbekannte Harald Herrn Groß gegeben hatte und jemand meldet sich:

„J&C Sekretariat, guten Tag. Was kann ich für Sie tun?“

„Hallo, hier ist Berta. Ich wollte gern Harald sprechen. Er gab mir aber nur diese Nummer, können Sie mich weiterverbinden?“

„Was wollen Sie denn von Harald Bruhn, ist es geschäftlich oder privat?“

„Es ist ganz privat und es soll eine Überraschung für ihn sein.“

„Nun gut, ich versuche, sie zu verbinden!"

Die Sekretärin ist etwas verunsichert, denn noch nie hat eine Berta sich für Harald interessiert. Aber sie versucht trotzdem ihn zu erreichen:

„Hallo Harald, hier ist Heidrun aus dem Sekretariat. Gerade ruft eine Berta an, die möchte Harald sprechen. Soll ich sie durchstellen?"

Genau in diesem Moment kommt aus dem Nebenzimmer der Chef herein und deutet seiner Sekretärin an, sie möge auf ‚Mithören' stellen.

„Hallo Heidrun. Du, ich kenne aber keine Berta. Wer soll das denn sein?"

„Also das weiß ich nicht. Sie sagte bloß, dass sie dich überraschen will! Soll ich sie nun durchstellen, denn die hängt ja noch immer in der Leitung und blockiert alle geschäftlichen Anrufe?"

Dr. Daub, der Chef, hat alles mit angehört und schüttelt den Kopf. In diesem Moment verlischt die rote LED und die grüne leuchtet wieder. Als Heidrun das sieht, sagt sie nur ein Wort:

„Aufgelegt!"

Nun wendet sich Dr. Daub an Frau Heidrun Lange und bittet sie, Harald sofort in sein Büro zu bestellen. Er selbst sei für niemanden für den Rest des Tages zu sprechen.

Im Kommissariat hält Berta noch immer den Hörer in der Hand, überlegt und bittet Klaus zu sich an ihren Arbeitsplatz.

„Klaus, ich habe eben versucht, über die uns bekannte Rufnummer einen Harald zu erreichen. Aber ich hatte nur das Sekretariat an der Strippe. Die Dame fragte, ob ich Harald Bruhn privat oder geschäftlich sprechen will und sie würde weiter versuchen, mich zu verbinden. Doch da wurde es plötzlich still und dann habe ich aufgelegt."

„Berta ich vermute, dass Harald Bruhn der Tatverdächtige ist und er den Anruf von dir als einen Kontrollanruf der Polizei gedeutet hat. Damit hat Harald auch recht. Er wird jetzt irgendwo versuchen unterzutauchen. Ich werde mich bemühen, die Wohnanschrift dieses Harald Bruhn herauszubekommen."

Sofort fangen beide an, auf ihren PCs nach einem Harald Bruhn zu fahnden. Berta schaut auch im Netz der Polizei nach auffällig gewordenen oder vorbestraften Personen.

Nach einer Viertelstunde ruft Berta freudig aber halblaut: „Wau, ich habe einen Harald Bruhn gefunden. Wir haben seine Fingerabdrücke und auch seine DNA. Er ist vor 7 Jahren gefasst worden, als er in einen Supermarkt eingebrochen war und eine größere Menge Alkohol stehlen wollte. Nun frage ich bei der KTU nach, ob sie schon an der Brille des Toten, Spuren sichern konnten."

Das hört sich alles sehr positiv an, doch oft findet man eine Schwachstelle.

Kapitel 2

Bei J&C klopft jemand vorsichtig an die Tür des Sekretariats und Harald tritt ein. Heidrun führt ihn gleich weiter in das Büro von Dr. Daub, der ihn empfängt und sagt:

> „Bruhn, Sie nehmen ihr Handy, blockieren die GPS-Weitergabe und kommen gemeinsam mit mir zu meinem Auto in die Tiefgarage. Sollte zu irgendeinem Zeitpunkt ein Anruf kommen, sagen Sie, dass Sie zu Kundengesprächen in Hamburg seien und erst morgen wieder in der Firma zu erreichen sind. Ist das klar?"

Beide gehen hinunter in die Tiefgarage, setzen sich in den Mercedes von Daub und verlassen so das Unternehmen. Auf kürzestem Weg gelangen sie auf die Bundesstraße 3 und fahren in nordwestlicher Richtung weiter zum Steinhuder Meer. Dort fühlen sie sich ungestört und können in Ruhe den Tag verbringen, sicher vor der Polizei. Wären sie in der Firma geblieben, hätten sie immer damit rechnen müssen, dass die Kommissare auftauchen und unangenehme Fragen stellen.

Wie nicht anders zu erwarten ist, bekommt Dr. Daub einen Anruf von seiner Sekretärin, doch auf seinem privaten Handy. Diese Nummer kennt nur sie und seine Frau. Frau Lange teilt ihm Folgendes mit:

> „Herr Dr. Daub, eben hatte ich einen Anruf von der Kriminalpolizei. Die Beamten baten um einen Gesprächstermin, ergänzten aber, dass es zwar

dringend, aber nicht sehr dringend sei. Ich habe ihnen für morgen um 14:00 Uhr einen Termin vorgemerkt.

Im Kommissariat Mitte kann inzwischen Klaus einen Erfolg verbuchen, denn er hat die Adresse von Frau Ursula Bruhn gefunden, der Exfrau von Harald. Für heute um 15:30 hat er ein Treffen mit ihr vereinbart. Klaus möchte, dass auch Berta dabei ist.

Zur verabredeten Zeit klingelt Klaus an der Wohnungstür eines Mehrfamilienhauses in der Falkenstraße in Sarstedt. Auf dem Klingelschild steht der Name ‚Ursula Bruhn‘.

Eine Frau öffnet und fragt leicht erregt:
„Guten Tag! Wollen Sie zu mir oder suchen Sie meinen Exmann? Der ist zwar hier noch polizeilich gemeldet, aber nur selten zu Hause.“

„Guten Tag, Frau Bruhn, ich bin Kommissarin Berta Zöllner und das ist meine Kollege Klaus Weise. Dürfen wir eintreten?“

„Ja, natürlich, bitte kommen Sie am besten gleich ins Wohnzimmer. Was möchte Sie nun wissen?“

„Zum besseren Verständnis muss ich nachfragen. Sie sind doch regulär geschieden und trotzdem wohnen Sie noch zusammen. Ergeben sich daraus keine Probleme?“

„Nein, denn wir sind uns nicht direkt böse, doch bin ich es leid ein unkalkulierbares Leben zu führen. Jeder lebt jetzt nach seinem eigenen Willen.“

Exmann auch zutrauen, einen anderen Menschen zu töten?"

„Frau Kommissarin, auch wenn ich diesem Mann einmal sehr nahe stand und in ihn verliebt war, muss ich Ihre klare Frage eindeutig mit einem ‚Ja' beantworten. Es mag in seiner Unbeherrschtheit liegen. Als junger Mann hat er sogar einmal einen Einbruch in einen Supermarkt begangen und mir später alles haarfein erzählt. Es tat ihm sogar leid.- Doch es ist ganz schwierig, mit einem Menschen zusammen zu sein, der einem in ein Wechselbad der Gefühle bringt und sich am nächsten Tag verhält wie ein Fremder. Aber plötzlich steht er vor der Tür, drückt mir einen wunderschönen Blumenstrauß in die Hand und geht gleich wieder. So ein Leben halte ich nicht aus und daher wollte ich auch unbedingt die legale Trennung."

Klaus möchte nun auch eine wichtige Frage beantwortet haben:

„Können Sie uns denn einen Hinweis geben, wo wir ihn eventuell finden könnten?"

„Leider kann ich Ihnen gar nichts dazu sagen, doch wenn Sie mir Ihre Rufnummer hierlassen, kann ich Sie anrufen, wenn ich weiß, wo er ist.
Es war doch nicht von ungefähr, Frau Kommissarin, dass sie fragten, ob ich ihm einen Mord zutrauen könnte. Hat er sich denn verdächtig gemacht?"

„Frau Bruhn, diese Frage darf ich Ihnen nicht beantworten, aber nur sagen, dass Sie ein feines Gespür besitzen. Wir danken Ihnen, dass Sie sich die Zeit genommen haben, solange mit uns zu sprechen. Auf Wiedersehen!"

Dieses Gespräch war für beide sehr aufschlussreich, auch wenn sie nicht erfahren haben, wo er gerade ist.

Am Steinhuder Meer strahlt die Sonne und Dr. Daub und Harald Bruhn genießen einen Arbeitstag der besonderen Art. Dr. Daub ist es in den vergangenen Stunden gut gelungen, ein Vertrauensverhältnis aufzubauen, wobei es mehr einseitiger Natur ist. Er fragt nun gezielt:

„Harald, ich schätze es ja unendlich, dass Sie mit viel Engagement daran gehen, unsere Neuentwicklung eines hochwertigen Kunststoffauges zu unterstützen. Dazu ist es natürlich äußerst wichtig, zu wissen, wieweit die Marktführer gekommen sind. Aber war es denn wirklich nicht zu vermeiden, dass Sie den Mann umbringen mussten, um an sein Auge zu kommen?"

„Chef, es tat mir ja auch leid, aber er hat sich so gewehrt und dann sah ich nur das Ziel, das wir erreichen wollen. Ich habe ihm nur mit beiden Händen die Kehle zugedrückt, so dass er nicht lange leiden musste. Da merkte ich aber, dass mich eine Joggerin gesehen hatte und da bin ich losgerannt."

„Und wo ist das gute Stück jetzt?"

„Das habe ich gut verwahrt, denn es bedeutet für mich so viel wie bares Kapital."

„Da haben Sie vollkommen recht. Ich biete Ihnen bar auf die Hand 200.000 EUR. Die können Sie von mir noch

24

heute Abend bekommen und sich morgen sofort in einen Flieger setzen und ab nach Hawaii!"

„Und wo haben Sie plötzlich so viel Geld her, das kann ich kaum glauben?"

„Gut nachgedacht, Bruhn! Sie fahren mit mir noch heute zu dem Sommerhaus meiner Eltern, denn dort steht in einer versteckten Ecke mein Tresor mit meinem ‚Ersparten'. Sie geben mir das Kunstauge und sie bekommen von mir den genannten Betrag, den Sie in Ruhe abzählen können bei einem Gläschen Wein oder Sekt. Doch ich habe noch eine Bitte, die fast eine Bedingung ist. Ich komme heute Abend mit meinem Wagen um 19:30 zum Bahnhof Sarstedt. Dort stehen Sie mit Ihrem Auto und ich gebe Ihnen 5.000 EUR. Die bringen Sie zusammen mit einem Blumenstrauß auf dem schnellsten Wege Ihrer Exfrau. Bedenken Sie, dass sie sich immer um sie gekümmert hat, wenn Sie wieder einmal in der Klemme saßen, obwohl Sie geschieden sind.
Dann kommen Sie wieder zurück, lassen Ihr Auto auf dem Bahnhofsparkplatz stehen und steigen um in meinen Wagen. Wo es dann hingeht, hatte ich Ihnen schon gesagt.

Danach fahren wir wieder zurück und sind kurz nach Dienstschluss in der Firma, von wo aus Sie mit Ihrem Auto zu Ihrem Zuhause fahren können, wo das auch immer sein mag."

Genau so geschieht es und Dr. Daub fährt nicht nach Hause, sondern bleibt noch die wenigen Stunden in der Firma.

Um 19:10 steigt er in sein Auto und legt eine kleine braune Tüte in das Handschuhfach, mit den 5.000 EUR für Haralds Exfrau.

Pünktlich zur verabredeten Zeit ist auch Harald da, übernimmt das wertvolle Päckchen und verschwindet in Richtung Falkenstraße. An der Wohnungstür klingelt er kurz und Beate öffnet:

„Nanu, was machst du denn hier? Möchtest du mit mir Abendbrot essen?"

„Nein, das geht wirklich nicht, aber bald werden wir viel Zeit haben, in Ruhe und teuerster Umgebung zu speisen. Nimm die Blumen und die Tüte. Darin sind 5.000 EUR für dich ganz allein. Aber zu keinem Menschen ein Sterbenswörtchen. Mach's gut!"

Er rennt die Treppe hinunter, springt förmlich in sein Auto und rast zum Bahnhofsparkplatz.

Dort steigt er um in das Auto seines Chefs, der ihn bereits erwartet. Harald spricht ihn an:

„So, ich habe alles erledigt, wie Sie es gesagt haben. Auf dem Weg zu Beate habe ich noch schnell einen kleinen Blumenstrauß gekauft, über den sie sich sehr gefreut hat. Meinetwegen können wir jetzt starten."

„Ja Harald, das können wir, aber ich habe den Plan geändert. Sie steigen wieder in Ihr Auto und fahren zum Ruheforst Deister, diese Adresse kennt Ihr Navi. Dann fahren Sie etwa 100 – 200 Meter in den Wald hinein und stellen ihr Auto ab. Sie steigen aus und lassen den Schlüssel stecken. Dann gehen Sie wieder zu Fuß zurück zur Straße und darauf etwa 100 Meter in südlicher Richtung. Dort steht der Kilometerstein mit der Bezeichnung 34,7 KM. Dort warten Sie auf mich. Am besten ist es, dass Sie sich hinter den Büschen verstecken, damit Sie kein Vorüberfahrender sieht. Ich komme und halte genau neben diesem Kilometerstein."

„Moment, Doktor, was soll denn dieser Umweg und was soll ich jetzt schon im Ruheforst?"

„Harald, ich will Ihnen das gern erklären. Wenn Sie Ihr Auto auf dem Bahnhofsparkplatz stehen lassen, wird es gewiss jemandem auffallen, weil Sie nur 15 Minuten parken dürfen. Wenn dann noch die Polizei dazu kommt und feststellt, dass es das Fahrzeug eines Tatverdächtigen ist, werden sie annehmen, dass Sie mit dem Zug zum Flughafen unterwegs sind. Dort wird dann Alarm ausgelöst und man sucht Sie. Es wäre gewiss nicht gut, wenn Sie heute Nacht auf dem Weg nach Hawaii gleich auf dem Airport festgenommen würden. Dann wäre die Reise vorbei und das Geld in den Händen der Polizei.

Wenn aber der Förster oder ein anderer Besucher des Ruheforstes Ihr Auto entdeckt, wird man auch die Polizei rufen. Die aber nimmt an, dass man Sie entführt, hier ermordet und vergraben hat. Dann kommt gewiss eine ganze Hundertschaft mit Spaten und Schaufeln und graben den halben Ruheforst um, weil sie den Leichnam

27

von Harald finden wollen.- Verstehen Sie jetzt den Plan und die Umwege?

Bitte fahren Sie jetzt los und warten dann bei dem erwähnten Kilometerstein."

Harald setzt sich in sein Auto und gibt in das Navigationsgerät das Fahrziel ein.

Auch Dr. Daub setzt seinen BMW in Gang und fährt in Richtung seiner Firma. Dort benutzt er aber nicht den firmeneigenen Parkplatz, sondern lässt sein Auto etwas abseits auf der Straße stehen. Er steigt aus, geht an der geschlossenen Schranke und dem unbesetzten Wärterhäuschen vorbei zum Hauptgebäude. Dort begrüßt ihn der Pförtner, der heute seinen Dienst in der Spätschicht hat:

„Na, Herr Doktor, müssen Sie auch noch arbeiten?"

„Ja, Herr Kunze, ich habe noch einen wissenschaftlichen Beitrag auszuarbeiten und den Abgabetermin will ich einhalten! Dazu brauche ich Ruhe und möchte nicht gestört werden."

Dr. Daub geht die Treppe hoch, schließt sein Büro auf, schaltet das Deckenlicht und sein kleines Radio ein. Danach verlässt er sein Büro wieder und schließt ab. Er geht aber bis in den Keller und nimmt eine Seitentür, die von keiner der installierten Überwachungskameras erfasst wird. Nun geht er zu seinem Auto, ohne von Herrn Kunze gesehen zu werden und fährt los zu dem vereinbarten Kilometerstein. Nach der kurzen Fahrt von nur einer Viertelstunde erreicht er das Ziel und bleibt stehen. Hinter dem Gebüsch kommt Harald hervor, steigt lautlos ein und

Daub setzt die Fahrt fort. Sie fahren jetzt auf einem für Harald unbekannten Weg zu einem einsamen Grundstück. Es ist nicht weit, denn nach zwanzig Minuten sind sie da Eine hohe Hecke umschließt die ausgedehnte Fläche und darin steht ein eingeschossiges Haus im Niedersachsenstil. An der Vorderseite des Grundstücks sind nur eine Gartentür und ein Tor für eine Fahrzeugeinfahrt zu sehen. Vom Haus sieht man nur wenig. Dr. Daub schließt die Gartentür auf, geht nach rechts und öffnet von innen die Toreinfahrt. Dann fährt er das Auto hinein und hinter das Haus. Dort ist eine befestigte Stellfläche für zwei Fahrzeuge angelegt. Daneben steht auf einem runden, 30 Zentimeter hohen Betonsockel eine alte gusseiserne Pumpe. Der Betondeckel ist zweigeteilt. Während am Rand der einen Hälfte die Pumpe angeordnet ist, lässt sich die andere Hälfte bewegen und abnehmen, falls man in den Schacht steigen muss. Der Brunnenschacht, den Daubs Vater ausheben ließ, reicht bis in eine Tiefe von 6 Metern. Das ist deshalb erforderlich, weil oft der Grund- wasserspiegel sehr weit absinkt. Eine öffentliche Wasserleitung gibt es hier nicht. Eine elektrische Pumpe wollte sein Vater absolut nicht haben, weil sie zu keinem alten Bauernhof passt.

Jetzt erst steigt Harald aus und Dr. Daub verschließt das Tor wieder. Dann schließt er die Haustür auf und beide betreten das Haus. Obwohl es noch nicht dunkel ist, schaltet Dr. Daub im Wohnzimmer die große Stehlampe ein. Die Fenster lassen kein Licht durch, denn alle sind mit Fensterläden verschlossen. So kann niemand erkennen, ob sich jemand im Haus befindet. Daub nimmt Harald mit ins

Haus hinein und zeigt ihm alle Räume und verweist sogar auf die Ecke, in der sich der Tresor befindet. So gelingt es Daub Harald ein vertrautes Verhältnis vorzuspielen. Dann nehmen sie im Wohnzimmer Platz und Daub holt aus einer antiken Vitrine zwei Weingläser, stellt sie auf den Tisch und fragt:

„Harald, was bevorzugen Sie? Möchten Sie lieber einen Rotwein oder sagt Ihnen ein lieblicher Weißwein mehr zu?"

Beide sind sich einig und so bringt Daub aus der Küche einen Rotwein, Neben dem Kühlschrank steht ein kleines Weinregal, wo nur der Rotwein liegt, um die richtige Temperatur zu erhalten. Der Weißwein wird in einem kleinen Kriechkeller gelagert. Dieser hat nur eine geringe Höhe von 90 Zentimetern. So kann man sich in stark gebückter Haltung bewegen und dennoch ist der Raum ähnlich kalt wie ein tiefer Keller. Der Zugang erfolgt von der Küche über eine Bodenklappe. Aber meist stellt man das, was kühl gelagert werden soll, nicht weit von der Klappe entfernt auf den Boden, sodass man es erreicht ohne in den Zwischenkeller hinein kriechen zu müssen. Diese Art von Kellern ist eine praktische Alternative zu einem Vollkeller und ist dort angebracht, wo das Grundwasser einmal höher steigen kann.

Daub geht nun zu seinem Tresor, öffnet diesen und nimmt zwei Päckchen zu je 100.000 EURO heraus. Mit diesem Geld kommt er zurück ins Wohnzimmer und lässt die Päckchen direkt vor Haralds Nase auf den Tisch fallen. Einen Augenblick herrscht Totenstille. Dann fasst Harald nach einem dieser Päckchen, nimmt es in die Hand und dreht es mehrmals um. Schließlich kommt er heraus mit der Sprache:

„Soviel Geld habe ich noch nie in meinem Leben gesehen!"

Von Haralds Staunen gänzlich unbeirrt geht Daub in die Küche und füllt zwei Gläser mit zimmerwarmen Rotwein. Er stellt die beiden Gläser auf ein Tablett, trägt sie auf den Wohnzimmertisch, stellt vor jeden Platz ein Glas und sagt:

„Harald, so ist es, wenn man ein gutes Geschäft zu Ende geführt hat. Ich warte nun auf Ihren Anteil."

Harald holt aus der Innentasche seiner Jacke eine kleine Schachtel, öffnet diese und reicht Dr. Daub ein kleines, in ein Taschentuch eingewickeltes Päckchen. Daub nimmt das Tuch auseinander und hält das ersehnte Kunststoffauge in der Hand. Er schaut sich das kleine Gebilde von allen Seiten an und fühlt sich erfolgreich. Dann hebt er sein Glas und meint:

„Das ist wahrlich ein Grund anzustoßen. Sehr zum Wohl!"

Daub trinkt das Glas zur Hälfte aus und stellt es wieder ab. Harald macht es ebenso. Nun fangen beide an zu erzählen während Daub auf seine Uhr schaut und schließlich zu Harald sagt:

„Ich werde Ihnen jetzt ein Taxi bestellen, das Sie zum Airport bringt."

Daub greift zum Telefon und wählt die Nummer des Taxiunternehmens:

31

„Hallo, spreche ich mit dem Taxibetrieb ‚Express-Car‘ ? Ja; O. K., dann möchte ich ein Fahrzeug bestellen in den Wiesenweg 26, das Anwesen gehört zu Ilsede, aber Sie finden das gewiss in Ihrem Navigerät. Mein Name ist Bruhn. Danke und dann bis bald!"

Nun wendet sich Daub noch einmal mit einem ernsten Wort an sein Gegenüber:

„Harald, Sie haben einem Menschen das Leben genommen. Doch jetzt haben Sie genug Geld, so dass es nicht wieder vorkommen darf. Bitte, versprechen Sie mir, so etwas nie wieder zu tun. Einen Moment bitte!"

Daub verschwindet in das Zimmer, wo der Tresor steht und kommt mit einem eingerahmten Bild seiner Eltern zurück. Er legt es vor Harald auf den Tisch und sagt:

„Legen Sie Ihre rechte Hand auf das Bild und schwören beim Leben meiner Eltern, dass Sie nie wieder einen Mord begehen werden."

Harald findet das höchst eigenartig, denn geschworen hat er noch nie, und dann noch beim Leben von Daubs Eltern. Er denkt bei sich, so einen Quatsch mache ich auch nur, weil vor mir 200.000 Euro auf dem Tisch liegen und mir gehören werden. Er nimmt seine Hand, legt sie schon etwas schwerfällig auf die Glasscheibe des Bildes und sagt:

„Ich schwöre es."

Nun nimmt Daub seine rechte Hand und drückt Haralds Hand, die noch auf der Scheibe ruht, kräftig auf die Glasplatte des Bildes. Dann sagt er zu Harald:

„Danke Harald! Und da bald das Taxi hier sein wird, will ich aber vorher verschwinden, damit mich keiner sieht. Sie gehen hinter das Haus und setzen sich dort auf die Bank, da kann Sie auch keiner vom Weg aus sehen. Wenn Sie das Fahrzeug kommen hören, gehen sie nach vorn und steigen ein. Ich wünsche Ihnen in Ihrem neuen Leben alles Gute."

Harald geht hinaus. Daub hängt das Bild seiner Eltern wieder auf, steckt das Kunststoffauge in seine Jackentasche und nimmt die beiden Weingläser mit zum Auto. Er löscht das Licht, fährt den Wagen auf den Weg und verschließt alle Türen und das Tor.

Seine Fahrt führt ihn zurück in die Firma. Wieder lässt er sein Auto auf der Straße stehen, geht zur Kellertür des Hauptgebäudes, steigt leise die Treppe hoch und betritt sein Büro. Nun schaltet er das Radio aus, löscht das Licht und verschließt sein Büro. Als er am Pförtner vorbeigeht, spricht ihn dieser wieder an:

„Na, Doktor, haben Sie Ihren wissenschaftlichen Bericht fertigbekommen? Dann haben Sie sich den Feierabend endlich verdient. Gute Nacht!"

Zu Hause angekommen, fragt ihn seine Frau, ob er seinen Bericht vollenden konnte. Er geht in die Küche, spült die mitgebrachten Weingläser sorgfältig aus, füllt beide wieder mit einem trockenen Rotwein, geht ins Wohnzimmer zurück und wendet sich an seine Frau:

„Nun haben wir uns aber einen guten Tropfen redlich verdient. Du hast auf mich gewartet und ich habe fleißig für die Wissenschaft gearbeitet."

33

Kapitel 3

Es ist erst 6:20 Uhr und schon klingelt im Polizeikommissariat Hannover Mitte das Telefon. Der Diensthabende nimmt dieses Gespräch entgegen:

„Guten Morgen. Hier spricht Herbert Uhl, Jäger aus Wennigsen am Deister. Ich möchte eine Beobachtung melden. Hier steht im Wald, am Rande des Ruheforstes ein nicht abgeschlossener PKW und auf dem Beifahrersitz habe ich einen Blutfleck gesehen. Ende der Meldung.“

Die Kommissare Jürgen Stegen und Michael Hofmann sind heute recht früh im Büro und bekommen gleich die Information, dass telefonisch ein herrenloses Auto im Deister Ruheforst gemeldet wurde.

Beide Kommissare warten nicht darauf, dass sie von ihrem Chef den dienstlichen Auftrag bekommen, sondern machen sich gleich auf den Weg. Nach knapp 30 Kilometern halten sie vor dem Schild ‚Ruheforst Deister‘, doch ein Auto sehen sie noch nicht. Also fahren sie noch ein Stück den schmalen Waldweg am Ruheforst vorbei und werden nach 200 Metern fündig. Sie schauen in das Fahrzeug hinein und stellen fest, dass der Beifahrersitz in Liegeposition verstellt ist. Auf der Sitzfläche entdecken sie einen mittelgroßen Blutfleck. Das macht sie stutzig. Sie notieren das Kennzeichen und setzen sofort eine Halternachfrage an die Zulassungsstelle ab. Schon nach kurzer Zeit erfahren sie den Namen des Besitzers: Harald Bruhn. Ihnen sagt der

Name nichts, so halten sie es für angebracht, Oberkommissar Helmut Brenner zu informieren:

„Guten Morgen Helmut. Hier spricht Jürgen und ich bin mit Michael in den Deister Ruheforst gefahren, weil im Waldgebiet ein herrenloses Auto gemeldet wurde. Wir haben das Fahrzeug bereits gefunden und auch auf unsere Halterabfrage den Besitzer genannt bekommen. Es ist ein gewisser Harald Bruhn. Sagt dir der Name etwas?"

„Aber natürlich, kenne ich den Namen. Es ist der Tatverdächtige im Mordfall Christian Groß. Ich schicke sofort einen Abschleppwagen, der den PKW zur KTU bringen soll. Ihr seht euch noch die Gegend an, ob vielleicht weitere Spuren erkennbar sind. Doch wenn ihr im Fahrzeug Blut gefunden habt, ist es denkbar, dass auch hier ein weiterer Mord stattgefunden hat, möglicherweise, um den uns bekannten Täter mundtot zu machen, damit er nicht die Auftraggeber nennen kann. Ich überlege, ob wir nicht nach einer vergrabenen Leiche suchen sollten, weil einige Anzeichen dafür sprechen. Lasst mich nachdenken, ich melde mich wieder!"

Nun will Helmut sich mit Kollegen beraten, wie sie vorgehen würden. Schließlich ist ein Einsatz mit einer Hundertschaft wohl zu überlegen. Doch es wäre ein grobes Versäumnis, wenn sich später herausstellen würde, dass Harald Bruhn hier vergraben ist und sie viel Zeit verloren hätten.

Die Beratung mit seinen Kollegen ließ ihn zu dem Schluss kommen, dass er doch eine Hundertschaft mit Spaten und Schaufeln in das Waldgebiet schickt.

Bereits nach 20 Minuten verlassen zwei Mannschaftswagen die entsprechende Abteilung, um sich auf den Weg zum vermeintlichen Tatortsbereich zu begeben.

Allerdings muss man trotz der gegebenen Aufgabenstellung sehr vorsichtig sein, um nicht in den Verdacht zu kommen, die Totenruhe zu stören. Kaum ist die Hundertschaft vor Ort, kommt auch schon auf einem Moped der schwarz gekleidete Pastor an und fragt nach dem Kommandanten und spricht zu ihm:

„Herr Kommandant, ich kenne nicht den Beweggrund, hier in die Stille einzudringen und durch hektische Suche oder Erdarbeiten die Totenruhe zu stören, doch es muss schon ein sehr wichtiger Grund sein. Also bitte, warum tun Sie das hier?"

„Herr Pastor, wir haben uns die Entscheidung, hier zu suchen, gewiss nicht leicht gemacht. Doch es geht darum, einen Mörder zu finden. Damit wird es uns möglich sein, weitere Morde zu verhindern. Leben zu bewahren ist doch auch eine christliche Pflicht, oder sehe ich das verkehrt?"

„Nein, das ist so. Doch bitte, graben Sie so leise wie möglich. Auf Wiedersehen!"

Der Kommandant weist die Kollegen an, gründlich das gesamte Waldgebiet nach einer Stelle abzusuchen, die frisch ausgehobenes Erdreich zeigt oder auffällig ist. Während hier in der unmittelbaren Nähe Verstorbener vehement nach einem vergrabenen Mörder gesucht wird, schickt der Oberkommissar Berta Zöllner und Klaus Weise ein zweites Mal zu Frau Bruhn.

Da sie die Adresse ja bereits kennen, ist es ein leichtes, das Haus wiederzufinden und Klaus drückt den Klingelknopf.

„Guten Tag, die Herren Polizisten! Kommen Sie herein, aber leider sind Sie wieder vergebens, denn mein Exmann ist „aushäusig"!

„Frau Bruhn, das macht nichts, denn Sie sind ja anwesend. Wir haben schon wieder die alte Frage, wo denn Ihr Mann ist und wann Sie ihn zum letzten Mal gesehen haben?"

„Ach, warten Sie mal, das ist schon ein bisschen her!"

„Das bisschen kann aber nur einige Stunden bedeuten, denn der Blumenstrauß ist noch jung, oder? – Also, Frau Bruhn, sagen Sie uns doch einfach nur die Wahrheit!"

„Sie haben ja recht! Gestern Abend hat er geklingelt und mir den Strauß in die Hand gedrückt, bevor ich mich versah. Dann zischte er wieder ab, sagte aber, dass er heute keine Zeit hat, aber bald werden wir viel Zeit haben und uns irgendwo wiedersehen und glücklich werden. – Wie er das gemeint hat, weiß ich nicht, aber so richtig ernst nehmen konnte ich das nicht, denn er hatte öfter solche Sprüche drauf."

„Und haben Sie eine Ahnung, wo er so schnell hinwollte?"

„Bedauerlicherweise, Antwort negativ! Das wusste ich bei ihm nie. Nun bin ich wirklich gespannt, wann und wo ich ihn wieder einmal zu Gesicht bekomme."

„Schade, aber Frau Bruhn, Sie wirken so unerwartet ehrlich als Exfrau von diesem, Entschuldigung ‚Windhund', dass wir Ihnen das sogar alles glauben. Wir gehen dann wieder!"

Aber nun steht ja noch der Besuch beim Arbeitgeber aus, denn sie haben sich für heute angekündigt.

Die Kommissare melden sich im Sekretariat, stellen sich vor und Frau Lange spricht sie gleich an:
„Guten Tag, ich habe Sie bereits erwartet, denn unser Pförtner hat mich informiert. Was kann ich für Sie tun?"

„Wir hätten gern Herrn Harald Bruhn gesprochen."

„Einen Moment bitte. Ich habe ihn zwar heute noch nicht gesehen, aber ich rufe kurz durch. – PAUSE-. Da meldet sich keiner. Kann ich ihn denn etwas ausrichten oder ihm sagen, dass er sich bei Ihnen meldet?"

„Nein, danke, wir möchten ihn persönlich sprechen. Dann aber hätten wir Ihrem Chef, wenn möglich, ein paar Fragen gestellt."

„Warten Sie bitte einen Augenblick. Ich frage Dr. Daub, ob er Zeit hat. "

Die Sekretärin ruft indessen Dr. Daub an und teilt ihm mit, dass hier zwei Polizeibeamte sind, die ihm gern ein paar Fragen stellen würden. Er stimmt zu und lässt die Polizisten in sein Büro kommen.

Den Polizisten wird schon von innen die Tür geöffnet und Dr. Daub spricht sie sogleich an:

„Guten Tag, meine Herren, was führt Sie zu mir?"

„Mein Name ist Jürgen Stegen und das ist mein Kollege Michael Hofmann. Wir würden Ihnen gern ein paar Fragen stellen, die sich in erster Linie auf Ihren Mitarbeiter Harald Bruhn beziehen."

„Ja, Bitte, schießen Sie los!"

„Wann und wo haben Sie Herrn Bruhn zuletzt gesehen?"

„Das war gestern Nachmittag, gegen Dienstschluss. Herr Bruhn hatte mich vor ein paar Tagen um ein etwas längeres, sehr persönliches Gespräch gebeten. Gestern nahm ich mir dafür Zeit und wir verließen die Firma, damit wir ungestört sprechen konnten. Es ging ja schließlich um eine rein persönliche Sache."

„Es ist wohl klar, dass wir jetzt neugierig nach dem Inhalt dieser Unterhaltung fragen müssen. Also, was hatte denn dieser Harald auf dem Herzen?"

„Harald Bruhn ist seit einiger Zeit geschieden. Die Ursache liegt nicht darin, dass eine dritte Person in das Eheleben getreten ist, sondern nur bei ihm allein. Er ist in hohem Maße unausgeglichen und benimmt sich manches Mal unmöglich seiner Frau gegenüber, doch nachher tut es ihm leid. Er wollte von mir einen Rat haben, wie er zu einem normalen Gleichmaß in seinem Leben finden kann. Nach diesem längeren Gespräch bedankte er sich bei mir, dass ich meine Zeit geopfert habe. Dann fuhren wir wieder zurück in die Firma, weil er dort sein Auto stehen hatte.

Seitdem habe ich ihn aber noch nicht zu Gesicht bekommen. Vielleicht kann Ihnen dazu Frau Lange etwas sagen, denn manchmal besucht er auch einige unserer Kunden."

„Danke Herr Dr. Daub. Das war ein ausführliches Gespräch und hat alle unsere momentanen Fragen beantwortet. Auf Wiedersehen!"

Damit verlassen sie sein Büro und stehen wieder vor Frau Lange:

„Wir möchten Sie nur der Form halber davon in Kenntnis setzen, dass wir jetzt noch ihren Pförtner befragen werden. Aber von uns haben Sie erst einmal Ruhe und damit verabschieden wir uns von Ihnen. Auf Wiedersehen!"

Jetzt gehen sie weiter und sprechen den Pförtner an:

„Guten Tag, Herr Kunze, wir sind Polizisten vom Kommissariat Mitte in Hannover und haben einige Fragen, die Sie uns beantworten sollen. Ist das O. K.?

„Ja, fragen Sie nur!"

„Als erste Frage: Haben Sie ein Kontrollbuch über alle Ein- und Ausgänge von Mitarbeitern und anderen Personen?"

„Ja, natürlich, ohne sich anzumelden, kommt bei mir keiner vorbei, auch der Chef nicht!"

„Da fangen wir gleich bei Dr. Daub an. Wann ist er gestern gekommen und gegangen?"

„Also in Kürze: 7:53 – 14:13, 16.22 -16:55, 19:52 – 22:40. Wollen Sie auch wissen, wann er heute gekommen ist?"

„Nein, danke, die Zeiten von gestern reichen uns. Aber wann ist denn heute Morgen Herr Bruhn gekommen?"

„Also, nach meinem Kontrollbuch ist er noch gar nicht da."

„Ich werde diese Seite mit den Passagedaten von Dr. Daub abfotografieren. Danke für Ihre Hilfe und noch einen schönen Tag. Auf Wiedersehen."

Damit verabschieden sich die Polizisten aus dem Unternehmen J&C und fahren zurück ins Kommissariat.

Mittlerweile ist auch die Hundertschaft zurück und kann leider mit keinem positiven Ergebnis aufwarten. Es wurde keine frisch aufgewühlte Erde gefunden und auch nichts Auffälliges gesichtet.

Somit bleibt die Frage im Raum stehen: „Wo ist Harald?"

Helmut bittet Berta und Klaus zu sich ins Büro:
„Es sieht bedauerlicherweise nicht gut aus mit unseren Bemühungen, den Tatverdächtigen Bruhn zu finden. Was meint Ihr, was wir noch unternehmen sollten, denn ich fühle mich augenblicklich ratlos?"

Klaus versucht, Helmut zu ermutigen:
„Helmut, wir haben bis jetzt alles richtig und gewissenhaft gemacht. Das ist aber keine Garantie, dass man dann auch erfolgreich ist. Wir geben nicht auf und könnten zum Beispiel bei Reisebüros nachfragen, ob

Bruhn vielleicht einen Flug gebucht hat, um sich ins Ausland abzusetzen."

Berta korrigiert aber die Überlegung von Klaus:
„Wenn er ins Ausland wollte, dann hat er bestimmt keinen Flug im Reisebüro für die nächste Woche gebucht. Ich vermute, dass er dann schon eher die ‚Fliege' gemacht hat. Daher müssen wir beim Airport nachfragen, ob sie ihn in einer Passagierliste finden."

Helmut bestätigt:
„Eine vielversprechende Idee! Übernimmst du das bitte, Berta.
Und dann hattet ihr mir berichtet, dass dieser labile Harald ein Techtelmechtel mit einer Frau hat, deren Namen Frau Bruhn aber nicht nennen konnte. Wer könnte sie denn kennen? Vielleicht doch die Sekretärin bei J&C ?- Klaus, versuch du doch bitte dein Glück und zeig dich von deiner charmanten Seite, es muss sein!"

Mit diesen aufmunternden Worten verlassen beide ihren Chef und gehen auf ihre Plätze zurück. Dort begann jeder ein Telefonat. Während Berta eine eher nüchterne Anfrage an einen Mitarbeiter im Abflugterminal des Hannoverschen Flughafens stellt, wird es bei Klaus schon etwas privat, als er ihr Büro betritt:
„Guten Tag, Frau Lange, ich bin Kommissar Klaus Weise vom Kommissariat Mitte. Sie kennen mich persönlich noch nicht, da meine Kollegen bei Ihnen waren, doch nun habe ich eine Frage an Sie. Es betrifft wieder Ihren Mitarbeiter Harald Bruhn. Wir suchen ihn

dringend, doch bislang erfolglos. Das ist natürlich für uns alle sehr deprimierend, weil wir uns die größte Mühe geben, ihn zu finden. Leider konnte uns seine Exfrau auch nicht helfen. Daher wollten wir es noch einmal bei seiner neuen Partnerin versuchen. Aber wir haben weder einen Namen noch eine Adresse. Hat er Ihnen gegenüber vielleicht einmal eine Andeutung gemacht und einen Hinweis gegeben, der uns helfen könnte?

Ich weiß, dass es sehr indiskret ist, deshalb wage ich einen kleinen, schokoladigen Bestechungsversuch. Vielleicht lockert er Ihre Zunge und ich kann schweigen wie ein Grab! Mein Chef darf es auch nicht wissen, aber ich möchte gern einmal erfolgreich sein, verstehen Sie das?"

„Das ist natürlich eine schwierige Situation für mich, denn auch ich hatte einmal einen näheren Kontakt zu Harald. Doch als ich abweisend wurde, da sagte er nur halblaut zu mir: ‚Hab dich nicht so, die Foth ist da anders.

Aber bitte, das bleibt unter uns, versprochen!"

„Vielen Dank, Sie haben mir sehr geholfen. Tschüß!"

Nun fährt Klaus mit stolz geschwellter Brust zurück ins Kommissariat Mitte.

Bevor er aber Helmut die Erfolgsmeldung bringen will, ruft er das Einwohnermeldeamt an und lässt sich die Adresse von dieser Frau Foth mitteilen. Das ging schnell und schon steht er bei Helmut auf der Matte:

„Ich weiß jetzt, dass die Partnerin oder Freundin von Harald eine Frau Ilona Foth ist und ich habe auch ihre Adresse.

Heute fahre ich nach Dienstschluss bei ihr vorbei, weil sie gewiss berufstätig ist."

Berta hat in der Zwischenzeit mit einem zuständigen Mitarbeiter am Abflugterminal telefoniert und diesen gebeten, in allen Fluglisten der seit gestern Abend gestarteten Maschinen nach dem Namen Harald Bruhn zu suchen. Leider konnte sie sich für seine Mühe nur bedanken, einen Erfolg hatte die Suche hingegen nicht gebracht.

***

Klaus hat den Dienstschluss erreicht, aber nur soweit es seine Arbeit auf dem Kommissariat anbelangt, denn er fährt dienstlich zu einer Frau Ilona Foth. Dazu muss er das Zentrum von Sarstedt in nördlicher Richtung verlassen und findet nach einigen Minuten die am Stadtrand liegende Ricarda-Huch-Straße. Ihr Zuhause ist ein hübsches kleines Einfamilienhaus, das er schnell gefunden hat und klopft an die Tür:

Eine junge Frau im Morgenmantel, ja, tatsächlich ist es ein Morgenmantel, wünscht ihm einen guten Tag und fragt:

„Kommen Sie dienstlich'? Dann hätte ich gern gewusst, was Sie zu mir führt?"

„Ich bin Kommissar Weis und möchte mit Ihnen eine dienstliche Frage klären, wenn ich das noch betonen muss. Darf ich eintreten?"

„Ja, bitte kommen Sie herein!"

„Uns ist bekannt, dass Sie Herrn Harald Bruhn kennen und mit ihm in einem näheren Verhältnis stehen. Ist er zurzeit anwesend?"

„Bestimmtes Verhältnis? Ich weiß ja nicht, inwieweit das die Polizei interessiert?"

„Wir aber wissen es und ich wiederhole gern meine Frage: Ist Herr Bruhn anwesend?"

„Nein, er ist natürlich nicht hier!"

„Warum betonen Sie, dass er ‚natürlich' nicht da ist?"

„Er ist verheiratet und polizeilich auch dort gemeldet."

„Harald Bruhn ist geschieden, aber dort gemeldet. Dennoch hält er sich öfter bei Ihnen hier auf. Wann haben Sie ihn das letzte Mal gesehen? – Bevor Sie antworten, weise ich Sie darauf hin, dass eine bewusste Falschaussage strafrechtliche Konsequenzen haben kann, da Bruhn als Tatverdächtiger gesucht wird. Bitte antworten Sie mir!"

„Es ist schon zwei Tage her und wo er jetzt ist, weiß ich nicht. Das ist die Wahrheit."

„Sollte sich Herr Harald Bruhn bei Ihnen einfinden, bitte ich Sie, uns umgehend zu verständigen. - Danke und Auf Wiedersehen."
Das war kurz und schmerzlos, doch bei Ilona Foth ist er sehr wahrscheinlich nicht.

Damit ist Klaus' Arbeitstag nun tatsächlich zu Ende.

Kapitel 4

Der nächste Tag beginnt wieder ziemlich früh, denn wie am Tag zuvor, ruft Jägermeister Uhl schon wieder an:

„Guten Morgen! Hier spricht schon wieder Herbert Uhl, Jäger im Revier Ruheforst Deister. Ich weiß ja nicht, ob es wichtig ist, doch dort, wo gestern früh das herrenlose Auto stand, hängt an einem in der Nähe befindlichen Baum ein großer Zettel. Darauf steht: ‚Wo ist das Auto hin? M.R. + C.Z.' und darunter ist ein Herz gemalt, mit einem Pfeil durch. Wenn Sie das interessiert, können Sie sich das ja ansehen, ich habe das Blatt hängen lassen. Auf Wiederhören!"

Der diensthabende Polizist schüttelt nur den Kopf und Sagt zu sich:

„Nein, was uns aber auch immer gemeldet wird? Als ob uns jeder Zettel interessieren würde. Und dann müssen wir auch noch so tun, als wenn wir uns über solche Meldungen freuen würden."

Als Oberkommissar Brenner zum Dienst erscheint, wird er gleich mit dieser Botschaft überrascht. Doch so uninteressant, wie der Diensthabende es sieht, empfindet es Helmut nicht. Möglicherweise gibt es Zeugen, die uns wertvolle Hinweise geben können. Er wartet einen Augenblick, bis Berta und Klaus erscheinen und bittet sie dann gleich zu sich:

„Guten Morgen Kollegen. Der Tag fängt gleich gut an. Vor wenigen Minuten hat der Jäger vom Ruheforst wieder angerufen und eine neue Beobachtung gemeldet. In der Nähe des Fundortes des Autos hängt an einem Baum ein DIN A4 – Blatt mit einem nicht eindeutigen Inhalt. Es steht aber oben darüber: ‚Wo ist das Auto hin?‘ Ihr beide kommt nicht drum herum, da müsst Ihr hin, und zwar gleich, bevor das Blatt ‚vom Winde verweht‘ ist."

Das Zweierteam braucht sich nicht erst häuslich auf dem Kommissariat niederzulassen, sondern sich gleich zu einer Beweissicherung auf den Weg zu machen.

Schnell sind sie mit ihrem Streifenwagen beim neuen ‚Tatort‘ und stehen schon bei dem erwähnten Baum, mit einem großen Blatt, aufgespießt auf einem kleinen Aststummel. Klaus nimmt ein Foto auf und reckt sich dann, um das Blatt abzunehmen. Sie interessieren sich für die beiden Buchstabengruppen, die wie abgekürzte Vornamen aussehen. Berta und Klaus kennen das aus ihrer frühen Jugendzeit, denn das Herz mit dem Pfeil dadurch ist ein untrügliches Symbol einer ‚jungen Liebe‘.

Sie tippen also beide auf zwei Schüler, nur müssen sie erst noch herausbekommen, zu welcher Schule sie hier gehen könnten. Nachdem sie sich im Internet schlau gemacht haben, kommen nur die Schule in Bredenbeck oder die in Wennigsen in Frage. Weil es der kürzere Weg ist, fahren sie erst einmal nach Bredenbeck in die Schulstraße. Dort parken sie ihr Fahrzeug unmittelbar neben dem Schulhof, was schon eine Abwechslung in den Schulalltag bringt. Dann gehen die beiden Kommissare geradewegs in das Sekretariat und stellen sich vor. Dann beginnt Berta:

„Wir suchen zwei Zeugen, die uns helfen könnten, eine Straftat aufzuklären. Wir kennen aber leider nicht die Namen, sondern nur zwei Buchstaben, die wahrscheinlich die Abkürzung für Vor- und Familiennamen darstellen. Es handelt sich um M.R. und C.Z. Können Sie sich vorstellen, ob das einen oder zwei Ihrer Schüler betreffen könnte?"

Nun sucht sie in ihrem PC die Namenslisten aller ihrer Schüler und findet leider keine Namen, die zu einer dieser beiden Kombinationen gehören könnten.

Berta dankt für die Mühe und befolgt den Rat, zur Schule nach Wennigsen in die Argestorfer Straße 4 zu fahren. Wieder suchen sie die Schulleitung, finden schnell das Sekretariat und erklären der Schulsekretärin ihren sonderbaren Wunsch. Doch hier haben sie auf Anhieb den ersten Erfolg, denn sie sagt:

„Ja, die seltene Abkürzung C.Z. kenne ich. Das ist unsere Christel Zille und sie besucht die 10. Klasse. Für die andere Abkürzung fällt mir aber ad hoc keine Jungenname ein. Aber Christel wird Ihnen bestimmt helfen können."

„Wäre es möglich, dass Sie uns in die Klasse begleiten und wir die Schülerin kurz in einem anderen Raum befragen könnten?"

„Ja, natürlich, das mache ich gern!"

Zu dritt gehen sie jetzt zum Klassenraum. Die Sekretärin klopft an und alle treten ein. Bertha sagt:

„Bitte entschuldigen Sie, dass wir den Unterricht stören, aber wir brauchen eure Hilfe, weil wir ein Verbrechen aufklären müssen. Eine Schülerin unter euch kann uns bestimmt in unserer Ermittlungsarbeit unterstützen, es ist Christel Zille. Würdest du uns bitte nach nebenan begleiten, es dauert nicht lange!"

Nun gehen sie in ein leeres Klassenzimmer, die Sekretärin verabschiedet sich und Berta dankt für die Hilfe. Sie setzen sich an einen freien Platz und Klaus fragt gleich, ob sie auch einen Schüler mit dem Kurzzeichen M. R. kennt. Da nickt sie und sagt, dass es Mike Rommel ist, der auch in ihre Klasse geht, also nebenan sitzt. Da steht Klaus auf und klopft noch einmal an die Klassentür, geht hinein und sagt:
„Wir haben auch noch Fragen an Mike Rommel, würdest du bitte auch mitkommen?"

Jetzt betreten auch Klaus und Mike Rommel das leere Klassenzimmer und sie setzen sich zu den beiden anderen.

Berta holt den Zettel hervor und fragt:
„Hat das einer von Euch geschrieben?"

„Ja, das war ich!"

sagt gleich Mike und Berta fragt weiter:
„Kannst du uns dazu etwas mehr erzählen?"

Da hakt gleich Christel ein und fragt etwas zögerlich:
„Frau Kommissarin, wenn wir dazu alles erzählen sollen, wäre es da möglich, dass nur Sie dabei sind und kein Mann?"

Für die beiden ist diese Frage ganz neu, aber Berta sagt sofort:

„Natürlich, mein Kollege freut sich, dass er dann eine Zigarettenpause bekommt."

Erleichtert fängt Mike an zu erzählen:
„Wir kamen gerade zurück von der Disco, denn da hatten sie uns nicht hineingelassen, weil wir noch nicht das richtige Alter haben und so mussten wir wieder abziehen. Aber weil wir uns mögen, wollten wir irgendwo zusammen sein. Da kamen wir an dem Auto vorbei. ich fasste an und merkte, dass es nicht verschlossen war. Da stiegen wir beide ein und haben ein bisschen geschmust. Na und, wie das so ist wurde es immer schöner und da ergab sich eben etwas. Es war für Chris das erste Mal und daher haben wir eben den Sitz versaut. Tut uns leid, aber wir bezahlen den Schaden."

Berta meint:
„Komm, vergesst es. Ich finde es toll, dass ihr so ehrlich seid. Aber wir möchten wissen, ob ihr da noch jemanden gesehen habt, der sich vielleicht versteckt oder sich auffällig benommen hat?"

„Nein, da war keiner. Aber es war so schön, dass wir beide ganz allein sein konnten und deshalb hat es uns geärgert, dass das Auto nicht mehr da ist."

„Das Auto mussten wir abschleppen lassen, weil es einem Tatverdächtigen gehört, der wahrscheinlich einen Menschen umgebracht hat."

Plötzlich hält sich Christel die Hand vor den Mund, stößt Mike an und sagt:

50

„Oh weh, da saßen wir in einem Mörderauto und haben uns geküsst?"

Mike sagt nur:
„Krass, eh!"
Berta bedankt sich auch im Namen des Zigarettenrauchers für ihre aufrichtige und ehrliche Hilfe und sie verabschiedet sich. Auf der Fahrt zum Kommissariat muss Berta dem ‚Mann', der nicht dabei sein sollte, alles erzählen.

Diese Befragung hat zwar nicht weitergeholfen, doch es war einmal ein abwechslungsreiches, amüsantes Zeugengespräch.

Im Kommissariat berichten Sie Helmut, davon und dass sie ein Gespräch geführt haben, das keine weiteren Anhaltspunkte ergab. Details wurden nicht erwähnt.

Helmut zieht einen Schlussstrich und sagt:
„Wir stellen damit die Suche nach Harald Bruhn ein, bis sich weitere erfolgversprechende Tatsachen ergeben."

Kapitel 5

Noch vor Dienstbeginn fährt Daub zum Sommerhaus seiner Eltern, schließt auf, geht ins Wohnzimmer, nimmt das Bild seiner Eltern von der Wand und verlässt damit das Haus. Sorgsam schließt er wieder ab und fährt jetzt erst in die Firma. In seinem Büro angekommen, verstaut der das wertvolle Bild in die unterste Schublade seines Schreibtisches und ruft unverzüglich seine Sekretärin an:

„Guten Morgen, Frau Lange, bitte bestellen Sie die gesamte Entwicklungsgruppe zu 9:00 in unseren kleinen Konferenzraum zu einem Meeting."

Der promovierte Chemiker Dr. Jochen Daub hat zusammen mit seiner Ehefrau, der Juristin, Prof. Dr. Charlotte Daub, erst vor zwei Jahren das Unternehmen J&C Prothetik gegründet. Ursprünglich sah er eine Versorgungslücke mit medizinischen Prothesen auf Kunststoffbasis. Bald musste er feststellen, dass bereits vor ihm einige wenige Firmen diesen interessanten Markt bereits unter sich aufgeteilt hatten. Daher konzentrierte er die Arbeit seines Teams auf die Forschung und Neuentwicklung auf dem gesamten Gebiet der Kunststofftechnik. Sein besonderes Augenmerk galt der Entwicklung eines ‚intelligenten künstlichen Auges'. Um überhaupt ‚einen Fuß in die Tür' dieses neuen Produktsegmentes zu bekommen, begann J&C mit der Fertigung einer Augenprothese mit keinen besonders hervorstechenden Merkmalen.

Etwas anders sah seine Situation bei der ‚Stapesprothese' aus, da er dieses Patent gekauft und an einige Drittnutzer weiterverkauft hat. Damit besitzt J&C zwar einen Marktvorteil, doch das reichte ihm nicht. Er will unbedingt mit einer ungewöhnlichen Neuentwicklung seines ‚intelligenten künstlichen Auges' eine marktbeherrschende Stellung erreichen. Koste es, was es wolle.

In der Zwischenzeit muss er mit anderen Erzeugnissen das benötigte Geld verdienen. So wird vehement an der Entwicklung eines recyclebaren Kunststoffes geforscht.

Inzwischen wird ihm mitgeteilt, dass die Polizei die Nachforschung nach dem Tatverdächtigen Harald Bruhn eingestellt hat, weil sie trotz umfangreicher Suche nicht erfolgreich war. Sobald sich neue Anhaltspunkte ergeben, die eine Wiederaufnahme der Suche rechtfertigen, wollen sie wieder aktiv werden.

Damit kann Daub einmal tief durchatmen und auf das Eintreffen seiner Ingenieure und Wissenschaftler warten.

Punkt 9:00 Uhr sind alle versammelt und Dr. Daub beginnt:

„Liebe Kolleginnen und Kollegen!
Ihnen allen ist bekannt, dass wir mit großer Kraft darum ringen, auf dem umkämpften Markt der medizinischen Prothesen die Nummer eins zu werden. Doch was unser Paradepferd anbelangt, so gibt es einen Mitbewerber, der bereits ein ‚künstliches Auge' mit hervorragenden Merkmalen produziert. Diese Firma besitzt umfangreiche Fertigungsmöglichkeiten, die wir nicht

53

haben. Allerdings sind sie nicht so stark auf der Entwicklungsebene aufgestellt, wie wir es sind.

Ich habe das Ziel, mit unserer Entwicklung eines ‚intelligenten künstlichen Auges‘ an die Entwicklung der Firma SEP anzuknüpfen und zu verbessern. Doch dazu müssen wir erst genau wissen, was sie diesbezüglich können und wie sie es machen. Dazu reicht es aber nicht, ein Muster aus deren Produktion zu besitzen, wir wollen auch im Detail wissen, wie die Herstellung abläuft.

Um ein bisschen zu erfahren werde ich als potenzieller Geschäftspartner um einen Besuchstermin bitten. Ich kann davon berichten, dass wir eine weltweit eingesetzte Stapesprothese fertigen und schon sehr weit vorangekommen sind, einen recyclebaren Kunststoff zu entwickeln.
Herr Dr. Pfand, als Leiter unserer Abteilung Forschung und Entwicklung frage ich Sie: Kann ich das so sagen?“

„Ja, Herr Daub, das ist korrekt und so sollten Sie unser Unternehmen auch vorstellen.“

Damit beendet Dr. Daub die kurze Besprechung und bittet Frau Lange, bei der Firma SEP einen Besuchstermin für ihn zu bekommen.

Das gelingt ihr unerwartet schnell und so kann Dr. Daub am kommenden Freitag zu SEP nach Isernhagen fahren.

Er fährt noch einmal vor seiner Geschäftsreise in sein Unternehmen, um ein Modell der Stapesprothese mitzunehmen. Dann gibt er in sein Navigationsgerät die Adresse ein, die ihm Frau Lange herausgesucht hatte. Er hat heute um 10:00 einen Besprechungstermin mit dem Geschäftsführer Dr. Wagner der Firma SEP.

Zu angegebenen Zeit betritt er das Sekretariat und spricht Frau Hütte an, nachdem er sich vorgestellt hat:

„Ich werde von Ihrem Dr. Wagner erwartet."

„Bitte nehmen Sie einen Augenblick Platz, Herr Dr. Daub, ich informiere Dr. Wagner, dass Sie hier sind."

Wagner tritt ein, begrüßt Daub und bittet ihn, mit in das Besucherzimmer zu kommen.
Hier beginnt ein Smalltalk, damit sich beide ein wenig näher kennen lernen. Allmählich kommen sie dann auf das Kernproblem, dass kurz umrissen so aussieht:

J&C hat eine starke F und E- Abteilung, aber nur begrenzte Fertigungsmöglichkeiten.

SEP ist nicht so gut in der Forschung und Entwicklung aufgestellt, verfügt aber über immense Herstellungs- anlagen.

Dr. Daub ergreift nun wieder das Wort:
„Herr Kollege, wenn ich so sagen darf, wie wir eben herausgestellt haben, gibt es auf beiden Seiten Stärken und Schwächen, so dass sich eine Zusammenarbeit zu beiderseitigem Vorteil doch anbietet. Wie sehen Sie das?"

Ohne zu zögern, antwortet Wagner:

„Da gebe ich Ihnen recht. Doch bevor wir ins Detail gehen, möchte ich Ihnen gern unsere bescheidene Forschungsabteilung und die etwas größere Fertigung zeigen. Kommen Sie bitte mit!"

Nun beginnt eine ausführliche Besichtigung, die Dr. Daub mit dem größten Interesse genießt. Besonders als sie einen kleineren Raum betreten, wo die Vorarbeiten für die Herstellung des künstlichen Auges ausgeführt werden, sieht er genau hin und wundert sich, dass Wagner ihm das alles zeigt.

Nach zwei Stunden ist die Besichtigung zu Ende und sie kommen wieder in das Besucherzimmer zurück. Dort steht bereits Kaffee und Gebäck.

Dr. Daub:

„Herr Wagner, ich danke für die ausführliche Besichtigung ihrer Forschungs- und Fertigungsmöglichkeiten. Ich bin sehr beeindruckt und sehe ausreichend Potenzial für eine Kooperation. Nur frage ich mich, warum Sie mir gegenüber so ein Vertrauen zeigen, dass ich mir Ihre geheimsten Möglichkeiten im Detail anschauen durfte."

„Nun langen Sie erst einmal zu, genießen Sie unseren außergewöhnlichen Kaffee und das hausgemachte Gebäck!"

Als sie die Pause bei guter Bewirtung genossen haben, ergreift Wagner wieder das Wort:

„Es freut mich, dass ich Ihnen etwas bieten konnte. Und wie Sie sehen, hat unsere Frau Hütte geahnt, dass es uns beiden gefallen hat, denn hier stehen zwei kleine Gläschen mit einem guten Likör. Ich sage: ‚Für eine gute Zusammenarbeit!‘“

Nachdem sie sich zugeprostet haben, setzt Wagner zu einem neuen Gespräch an:

„Ich will nicht unhöflich wirken, als hätte ich Ihre Frage nach der nicht eingehaltenen Geheimhaltung überhört. Aber so ist es auch nicht. Sie haben vollkommen recht, dass wir unsere „Schätze“ behüten müssen. Das tun wir auch und so frage ich, was hat Sie denn am meisten beeindruckt?“

Der Gast, Dr. Daub, sucht nach Worten:

„Also ich bin, nein, ich habe, aber es war unendlich viel, und ich möchte sagen, ich bin beeindruckt von allem, was ich gesehen habe, aber im Detail weiß ich jetzt nichts mehr.“

Dr. Wagner:

„Wir haben Ihnen alles zeigen können, weil ich mir sicher war, dass Sie sich nichts merken konnten.

Wir machen es genau wie im Operationssaal, wo die Ärzte auch verhindern müssen, dass sich ein Patient beim Nachlassen der Narkose Dinge anhört, die er sich nicht merken soll. Das Narkotikum bekommt einen geringen Zusatz einer Substanz, die das Kurzzeitgedächtnis blockiert und gespeicherte Informationen löscht. Das ist gängige Praxis.

Meine Frau ist eine gut ausgebildete Pharmazeutin und weiß genau, wie sie hilft, unsere Betriebsgeheimnisse zu schützen. Wir haben nichts ausgeplaudert und Ihnen persönlich ist kein Schaden entstanden, denn durch den Alkohol, den Sie eben bekommen haben, wird die verabreichte Substanz zur Blockade sofort abgebaut und wirkungslos. Jetzt funktioniert Ihr Kurzzeitgedächtnis wieder wie eh und je.

Auf dieser Basis freue ich mich auf eine gute Zusammenarbeit und wünsche Ihnen eine gute Rückreise. Auf Wiedersehen."

***

Am nächsten Tag erzählt Daub seinem Forschungsteam, welches Ergebnis Daub von dem Besuch bei SEP mitbringt. Es ist eine traurige Bilanz, die ihn an der Aufrichtigkeit dieser potenziellen Partner zweifeln lässt. Daub fühlt sich ausgetrickst und will diese List nicht auf sich sitzen lassen.

Noch immer trägt Dr. Daub einen Groll in sich, weil er von Dr. Wagner regelrecht an der Nase herum und durch seine Hallen geführt wurde.

Er ruft seinen Abteilungsleiter Forschung, Dr. Gunter Pfand zu sich ins Büro und erklärt ihm Folgendes:
„Wie ich Ihnen allen schon mitgeteilt habe, hatte ich versucht, auf legale Weise eine Zusammenarbeit mit SEP zustande zu bringen, die mit Sicherheit nicht zu unserem Nachteil gewesen wäre. Aber das Zweiergespann der Walters hat mich überlistet. Das

58

bleibt nicht ohne Antwort, denn jetzt kommen Sie ins Spiel. Ist Ihnen das klar?"

„Und ob mir das bewusst ist. Ich kenne Sie jetzt schon über zwei Jahre und weiß genau, wo sie zu verletzen sind. Also, was soll ich tun?"

„Ich habe noch gut in Erinnerung, wie unser Gespräch bei Ihrer Bewerbung verlief. Wie üblich, hatte ich Sie nach besonderen Qualitäten und Ihrer Vergangenheit gefragt. Sie hatten unverblümt zugegeben, dass Sie in der ehemaligen DDR als technische Spezialist für Erkundungsarbeit ausgebildet worden sind. Nun ist der Moment gekommen, wo Sie diese Fähigkeiten gewinnbringend einsetzen können.

Hier ist ein Bild meiner Eltern. An dem Foto ist nichts Besonderes zu erkennen und das soll es auch nicht. Der wichtige Teil ist die Glasplatte, die im Rahmen liegt und das Foto abdeckt. Darauf befinden sich gut ausgeprägte Fingerabdrücke von Harald Bruhns rechter Hand. Diese werden Sie nicht nur konservieren, sondern auch digitalisieren. Das erledigen Sie noch heute und am Abend geben Sie mir das Bild mit einer sorgfältig gereinigten Glasscheibe wieder zurück.

Danach machen Sie sich Gedanken, mit welcher Agentenausrüstung Sie in die Partnerfirma fahren werden.

Ich werde morgen nach 16:00 Uhr in Ihrem Büro erscheinen und Sie werden mir zeigen, wie Sie sich auf die ‚Besuchsreise' vorbereitet haben."

Damit ist das kurze Gespräch beendet und Dr. Daub kann sich weiter seinen Tagesaufgaben widmen.

Im Vordergrund steht ein Fachgespräch mit dem promovierten Chemiker Sebastian Kolg.

Er arbeitet schon eine gewisse Zeit an einem hochaktuellen Thema, nämlich der Entwicklung eines semiorganischen Kunststoffes.

Dr. Daub redet ihm ins Gewissen:
„Sebastian, dein Thema ist von außergewöhnlicher Bedeutung für unsere Anerkennung als Unternehmen mit einem hohen Forschungs- und Entwicklungspotenzial. Sieh zu, dass du erste Ergebnisse aufweisen kannst, auch wenn du dabei nachhelfen musst. Sofern es keiner merkt, geht das schon!"

Mit diesem Appell kann Sebastian in den Feierabend gehen und Daub zu seinem Spezi Gunter Pfand.

„Hallo Pfand! Ich sehe hier schon einige Dinge, die für den bevorstehenden Einsatz sein könnten. Nun erzählen Sie!"

„Für praktische und gefährlich Arbeiten ziehe ich gern meinen Overall an. Der Oberstoff besteht aus Kevlar und er ist auch mit einer 2 cm dicken Schicht aus diesem Dämmstoff gefüttert. Damit hält er Temperaturen bis 900 °C aus. Nicht dass Sie denken, ich will damit in einen Vulkankrater steigen, doch dieser Anzug schützt mich vor dem Beschuss mit einer Laserpistole. Ich selbst habe eine und nehme sie auch mit. Ferner sind in diesen Helm neben einem GPS-Finder, ein Nachtsichtgerät und auch eine Infrarotkamera eingebaut, mit der ich ungesehen fotografieren kann. Außerdem habe ich natürlich meinen Schlüsselset und die speziellen Gummihandschuhe mit. Heute benutze ich das Modell „HARALD".

Ich glaube, diese Ausstattung dürfte reichen."

„So sehe ich das auch. Und wann wollen Sie starten?"

„Ich verlasse meine Wohnung so, dass ich gegen 2:30 Uhr vor Ort bin. Die Zeitspanne von 2:30 bis 4:00 Uhr ist erfahrungsgemäß die Zeit, in der die Wächter müde werden und die Aufmerksamkeit einen Tiefpunkt erlangt. Genau den möchte ich erwischen."

„Dann sage ich gutes Gelingen und auf Wiedersehen bis morgen früh!"

Mit diesen Worten verlässt auch Dr. Daub sein Büro und fährt zu seiner Familie.

Auch Gunter Pfand packt seine Sachen zusammen und fährt nach Hause. Heute isst er etwas früher sein Abendbrot, denn er will vor seiner Nachtschicht noch ein bisschen schlafen.

Genau um 1:45 Uhr summt sein Smartphone, in das er die gewünschte Weckzeit eingegeben hatte. Nun steht er auf, macht sich reisefertig und startet seinen kleinen, unscheinbaren Golf. Man sieht es dem Auto nicht an, dass darin ein 300 PS – Motor eingebaut ist.

Leise und doch schnell erreicht er sein Ziel in Isernhagen. Er steigt in einer Nebenstraße aus, zieht seine Kapuze über den Kopf, sodass sie fast die Augenbrauen berührt und geht einmal an dem Zielobjekt vorbei. Als er sieht, dass dahinter neben der Kellertreppe allerhand Gerümpel gelagert ist, kommt er zurück zum Auto, packt seinen Rucksack und schließt die Fahrzeugtür ganz leise. Er geht zurück zur Kellertreppe und öffnet gekonnt die Tür mit seinem Nachschlüssel. Er schließt hinter sich die Tür, aber ohne sie abzuschließen. Nun hat er Zeit, sich in Ruhe den Helm aufzusetzen und die Infrarot-Kamera einzuschalten, ebenso sein Nachtsichtgerät, das in den Helm integriert ist. Schließlich befestigt er am Gürtel die kleine Akkutasche, die die Stromquelle für die Laserpistole ist.

Jetzt setzt er sich Schritt für Schritt in Bewegung bis er den Aufgang zum Erdgeschoss erreicht. Er sieht sich genau um, ob er einen Bewegungsmelder erblicken kann, der die Flurbeleuchtung einschaltet, was für das Personal von Vorteil ist, ihm aber gar nicht gefallen würde. Nachdem er nur die bekannten Lichttaster entdeckt, geht er langsam weiter. Um ihn herum ist es stockfinster, da er den sichtbaren Teil des Infrarotstrahlers durch einen Filter ausgeblendet hat, so dass es reines Schwarzlicht ergibt. Schon steht er vor der ersten Hallentür mit einem großen Glasfenster. Er sieht durch die Scheibe und sucht nach einer Überwachungskamera. Als er keine findet, kriecht er auf allen Vieren in die Halle, aus reiner Vorsicht, um nicht doch von einer Kamera erfasst zu werden. Nun richtet er sich auf und seine Infrarot-Kamera filmt laufend das, was er im Blickfeld hat. So schleicht er durch die ganze Halle von Arbeitsplatz zu Arbeitsplatz. Er ist bis jetzt sehr zufrieden. Jetzt benützt er einen Durchgang in eine weitere Fertigungshalle. Auch hier kann er ungestört und unbeobachtet von Platz zu Platz gehen und pausenlos fotografieren. Endlich steht er vor der Kabine, die in diese Halle integriert ist. An der Tür befindet sich ein Schild mit der Aufschrift: ‚Zutritt nur für Befugte – Raum wird überwacht'. Wieder sucht Pfand nach einer Überwachungskamera, doch er findet keine. Daher öffnet er vorsichtig die Tür und geht direkt auf den ersten Arbeitsplatz zu. An der Wand über dem Arbeitstisch hängen Regale mit halbfertigen Kunststoffaugen. Gunter weiß, dass er den richtigen Ort gefunden hat. Er fotografiert jedes Werkzeug, jedes Gerät und jeden Apparat. Auch die Etiketten aller Fläschchen und Kartons werden im Bild festgehalten. Genau so sieht die Fundgrube eines Agenten aus, der dabei ist, einen riskanten Auftrag zu erfüllen. Da hört er Schritte, die näher kommen. Schnell bückt er und verkriecht sich unter einem Labortisch. Plötzlich wird das Licht eingeschaltet und ein Wächter betritt die Halle. Aber er kommt noch nicht in die Kabine. Der Mann geht nur an den Tischen entlang und Pfand hört, dass er die Tür schließt. Er atmet tief durch, wieder einmal hat er es geschafft, nicht gesehen zu werden. Da kommt er unter dem Tisch hervor, richtet sich auf und sieht einen Wächter, der in der offenen Tür steht. Er hatte listig das Licht ausgeschaltet und die Tür bewegt, als würde er die Halle verlassen. Nach einem Moment schaltet er das Licht wieder ein und sieht sich um. Da entdeckt er in der Kabine eine Gestalt mit Helm. Er zieht seine Pistole und geht langsam auf Gunter zu, der sich noch immer in der Kabine aufhält. Da ruft ihn der Wärter an:

„Hände hoch, oder ich schieße ohne Vorwarnung."

Gunther hebt die Hände und wartet, dass der Wärter die Tür zur Kabine aufschließen will. Er kann nicht wissen, dass das Pfand bereits getan hat. Gunter weiß genau, welche einzelne Körperbewegung des Wächters nun folgen muss, wenn er den Schlüssel in das Schlüsselloch einführen wird. Er steht ohne jede Regung, mit gehobenen Händen da, neigt seinen Kopf ein wenig, sodass er im Fadenkreuz seines Nachtsichtgerätes genau die Augen des Wächters hat. Der Wächter bückt sich, um den Schlüssel in das Schlüsselloch zu stecken. Er ist ein sehr gut ausgebildeter Wachmann, der es versteht, einen Schlüssel einzuführen und dabei den Täter nicht aus den Augen zu verlieren. Pfand kennt diese sehr seltenen und hervorragend ausgebildeten Beschützer und ist darauf vorbereitet. Neben dem Schwarzlichtstrahler seiner Kamera ist auch ein Laser der Klasse 4)* angebracht, der über einen Druckschalter in seinem linken Schuh ausgelöst werden kann. Der Wächter öffnet die Kabinentür, hält Pfand die Waffe entgegen und sagt noch:

„Ich warne Sie, bei der geringsten Bewegung schieße ich!"

Pfand drückt die Verse seines rechten Schuhs an die linke Verse. Ein hellroter, balkenförmiger Blitz schießt in die Augen des Wächters. Dieser schreit laut auf. Er taumelt hin und her, steckt die Pistole ein, reibt sich die Augen und

———————————————————————————————

)* **Laser** der **Klasse 4** können zu schweren Verletzungen der Augen sowie der Haut führen und Brände verursachen.

64

sucht vergebens den Ausgang. Pfand bückt sich, sodass er vom Eingang her nicht zu sehen ist. Der verletzte Wächter schreit so laut er kann, krümmt sich zusammen und fällt

auf den Boden. Plötzlich reißt ein herbeigeeilter zweiter Wächter die Tür auf, sieht seinen Kameraden und bückt sich neben ihm, um ihm zu helfen. In diesem Moment trifft ein schwerer Mörser aus Messing seinen Hinterkopf. Aus einer Platzwunde spritzt das Blut. Er fällt genau auf seinen erblindeten Kollegen, bleibt liegen ohne jede Regung. Pfand verlässt jetzt in Windeseile die Halle, nimmt im Lauf den Helm ab und erreicht sein Auto. Er steigt ein und fährt los in entgegengesetzter Richtung zur Stadtmitte auf eine Landstraße. Er vermutet, dass durch einen möglichen dritten Wachmann oder eine Automatik die Polizei oder ein anderer Wachdienst alarmiert wurden. Gunter setzt seine Fahrt mit normaler Geschwindigkeit fort und schon hat sein Navi den richtigen Weg zu seinem Zuhause gefunden. Es ist gerade 3:15 Uhr. Da legt er seinen Anzug und jegliches Agentenzubehör ab und sich ins Bett. Auftrag zwar ausgeführt, doch anders als erwartet.

Kapitel 6

In einem Büro ist in der Regel die Sekretärin die Erste, die den Raum betritt. In einem Industriebetrieb ist es meistens der Meister, der die Firma ankurbelt. Beides trifft für das Unternehmen SEP zu. Als heute der Meister die großen LED -Deckenstrahler aller Flure einschaltet, erstarrt er vor Schreck: Auf dem Fußboden liegt vor der Hallentür regungslos einer der Wächter in einer großen Blutlache. Daneben sieht er den Körper des zweiten Wächters in stark gekrümmter Haltung. Er bückt sich, nähert sich seinem Gesicht und stellt fest, dass er noch schwach atmet. Sofort greift Meister Bloch zum Telefon und meldet der Polizei diese skurrile Situation. Man verspricht ihm, dass unverzüglich Hilfe kommt. Jetzt wählt er pflichtbewusst die Nummer des Chefs, doch es meldet sich die Sekretärin, Frau Hütte. Sie ist außer sich und will sofort die Polizei verständigen. Da beruhigt er sie und sagt, dass er das bereits erledigt hat.

Nach wenigen Minuten treffen ein Streifenwagen und ein Rettungswagen ein. Bloch empfängt sie gleich am Eingang und führt die Beamten auf dem kürzesten Weg an die Unglücksstelle. Der Notarzt fasst nur kurz an die Halsschlagader des Mannes, der noch immer in der großen Blutlache liegt und sagt:

„Es tut mir leid, aber hier kommen wir zu spät. Der Mann hatte zu viel Blut verloren und ist nach einem Herzstillstand verstorben."

66

Dann wendet er sich dem anderen Wächter zu und dreht ihn vorsichtig auf den Rücken, als er sicher war, dass er sich nicht erbrochen hat. Dem Arzt fällt als Erstes die starke Rötung des gesamten Gesichtes auf, doch da er noch einen Herzschlag wahrnehmen kann, gibt er ihm sofort eine Injektion zur Unterstützung der Herzfunktion und eine Sauerstoffmaske zur Aufrechterhaltung der Atmung. Zwei Rettungssanitäter legen den Verletzten auf die Trage, schieben sie in den Rettungswagen und fahren mit ihm auf schnellstem Weg ins Krankenhaus.

Inzwischen hat ein Beamter den Bestattungsdienst angerufen, damit der Tote in die Gerichtsmedizin gebracht werden kann.

Drei andere Polizisten beginnen mit der Sicherung des Fundortes. Jedoch ist ihnen klar, dass es nicht mit Sicherheit der Tatort sein kann. Ein Toter, ein Schwerverletzter und keine Spur eines Täters sind zum Nachdenken ein logischer Grund. Wo kamen die beiden Wachleute her? Ein Beamter lässt sich von Meister Bloch den Arbeitsplatz des Wachpersonals zeigen:

„Wir haben nur zwei Wachmänner, die ständig hier sind. Diese beiden wechseln sich aber mit anderen Kollegen ab, sodass die Firma durchgehend bewacht wird."

Dem Beamten fällt auf, dass auf dem Tisch vor den sechs Monitoren noch ein angebissenes Brötchen liegt. Er folgert daraus, dass mindestens ein Beamter plötzlich den Raum verlassen hat. Weitere Anzeichen kann der Polizist hier nicht finden.

67

Plötzlich kommt ganz aufgeregt der Chef in das Wachzimmer und überfällt den Polizisten förmlich mit Fragen:

„Was ist hier los? Gibt es Verletzte oder Tote? Wo sind die Wachleute? Bitte, erklären Sie mir das. Ich bin der Betriebsleiter, mein Name ist Dr. Wagner."

Der Polizist versucht, trotz aller Hektik, sachlich zu bleiben und erklärt den Tatbestand:

„Wir wurden heute früh gegen 7:00 Uhr von Meister Bloch angerufen und er hat uns von einer kritischen Situation berichtet. Als wir ankamen, fanden wir einen getöteten Wachmann vor und einen weiteren, der bewusstlos war. Nun versuchen wir, uns ein Bild zu machen. Dazu habe ich gleich an Sie, Herr Dr. Wagner, die Frage, welcher Bereich für Einbrecher interessant sein könnte."

„Also diese Frage verwundert mich schon sehr. Woher soll ich wissen, was der Einbrecher gesucht hat. Wenn es ihm um Geld gegangen ist, dann wird er gewiss nicht in einer Werkhalle danach suchen, sondern eher in meinem Büro. Aber wenn er darauf aus war, zu sehen, was und wie wir produzieren, dann muss er sich in der Halle umsehen."

„Danke, soweit waren wir auch schon mit unseren Überlegungen gekommen. Meine Frage bezog sich mehr auf etwas ganz Spezielles, was man nur bei Ihnen finden kann."

„Nun ja, wir haben eine besondere Entwicklungs-aufgabe, an der in einem separaten Raum gearbeitet wird, der nur einem eingeschränkten Personenkreis zugänglich ist.

Es handelt sich um eine Kabine, in der lediglich zwei Mitarbeiter beschäftigt sind und eine Neuheit entwickeln. Gehen wir einfach einmal dorthin."

Während sich Meister Bloch verabschiedet, weil er sich um den Produktionsbereich kümmern muss, gehen Dr. Wagner und zwei Polizisten in die sogenannte Kabine. Hier findet ein Beamter auf dem Fußboden in der Ecke liegend einen Mörser aus poliertem Messing, auf dem er einige Blutreste entdeckt. Die KTU wird hier noch zu tun bekommen. Dr. Wagner schaut genau auf den Arbeitsplatz, an dem die Vorarbeiten für die künstlichen Augen durchgeführt werden und meint:

„Es sieht nicht so aus, als ob hier jemand etwas entwendet oder verändert hat. Das einzig Ungewöhnliche ist der blutbeschmierte Mörser. Aber keine Substanzen sind angegriffen und auch kein Werkzeug hat ein anderer angefasst. Es liegt alles genau so auf dem Arbeitstisch, wie es eine interne Anweisung vorschreibt. Daher erkennt man sofort, ob ein Unbefugter etwas angefasst hat. Aber die Herren der KTU sollen ruhig ihre Arbeit machen. Schließlich werden sie ja vom Steuerzahler dafür bezahlt."

Damit entfernt sich Dr. Wagner und zieht sich in sein Büro zurück. Im selben Moment betreten auch die Kollegen der KTU die Kabine und fangen an, nach Spuren und Fingerabdrücken zu suchen. – Nach zwei Stunden haben sie alles gesichert und fahren wieder ab, denn die genaue Auswertung findet im Gebäude der KTU statt.

Als alle Fremden das Unternehmen verlassen haben, scheint hier die Arbeit in gewohnter Weise weiterzugehen. Doch der Schein trügt. Dr. Wagner wendet sich seiner Sekretärin zu und bittet sie, das F/E-Team für 15:00 Uhr zu einer kleinen Beratung in sein Büro einzuladen. Die Bezeichnung F/E-Team ist eine Kurzform für seine Mitarbeiter aus den Arbeitsbereichen Forschung und Entwicklung.

Auf dem Kommissariat Hannover Mitte klopft Jürgen Stegen an die Tür von Helmut Brenner und erstattet Bericht von dem Polizeieinsatz heute früh.

Mit der Firma SEB hatten sie noch nie dienstlich zu tun. Deshalb war es ihnen auch nicht bekannt, dass sich dieses Unternehmen ebenfalls mit speziellen Fragen der Kunststoffverarbeitung beschäftigt. Um einen besseren Überblick zu bekommen, fragt er nach:

> „Jürgen, sehe ich das so richtig, dass die Firma SEP gewissermaßen ein Konkurrent von J&C sein kann?"

> „Es wäre denkbar, da sie sich mit dem gleichen Material auseinandersetzen. Wir können doch einmal bei J&C nachfragen. Da haben wir die Antwort aus erster Hand."

Helmut meint dazu:

> „Jürgen, deine Idee ist gut, aber Berta und Klaus können doch hinfahren und sich erkundigen."

Die beiden Kommissare sind gerade im Begriff, das Chefbüro zu verlassen, da klingelt sein Telefon und bevor er zum Hörer greift, sagt er noch:

„Bleibt bitte noch einen Augenblick, vielleicht gibt es Neuigkeiten".

Helmut meldet sich kurz und knapp wie immer:

„Hier Brenner, was gibt's? - Nein, das glaube ich jetzt nicht. Ihr müsst euch irren, denn das kann es nicht geben, dass wir wie besessen einen Tatverdächtigen suchen und ihn beinahe für tot erklären und jetzt kommt ihr mit seinen Fingerabdrücken vom Tatort."

In seiner unverkennbar sichtlichen Erregung spricht er die Kommissare an:

„Die KTU hat an der Tatwaffe die Fingerabdrücke von Harald Bruhn sichergestellt. Das wirft ja alle Vermutungen, dass er sich ins Ausland abgesetzt hat, über den Haufen. Wir hielten es sogar für möglich, dass Bruhn tot ist. Und plötzlich begeht er den nächsten Bruch?"

Berta und Klaus sind natürlich schockiert, denn auch sie waren überzeugt, Harald sei tot.

Helmut stellt fest:

„Also, alles zurück auf Anfang. Ihr beide fahrt zu J&C und Jürgen und Michael müssen wieder zu Frau Bruhn und natürlich auch zu dieser Ilona."

71

Schnell sind Berta und Klaus bei J&C und werden von der Sekretärin betont freundlich begrüßt. Das mag eher daran liegen, dass der ‚nette‘ Kommissar Weise ihr mit einer Tafel Schokolade den Familiennamen von Ilona entlockt hatte. Nun beginnt Berta das Gespräch:

„Bevor wir Sie bitten, uns bei Ihrem Chef anzukündigen, müssen wir an Sie diese Frage stellen: Wann haben Sie Herrn Harald Bruhn das letzte Mal gesehen?“

„Ich weiß es nicht genau, aber es ist schon ein paar Tage her.“

„Meine zweite Frage lautet: Hat Ihr Unternehmen Geschäftsbeziehungen zu der Firma SEP?“

„Also, ob man einen einmaligen Besuch bereits als eine Geschäftsbeziehung bezeichnen kann, weiß ich nicht, doch diese Frage sollten Sie tatsächlich Dr. Daub stellen, ich fühle mich dazu nicht kompetent. Ich rufe ihn jetzt an und werde Sie bei ihm anmelden:“

Frau Lange drückt auf die Verbindungstaste und Dr. Daub meldet sich:

„Ja, Frau Lange, ich höre!“

„Herr Dr. Daub hier sind zwei Beamte der Polizei, die würden Sie gern sprechen, da sie einige Fragen auf dem Herzen haben.“

„Bitte, schicken Sie sie nur herein, für die Polizei habe ich immer Zeit!“

„Guten Tag, Herr Dr. Daub, mein Name ist Berta Zöllner und das ist mein Kollege Klaus Weise. Ich überfalle Sie gleich mit der ersten Frage: Wann haben Sie Herrn Bruhn das letzte Mal gesehen?"

Daub antwortet etwas ungehalten:
„Diese Frage lässt Sie wohl überhaupt nicht mehr los. Ich vermute fast, Sie haben schon Albträume wegen Bruhn. Also, den Bruhn habe ich zuletzt vor einigen Tagen gesehen, als ich mit ihm ein längeres persönliches Gespräch geführt hatte. Es ging um das Verhältnis zwischen ihm und seiner Exfrau. Seitdem ist er mir nicht mehr unter die Augen gekommen.
Was möchten Sie sonst noch von mir wissen?"

„Wir hätten gern gewusst, in welchem Verhältnis Sie zu der Firma SEP stehen."

„Ich habe das von Ihnen genannte Unternehmen gestern besucht, weil man dort ebenfalls Kunststoffe für medizinische Belange verarbeitet. Mir wurden persönlich von Dr. Wagner, dem Betriebsleiter, die gesamten Fertigungsanlagen gezeigt und erklärt. Schließlich haben wir uns auf eine zukünftige Zusammenarbeit geeinigt. Es war ein ausgesprochen angenehmes Gespräch und ich freue mich schon auf die Kooperation".

„Möglicherweise haben Sie es noch nicht erfahren, dass heute Nacht in eben diesem Unternehmen eingebrochen wurde. Dabei wurde ein Wachmann getötet und ein anderer schwer verletzt. Haben Sie als zukünftiger Kooperationspartner eine Ahnung, aus welchem Umfeld der Täter stammen könnte?"

73

„Zuerst bin ich zutiefst erschüttert von dem, was Sie mir berichten. Ich habe nicht die geringste Ahnung oder Vermutung, wer so etwas getan haben könnte und dann noch mit dieser Härte, dass ein Mord begangen wurde. Wenn es ein Kapitalverbrechen ist, dann kann praktisch jeder in Frage kommen, der sich auf mörderische Art bereichern will. Aber nun klären Sie mich bitte auf: Was wurde denn entwendet?"

„Diese Frage dürfen wir Ihnen nicht beantworten, da der Fall noch nicht abgeschlossen ist. Wir können Ihnen aber mitteilen, dass auf der Tatwaffe die Fingerabdrücke von Harald Bruhn gesichert werden konnten."

„Wenn ich mich recht erinnere, hatten Sie doch die Ermittlungen schon auf Eis gelegt und wollten erst dann weitermachen, wenn neue Anhaltspunkte auftauchen."

„Ja, Dr. Daub, das ist so und deshalb machen wir jetzt auch weiter.

Da die Firma SEP an ähnlichen Aufgaben arbeitet wie Sie mit Ihrem Unternehmen J&C liegt die Vermutung nahe, dass Sie gern mehr über Ihren Konkurrenten herausfinden wollten."

„Sehr geehrte Frau Kommissarin, Ihrer Schluss-folgerung ist nicht zu widersprechen, doch warum sollten wir auf einem so umständlichen Wege versuchen, Informationen zu bekommen, wo wir doch auf legale Weise im Rahmen der Kooperation alles erfahren, was uns weiterhelfen kann."

„Herr Dr. Daub, das war es für heute. Wir danken Ihnen für das Gespräch und verabschieden uns."

Beide Kommissare fahren zurück in ihr Büro, um Helmut alles zu berichten.

Im nächsten Moment ruft Daub seinen Spezialisten Pfand an:

„Herr Pfand, ich hatte soeben den Besuch von zwei Kommissaren. Über dieses Gespräch möchte ich mit Ihnen sprechen und komme jetzt kurz vorbei. Bis gleich!"

Pfand wartet bereits. Auf seinem Schreibtisch liegt nur ein Forschungsbericht eines Institutes, in dem es um neue Kunststoffe geht. Daneben liegt ein USB-Stick. Jetzt klopft Daub kurz an und tritt sofort ein:

„Wir hatten ja noch keine Gelegenheit über die letzten Stunden zu sprechen."

„Worüber hätten wir sprechen sollen? Ich hatte eine ruhige Nacht und mehr nicht."

Nun wird Daub deutlich:

„Ich meine Ihre Sonderschicht!"

„Es tut mir leid, ich weiß nicht, wovon Sie sprechen?"

Daub bohrt weiter:

„Sie hatten mir doch noch am Nachmittag Ihre komplette Ausrüstung gezeigt, mit der Sie bei SEP Nachforschungen anstellen wollten!"

„Herr Daub, da müssen Sie etwas verwechseln, ich weiß nicht, von welcher Ausrüstung Sie sprechen?"

Daub wird wütend, geht zu seinem Schrank und sagt:

„Ich werde Ihnen zeigen, was ich meine!"

Da reißt Daub energisch die Tür auf und blickt in einen fast leeren Schrank, in dem nur einige Aktenordner stehen mehr nicht. Vollkommen überrascht fragt er:

„Pfand, wo ist Ihr Spezialhelm, Ihre Laserpistole und wo ist Ihr hitze- und schussfester Overall geblieben? Halten Sie mich für total geistesabwesend oder leide ich unter einem paranoiden Syndrom?"

„Über Ihren Gesundheitszustand möchte ich mich nicht äußern, aber wo haben Sie denn einen Beweis, dass ich diese Ausrüstung je hatte?"

Daub erregt sich immer mehr und sagt wütend:

„Ich weiß doch, was ich gesehen habe. Leider kann ich es nicht beweisen, aber warum belügen Sie mich so eiskalt?"

„Wenn Sie nicht in der Lage sind, mir die Beschuldigungen zu beweisen, dann unterlassen Sie es bitte. Heute früh lag in meinem Postfach im Sekretariat ein Briefumschlag und darin befand sich dieser USB-Stick. Ich hatte noch keine Zeit, mir die gespeicherten Daten anzusehen, aber es lag dieser Zettel dabei mit den zwei Wörtern: ‚für Daub'. Deshalb übergebe ich Ihnen jetzt den Stick und wenn Sie keine weiteren Fragen haben, würde ich mich gern weiter diesem interessanten Beitrag über Kunststoffentwicklungen widmen."

Wutschnaubend greift Daub nach dem Stick, verlässt das Zimmer und knallt die Tür hinter sich zu. In seinem Büro steckt er den Stick sofort in seinen PC, weil es ihn natürlich brennend interessiert, was darauf zu sehen ist.

Da erblickt er eine Serie von geschätzten einhundert Fotos von Werkzeugen, Maschinen, Geräten und sogar Etiketten von diversen Flaschen, Schachteln und Behältern.

Dr. Daub lehnt sich in seinem bequemen Bürosessel zurück und denkt nach. Er atmet wieder etwas ruhiger, schaut an die Decke und ab und zu schüttelt er den Kopf, als wollte er fragen: ‚Was ist geschehen?'

Eine Stunde vergeht, ohne dass er irgendetwas unternimmt. Er überlegt und beginnt schon, an sich selbst zu zweifeln. Dann bittet er Frau Lange zu sich:

> „Frau Lange, setzen Sie sich bitte auf diesen Stuhl, genau mir gegenüber. Schauen Sie mich jetzt an. Sehe ich noch normal aus?"

Sie tut, was ihr geheißen, schaut Dr. Daub, wie er es wünscht, tief in die Augen und sagt schließlich:

> „Also, Herr Dr. Daub, sie sehen zwar etwas verstört oder zerknirscht aus, aber eigentlich ganz normal".

Dr. Daub:

> „Danke, aber das Wort ‚eigentlich' hätten Sie sich verkneifen können. So, nun rufen Sie unverzüglich mein F/E-Team in mein Büro. Danke, Sie können sich weiter Ihrer Arbeit widmen."

Schon wenige Minuten später hat sich das gesamte Team in seinem Büro eingefunden und er zeigt allen, die Fotos, die auf dem Stick abgespeichert sind. Am Ende fragt er in die Runde:

„Was bringt uns das? – Wissen wir jetzt mehr darüber, wie SEP es schafft, ein künstliches Auge mit angepasster Pupillenweite zu produzieren?"

Da meldet sich der Gruppenleiter, Dr. Gunter Pfand zu Wort:

„Dr. Daub, diese Aufnahmen sind zwar interessant und wir haben auch das Flaschenetikett gelesen. Aber die in der Flasche enthaltene Substanz ist uns bekannt. Es handelt sich um einen heliotropen Stoff. Das bedeutet, dass dieses Material auf Helligkeitsunterschiede reagiert. Diese Substanz verwendet man schon einige Jahre in teuren Sonnenbrillen, die ihre Lichtdurchlässigkeit je nach Helligkeit ändern. Entscheidend für die Herstellung eines intelligenten künstlichen Auges ist die Technologie, wie diese heliotrope Schicht aufgebaut wird. Und diese Erkenntnis haben wir eben nicht bekommen."

Damit beendet Dr. Daub das kurze Meeting des F/E-Teams.

Dr. Gunter Pfand zieht sich in sein Büro zurück. Er war heute früh schon zeitig angekommen, denn er nutzte die ungestörte Zeit, um seine komplette Agentenausrüstung in einem Reisekoffer zu verstauen. Den will er nach Feierabend zu seinem ehemaligen Kollegen Siegfried nach Hameln bringen. Das tut er aus Sicherheitsgründen, falls doch eine Hausdurchsuchung bei J&C angeordnet würde.

Kapitel 7

Oberkommissar Brenner kann mit dem Erreichten nicht zufrieden sein. Da er allein nicht weiterkommt und gern die Teamarbeit pflegt, ruft er für 10:00 Uhr seine Kommissare zu sich, um gemeinsam eine erfolgversprechende Strategie zu finden.

Als sich die vier Kollegen eingefunden haben, eröffnet Helmut die Diskussionsrunde, denn anders kann man dieses gemeinsame Suchen nach Täter und Tatmotiv nicht bezeichnen:

„Liebe Kollegin, liebe Kollegen! Ich habe euch hergebeten, weil wir zusammen einen Weg finden müssen, sowohl das Tatmotiv als auch den Täter ausfindig zu machen.

Wie steht Ihr zu einer gründlichen Hausdurchsuchung des Unternehmens J&C?"

Zuerst meldet sich dazu Berta Zöllner:

„Es wird wohl kein Staatsanwalt einen Durchsuchungs- beschluss ausstellen für ein ganzes Unternehmen, noch dazu bei der äußerst dürftigen Beweislage, wenn wir überhaupt einen Beweis vorlegen könnten."

Und Michael ergänzt:

„Wonach sollten wir denn überhaupt suchen? Harald Bruhn sitzt dort bestimmt nicht in einem versteckten Stübchen und wartet auf die Polizei. Wir könnten höchstens ein oder mehrere gestohlene ‚Kunstaugen' finden. Und wenn wir Glück haben, würde ein solcher

79

Fund nicht als ein hinreichender Beweis angesehen werden."

Jürgen denkt an die betroffene Gegenseite:
„Wir suchen ja im Interesse und Auftrag von SEP. Aber soviel ich gehört habe, fehlt dort nichts."

Klaus korrigiert:
„Jürgen, das ist nicht ganz richtig, denn es fehlen zwei Wachmänner und einer von beiden musste den Einbruch mit seinem Leben bezahlen."

Berta meint dazu:
„Also, eine Durchsuchung bei SEP halte ich für vollkommen sinnlos. Was wollen wir dort überhaupt suchen. Die Fingerabdrücke haben wir und wissen auch, dass sie mit Sicherheit Bruhn zugewiesen werden."

Jetzt muss Helmut sich dazu äußern:
„Berta, du hast recht, denn bei SEP wäre eine Durchsuchung auch nach meiner Meinung nicht relevant. Wie sollte ein Indiz eigentlich beschaffen sein, dass es auf einen Auftraggeber schließen lässt, denn der Täter ist uns bekannt?
Ich finde, wir müssen weiter nach Bruhn suchen. Wenn er lebt, und das zeigen seine aktuell ausgelesenen Fingerabdrücke, dann muss er irgendwo sein und unsere Aufgabe ist es, diesen unbekannten Aufenthaltsort zu entdecken."

Klaus unterstreicht:

„Wir nehmen stillschweigend an, dass die Firma J&C dahintersteckt. Aber wenn es uns gelingt, das zu beweisen, haben wir noch lange nicht den Täter. Das Ganze würde dann auf eine Zivilklage hinauslaufen, weil Betriebsspionage keinen Straftatbestand darstellt."

Helmut greift ein:

„Entschuldige Klaus, aber hier bist du im Irrtum. Personen, die Mitarbeiter des Unternehmens zur Betriebsspionage anstiften oder dafür bezahlen, setzen sich ebenfalls einer Straftat aus. Schon die Anstiftung zur Betriebsspionage und die Verabredung ist eine Straftat nach § 17 oder 18 des UWG*).“

Und wieder Klaus:

„Nun gut, aber uns fehlt dann immer noch der Täter und ich sehe es als unsere vordringliche Aufgabe an, ihn dingfest zu machen. Aber zunächst müssen wir wissen, wo?“

Helmut greift die Bemerkung von Klaus auf und stellt fest:

„Bleiben wir bei der Frage ‚Wo?' Ich schließe aus, dass er sich bei J&C verstecken würde. Viel wahrscheinlicher ist es doch, dass er bei einer seiner Frauen auftaucht und Unterschlupf sucht.“

*) Gesetz gegen den unlauteren Wettbewerb

81

Berta kommt mit der Bemerkung:
„Wir fahren also wieder zu der genervten Frau Bruhn und gehen ihr auf den Keks, Verzeihung, belästigen sie ein weiteres Mal mit der gleichen Frage, die sie schon singen kann!"

Michael ergänzt.
„Die eher kesse Ilona wäre gewiss auch nicht begeistert, wenn wir bei ihr nach Harald suchen würden."

Helmut fragt in die Runde:
„Ist denn etwas über seine Eltern oder andere Verwandte bekannt?"

Das Kopfschütteln aller ist eine stumme Antwort, die aber leider nicht weiterhilft.

Helmut kommt zu einem Entschluss:
„Ich muss euch recht geben, dass es vermutlich nicht sinnvoll ist, die beiden Frauen wieder zu befragen. Bruhn ist gewiss so schlau, dass er weiß, wo wir ihn zuerst suchen würden. Demzufolge wird er dort nicht dauernd sein. Aber ich halte es für sicher, dass er kurzzeitig einmal bei Ilona Foth oder bei seiner Exfrau vorbeikommt, nur ‚Guten Tag' sagt und wieder verschwindet. Dieses Verhalten würde gut zu ihm passen. Oder er holt seine Exfrau ab, die er offensichtlich immer noch liebt, um mit ihr einfach abzuhauen. Er hatte ihr einst versprochen, dass beide noch einmal ‚fein essen' werden."

Berta wirft nun ein:

„Du erwartest aber nicht, dass wir uns im Auto die Nächte um die Ohren schlagen, nur um Harald zu sehen?"

„Nein, Berta, das wäre keine vielversprechende Idee. Dafür gibt es aber elegante, technische Lösungen. Ich berate mich mit den Spezialisten von der KTU über den Einsatz von zwei Überwachungskameras. Damit haben wir eine Lösung und können unser kleines Meeting beenden."

Oberkommissar Brenner macht sich nun selbst auf den Weg und besucht die Kollegen in der Abteilung KTU. Dort trifft er auf Dipl.-Ing. Werner Wiechmann, der ihn freudig begrüßt:

„Na, da muss ja etwas ganz Schlimmes passiert sein, wenn du dich persönlich in die Höhle der Schnüffler wagst. Komm, erzähle uns ein bisschen von dem Alltag der Kriminalisten."

„Alltag ist gutgesagt, doch bei uns ist wirklich ‚all Tag' etwas los. Wir suchen wieder einen Täter, den wir bereits tot glaubten, bis wir plötzlich unerwartet seine frischen Fingerabdrücke auf einer Tatwaffe gefunden haben. Eigentlich habt Ihr sie gefunden, doch gewundert haben sich alle. Jetzt müssen wir davon ausgehen, dass er noch lebt. Und um herauszufinden, wo er lebt, brauchen wir Eure Hilfe."

„Machen wir gern, doch du musst sagen, was du dir von uns wünschst."

Helmut erklärt Wiechi, wie sie ihn alle nennen, dass dieser vermeintliche Täter gleich zwei Frauen hat, die er hin und wieder ein wenig umgarnt. Das dauert aber nur eine kurze Zeit, so etwa 5 Minuten bis eine Nacht. Es sei typisch für Harald, dass er dann schlagartig den Raum verlässt, meist mit unbekanntem Ziel.

Weil es nicht zumutbar ist, eine klassische Personenüberwachung durchzuführen, möchte ich hierzu Überwachungskameras einsetzen, die wir über das Internet abfragen können und die Aufzeichnungen in einem Server im Kommissariat speichern.

Wiechi hat sich die Vorstellungen und Wünsche von Helmut angehört und verspricht, sich in Kürze das Umfeld der Wohnungen der besagten Frauen näher anzusehen.

Damit verabschiedet sich der Oberkommissar und freut sich auf den Einsatz moderner Überwachungstechnik.

***

Nach zwei Tagen klopft es an die Tür des Kommissariats und zwei Herrn mit einer blauen Kombi und einem Werkzeugkoffer betreten den Raum. Sie stellen sich vor und fragen, wo die zwei Monitore für die Personenüberwachung aufgestellt werden sollen.

Dem Chef bleibt es nicht verborgen, dass die KTU so fix ist und die erwartete Technik schon jetzt in das Kommissariat gebracht wird. Helmut entscheidet prompt, dass die

Monitore gut in Bertas Nähe aufgestellt werden sollen. Das geschieht schnell und die gesamte Überwachungsanlage ist einsatzbereit.

Als wenn sie es geahnt hätte, stehen Klaus, Jürgen und Michael augenblicklich neben ihrem Schreibtisch und wollen sehen, wer ein und ausgeht.

Helmut möchte aber wissen, wo die Kameras installiert worden sind, denn sie dürfen nicht auffallen.

Jetzt meldet sich einer der Techniker:

„Daran hatten wir allerdings auch gedacht. Ich selbst bin auf einen Mast einer Straßenlaterne geklettert und habe die Kamera dort befestigt. Auf den anderen Mast in der Ricarda-Huch-Straße gegenüber dem Haus, in dem Frau Foth wohnt, ist mein Kollege hochgestiegen. Selbstverständlich hatte unser Wiechi vorher bei der städtischen Abteilung für Straßenbeleuchtung die Erlaubnis eingeholt."

Nun aber sieht sich Helmut als Leiter und Ordnungshüter der Abteilung veranlasst, zu erklären, dass jegliche Information, die auf der Basis einer Überwachung erlangt wird, als streng geheim einzustufen ist.

Also:

„Gucken und Klappe halten!

Damit uns nichts entgeht und eine unerlaubte Überwachung ausgeschlossen ist, lege ich fest, dass Berta an jedem Morgen die im Laufe der verflossenen 24 Stunden aufgenommenen Videos sichtet und bewertet. Ist das für alle klar?"

Jürgen sagt nur noch frech:

„Das war das Wort zum Sonntag!"

Kurz vor ihrem Dienstschluss sieht Berta auf die Haustür von Ilona Foth und auf dem anderen Monitor erblickt sie den Eingang zu Beate Bruhns Haus.

Damit geht der Arbeitstag zu Ende und alle verlassen nach und nach das Büro.

***

Am nächsten Morgen wird Berta von ihren Kollegen schon sehnlichst erwartet. Sie sagt kurz:

„Nun lasst mich doch erst einmal ankommen, es geht nichts verloren, ihr werdet alles schon rechtzeitig zu sehen bekommen."

Erst jetzt schaltet sie die beiden Monitore ein und die Kommissare können verfolgen, wann die Frauen das Haus verlassen und wann sie wiederkommen. Während Beate Bruhn recht spät von ihrem Dienst nach Hause geht, ist Ilona wesentlich früher zurück.

Bereits um 16:00 Uhr klingelt ein mittelgroßer, gut gekleideter Herr an der Haustür und ihm wird schnell geöffnet. Nach etwa einer Stunde verlässt er wieder das Haus. Jetzt kann man sein Gesicht gut erkennen, weil die Kamera eine sehr hohe Auflösung besitzt. Aber es ist nicht das von Harald. Dann bleibt es ruhig auf beiden Monitoren. Um 20:00 Uhr steht wieder ein Mann vor der Tür, hält eine langhalsige Flasche, wahrscheinlich Weinflasche in der Hand und klingelt. Die Tür wird geöffnet und eine Hand langt heraus und umfasst den Mann am Hals, als wollte sie ihn in das Haus ziehen.

86

Berta schaut ihre neugierigen Kollegen mit einem ermahnenden Blick an und sagt:

„Guckt da nicht so hin, es ist nicht Bruhn. Basta!"

Dieser Mann verlässt das Haus erst am nächsten Morgen. Kurz darauf verschwindet auch Ilona. Dann wird es still.

Um genau 8:00 Uhr beginnt eine neue Aufzeichnung. Berta schaltet beide Monitore aus und kann sich endlich ihren Tagesaufgaben widmen, die nichts mit Bruhn zu tun haben.

***

Auch am nächsten Morgen wiederholt sich das Spiel des Vortages. Die Monitore sorgen für eine spannende Unterhaltung zum Dienstbeginn.

Berta kontrolliert erneut die Geschehnisse in der Ricarda-Huch-Straße bei der Haustür von Ilona Foth und vor dem Haus von Frau Bruhn in der Falkenstraße. Frau Foth bekommt gegen 16:00 Uhr wieder Herrenbesuch, doch dieser Mann trägt einen Bart und sieht sehr sportlich aus. Bei Beate Bruhn tut sich zunächst nichts. Abgesehen davon, dass sie morgens das Haus verließ und am späten Nachmittag wieder zurückkam.

Allerdings hat das gesamte Überwachungskonzept einen winzig kleinen Fehler. Weil sich die Straßenbeleuchtung aus Sparsamkeitsgründen um 24:00 Uhr automatisch aus- und erst um 4:00 Uhr wieder einschaltet, kann man keine Aufnahmen in dem zeitlichen Zwischenraum erhalten. Lediglich Autos mit eingeschaltetem Licht sind schemenhaft wahrzunehmen.

Die Überwachungsaktion der beiden Hauseingänge läuft nun bereits zwei Wochen, doch ohne einen sachdienlichen Hinweis erbracht zu haben.

Es ist genau 19:55 Uhr, da hält ein gelbes Taxi vor dem Haus von Frau Bruhn in der Falkenstraße 38. Zwei Minuten später öffnet sich die Haustür und eine Frau mit einem Koffer kommt heraus und geht zum Taxi. Der Fahrer klappt den Kofferraum auf und stellt den Koffer hinein. Sie geht noch einmal zurück und verschwindet im Haus. Indessen erscheint in der offenen Haustür ein Mann mit einer braunen großkarierten Jacke. Er trägt kein Handgepäck, sondern steigt sofort in das Taxi und nimmt auf dem Beifahrersitz Platz. Dann erscheint wieder die Frau Bruhn mit einer Handtasche, schließt hinter sich die Haustür ab und geht zum Taxi. Der Fahrer hält die hintere Tür geöffnet, sodass sich die Frau auf die Rücksitzbank setzen kann. Das Auto fährt los und verlässt den Sichtwinkel der Kamera.

Plötzlich löst sich Bertas Blick von dem rechten Monitor, den sie die ganze Zeit gefesselt angesehen hat und sagt:

„Eben ist Harald mit einer Frau in ein Taxi eingestiegen. Sie hatte sogar einen Koffer dabei, den der Fahrer in den Kofferraum gelegt hat. Harald trug diese großkarierte braune Jacke, die Frau Bruhn immer so scheußlich findet."

Als Berta das berichtet, wird es im gesamten Kommissariat so still, dass man hätte eine Büroklammer fallen hören können. Alle stehen da wie versteinert, bloß der Chef findet seine Stimme wieder und sagt:

88

„Wir haben es doch geahnt, dass dieser Bruhn noch lebt. Erst bricht er bei SEP ein und dann verschwindet er, wahrscheinlich mit seiner Ex ins Ausland, wovon er schon immer gesprochen hat.

Berta, ruf bitte sofort die Taxizentrale an, wer gestern Abend um diese Zeit Fahrgäste aus der Frankenstraße abgeholt hat."

Während ihre Kollegen wieder entspannt auf ihre Plätze zurückgehen, telefoniert Berta mit dem Taxiunternehmen: „Hier spricht Kommissarin Zöllner von der Polizei. Bitte sagen Sie mir, welcher Fahrer gestern Abend um 20:00 Uhr aus der Falkenstraße Fahrgäste abgeholt hat."

„Das darf ich Ihnen nicht sagen, wegen Datenschutz!"

„Das müssen Sie sogar, ansonsten erhalten Sie eine Anzeige wegen Behinderung der polizeilichen Ermittlungsarbeit. Aber zur Sicherung des Datenschutzes fordere ich Sie auf, den Fahrer, der diese Tour gemacht hat, unverzüglich auf das Kommissariat Hannover Mitte zu schicken. Er soll sich bei Kommissarin Zöllner melden. Danke und Auf Wiederhören."

Jetzt überlegt Helmut, wohin das Taxi Harald und Beate Bruhn gebracht haben könnte. Wo will Harald jetzt hin? Aber das wird Helmut bald erfahren, sobald der Taxifahrer hier seine Aussage gemacht hat.

Viel interessanter ist aber die Frage, in wessen Auftrag der Täter bei SEP eingebrochen ist. Ihm fällt dazu nur ein Unternehmen ein und das ist J&C. Aber von deren Seite wird jeder Auftrag zur Spionage bei SEP vehement geleugnet. Wie kann man aber das Gegenteil beweisen? Dazu ist wiederum eine Aussage von Bruhn notwendig, denn trotz aufwendiger Suche hat die KTU bei SEP keinen Hinweis gefunden, dass J&C hinter dem Bruch stecken könnte.

Da kommt Helmut auf eine andere Idee. Er erinnert sich, dass einer der beiden Wachmänner schwer verletzt überlebt hat. Vielleicht ist sein Gesundheitszustand inzwischen wieder in einer solchen Verfassung, dass er in der Lage ist, Fragen zu beantworten. Also wird er Klaus diesen Auftrag erteilen und bittet ihn zu sich:

„Klaus, du fährst bitte noch einmal zu SEP und lässt dir sagen, wo du den schwerverletzten Wachmann finden kannst und ob er bereits vernehmungsfähig ist."

Klaus setzt sich unverzüglich in Bewegung und erfährt bei SEP, dass der verletzte Wachmann noch immer in der Augenklinik stationär behandelt wird. Daraus ergibt sich ohne jede Frage, der nächste Auftrag für Klaus, den Mann dort zu besuchen. Er fährt also gleich dorthin nach Sarstedt in die Friedrich-Ebert-Straße.

Hier stellt er sich als Kommissar vor und bittet darum, den Patienten Johann Brümmer und dessen behandelnden Arzt zu sprechen. Den Namen des Wachmanns hatte Klaus bei SEP erfahren.

Ein Arzt im weißen Kittel kommt auf ihn zu und sagt: „Sie sind Kommissar und möchten etwas über meinen Patienten Brümmer erfahren."

„Ja, mein Name ist Klaus Weise und wir sind noch immer mit der Aufklärung eines Einbruchs mit Todesfolge und schwerer Körperverletzung beschäftigt. Daher müssen wir jedem Hinweis nachgehen, der uns helfen könnte, den Täter zu finden."

„Der Patient Brümmer leidet unter einer schweren Netzhautverletzung beider Augen und Zerstörung anderer Gewebeteile der Augenhöhle. Die Ursache liegt nach unserer Erfahrung in einer intensiven Laserstrahlung. Es war mit Sicherheit ein Balkenstrahler, denn es wurden gleichzeitig beide Augen verletzt. Das wäre bei einem Punktstrahler nicht möglich. Diese besitzen zwar eine wesentlich höhere Intensität, doch der Balkenstrahler war trotzdem noch so stark, dass beide Augen inoperabel geschädigt sind. Das heißt, dass der Mann nie wieder sehen können wird.

Uns Augenärzten ist aber bekannt, dass Laser mit einer Strahlungsleistung, die über Klasse 2 liegt, nicht im Handel erhältlich sind. Der Täter kann dieses Gerät möglicherweise aus China, Taiwan, Polen oder aus alten Beständen der DDR-Stasi bekommen haben.

Mehr kann ich Ihnen leider nicht sagen und möchte mich verabschieden, um mich meinen Patienten zuwenden zu können."

Nun spricht Klaus Johann Brümmer persönlich an: „Herr Brümmer, Sie hatten ja eben schon mitgehört, dass ich ein ermittelnder Kommissar bin. Haben Sie dennoch irgendeine Erinnerung, bevor auf Sie mit der Laser-Waffe geschossen wurde?"

„Ja, die habe ich, aber nur ganz schwach, weil der enorme Schmerz alles verdrängt hatte. Ich glaube, eine Person gesehen zu haben, wie wir sie aus Science Fiction Videos kennen. Sie hatte einen Helm auf und davor eine Videobrille und wirkte sehr gewaltig, eher schwerfällig. Als ich ‚Hände hoch' rief, hob sie die Hände, die mit lila Gummihandschuhen geschützt waren. Die Arme wirkten sehr wuchtig, als wären sie gepolstert gewesen. Aber mehr weiß ich beim besten Willen nicht."

Mit diesen Informationen fährt Klaus wieder zurück auf sein Kommissariat und wird jetzt Helmut alles berichten, was er vom behandelnden Augenarzt und von dem Wachmann Johann Brümmer erfahren hat.

Wieder klopft es und ein Taxifahrer betritt das Büro und fragt nach einer Kommissarin Zöllner:
„ Ja, das bin ich. Sie hatten gestern Abend für 20:00 Uhr einen Fahrauftrag. Von wo nach wo sollte es gehen? Bitte erzählen Sie uns das ausführlich!"

„Ich war genau um 19:55 Uhr in der Falkenstraße 38. Dort stieg ein Mann ein und setzte sich auf den Beifahrersitz. Der andere Fahrgast war eine Frau, deren Koffer ich in den Kofferraum gelegt habe. Sie nahm auf der Rücksitzbank Platz. Als Fahrziel gab mir der Mann an, sie wollten nach Buchholz-Kleefeld bei Hannover in die Nussriede 12. Als wir näherkamen, sagte er, ich möchte bitte bei ‚Wegner' klingeln. Das tat ich und schon erschien ein Herr, so in meinem Alter und er umarmte gleich die Frau und sagte zu dem jungen Mann: ‚Komm rein, Michi!' Dann bezahlte mich die Frau plus ein gutes Trinkgeld und ich fuhr wieder zurück."

„Danke, Sie haben uns weitergeholfen. Auf Wiedersehen!"

Nachdem der Chauffeur gegangen war, klopft Berta bei Helmut an und erstattet Bericht. Helmut hört sich das in aller Ruhe an und sagt schließlich:

„Wer Familie Wegner ist und welcher Zusammenhang zu Frau Bruhn besteht, das weißt du noch nicht. Aber du wirst es bald erfahren, wenn du mit Klaus die Familie besuchen wirst."

Diesen unmissverständlichen Dienstreiseauftrag hat Berta sofort begriffen. Sie geht zu Klaus, nimmt ihn an die Hand und sagt nur:

„Klaus komm, wir verreisen!"

Die Reise ist kurz und hat auch nichts Besonderes zu bieten. Flugs sind sie in Buchholz-Kleefeld und Klaus klingelte bei ‚Wegner'. Eine Frau öffnet die Haustür und schaut die beiden Polizisten wortlos an. Da sagt Berta:

„Ich bin Kommissarin Berta Zöllner und das ist mein Kollege Klaus Weise. Wir haben ein paar Fragen, die Sie uns beantworten können."

„Ja, aber gern, kommen Sie doch herein!"

„Frau Wegner, woher kennen Sie Frau Beate Bruhn?"

„Das kann ich Ihnen sagen, es ist meine Tochter und falls Sie noch nach dem jungen Mann fragen, mit dem sie gestern hier ankam, das ist mein Sohn Michael."

„Frau Wegner, dann kennen Sie gewiss auch Harald Bruhn?"

„Gewiss doch, das blieb mir nicht erspart. Dieser Mensch benimmt sich immer wie ein Kind, er ist ‚weder Fisch noch Fleisch', wie man so sagt. Aber ich habe ihn zum Glück schon seit Wochen nicht mehr gesehen. Beate weiß, dass ich ihn nicht mag und deshalb verschont sie mich und kommt allein zu ihren Eltern."

„Danke Frau Wegner, für diese treffende Beschreibung. Doch ich habe noch eine Frage: Wo sind Beate und Ihr Sohn im Augenblick, denn ich sehe sie nicht?"

„Auch das kann ich Ihnen gern erzählen. Beate rief vor wenigen Tagen an und sagte, Harald wäre kurz bei ihr gewesen und hätte ihr 5.000 Euro in die Hand gedrückt, er würde bald mit ihr verreisen. Sie kennt ihn gut genug, um zu wissen, dass daraus nichts wird. Da hat sie kurzerhand ihren Bruder eingeladen zu einem Urlaub in die Südsee. Jetzt sitzen sie schon im Flieger. Ist das nicht schön, wenn sich Geschwister so gut verstehen?"

„Danke Frau Wegner, dass Sie uns das alles gesagt haben. Jetzt wissen wir Bescheid und können zurückfahren. Auf Wiedersehen!"

Im Kommissariat angekommen, gehen beide sofort zu Helmut und berichten.

Nach einer Weile fasst sich Helmut und sagt:
„Es ist uns einfach nicht vergönnt, diesen Harald Bruhn zu finden. Mich plagt nur noch die eine Frage:

„Tot oder lebendig?

Aber, dass er tot ist, glaube ich erst, wenn ich neben seiner Leiche stehen werde."

Und weiter meint er:
„Wenn ich an das denke, was mir Klaus von dem verletzten Wachmann erzählt hat, wäre es doch angebracht, bei J&C eine Durchsuchung vorzunehmen."

Berta erwidert:
„Helmut, die Dinge, die der Wachmann beschreibt, sind so ungewöhnlich, dass sie Harald nie in der Firma aufbewahren würde und seine beiden Frauen würden ihn samt diesem Krempel rauswerfen. Nach meiner Meinung bringt die Durchsuchung bei Daub nichts."

Während Berta und Helmut über das Für-und-Wider einer Durchsuchung spekulieren, klingelt Helmuts Telefon. Er deutet an, dass Berta bleiben soll und nimmt den Hörer auf:
„Was haben Sie gefunden? Einen lila Gummifetzen von einem zerrissenen Gummihandschuh? – Es kann ja sein, dass der etwas mit dem Einbruch zu tun hat. Wo haben Sie ihn denn entdeckt? Gut, ich lasse dieses Puzzleteil abholen."

Helmut erzählt Berta, was ihm eben mitgeteilt wurde:
„Stell dir vor, da meldet sich ein Wachmann von SEB und sagt, man hätte in der Kabine unter einem Schrank

95

einen Fetzen eines lila Gummihandschuhs gefunden. Er ist nur deshalb auffällig, meint der Wachmann, weil sie im gesamten Haus keine lila Gummihandschuhe benutzen. Ich schicke jemand hin, der das Teil holen soll."

Die aufmerksame Berta erinnert sich:
„Du hattest mir doch erzählt, dass der Wachmann Klaus etwas von einer wuchtigen Gestalt mit lila Gummihandschuhen gesagt hatte."

***

Am nächsten Tag liegt dieser kleine Fetzen bereits unter dem Mikroskop in der KTU. Was die Kollegen aber da erblicken, macht sie fassungslos. Dieser Fetzen ist Teil eines Gummihandschuhs, dem in einer Spezialbehandlung die Papillarlinien einer menschlichen Hand aufgeprägt wurden. Sie sehen in der Datenbank nach und finden den Fingerabdruck der rechten Hand von Harald Bruhn.

Sofort rufen Sie Helmut an und bitten ihn, auf schnellstem Wege in die KTU zu kommen, da ihn hier eine Überraschung erwartet.

Helmut tritt ein und fragt:
„Was habt Ihr entdeckt?"

Wiechi zeigt Helmut die Besonderheit und erklärt:
„Helmut, schau doch einmal kurz in das Mikroskop, da siehst du einen Teil des Fingerabdrucks von Harald Bruhn.

Ein raffinierter Techniker hat den echten Fingerabdruck von Bruhn als Vorlage benutzt und dann diesen auf einen Gummihandschuh aufgeprägt. Alles, was man mit diesem Handschuh anfasst, trägt den „konservierten" Fingerabdruck von Harald, auch wenn dieser schon einen Monat tot ist. Damit ist es gelungen eine falsche Fährte zu legen und einen Menschen zu verdächtigen, der irgendwo ist, nur nicht am Tatort."

Und Helmut kann nicht anders als zu fluchen:
„Das gibt es nicht, denn schon wieder stellt sich die immer selbe Frage:

„Tot oder lebendig?"

Kapitel 8

Es sind inzwischen drei Monate vergangen und weder bei der Polizei noch bei den Firmen J&C und SEP sind besondere Vorkommnisse zu verzeichnen. Beide Unternehmen versuchen mit leichter Zurückhaltung ein Vertrauensverhältnis aufzubauen, das eine Zusammenarbeit ermöglichen kann. Eine Spur von Harald ist nicht gefunden worden.

Unerwartet klingelt im Sekretariat von J&C bei Frau Lange das Telefon und ein Arzt des „KRH Klinikums Agnes Karll" in Laatzen meldet sich und bittet, Dr. Daub zu sprechen (KRH ist die Abkürzung für Klinikum Region Hannover).

Frau Lange leitet das Gespräch weiter an ihren Chef. Dieser meldet sich und erfährt Folgendes:

„Herr Dr. Daub, hier spricht Dr. Sommer vom KRH. Uns wurden heute gegen 15:30 Uhr eine Frau Luise Daub und ein Herr Artur Daub mit einem Rettungswagen gebracht, mit der vorläufigen Diagnose einer Vergiftung. Ich wurde gebeten, Sie zu verständigen. Beide Patienten klagen über einen unangenehm ekligen und nachhaltigen Geschmack und Übelkeit. Da sie auch unter Drehschwindel leiden, gehen wir von einer möglichen Fleischvergiftung aus. Die Laborergebnisse liegen aber noch nicht vor. Sobald wir diese erhalten, werden wir uns wieder bei Ihnen melden. Gewiss würden sich aber Ihre Eltern über einen Besuch freuen. Auf Wiederhören."

Dr. Daub wendet sich an Frau Lange, erklärt ihr kurz den Gesprächsinhalt und sagt, dass er sofort zu seinen Eltern in die Klinik fahren will.

Dort angekommen, führt ihn eine Krankenschwester in das Doppelzimmer, in dem beide untergebracht sind. Daub begrüßt sie und fragt seine Mutter:

„Bitte erzähle mir, was sich zugetragen hat!"

Da beginnt seine Mutter mit einer ausführlichen Schilderung des Geschehens:

„Weil so schönes Wetter war, sind wir gleich nach dem Mittagessen in unser Sommerhaus gefahren. Wir haben zuerst beide ein bisschen im Garten gearbeitet, das heißt, alles wieder in Ordnung gebracht, was Wind und Wetter angerichtet hatten. Dann habe ich uns einen Kaffee gekocht. Der hatte aber einen ganz ekligen Beigeschmack und hat auch nicht gerochen, wie wir es von einem guten Kaffee kennen. Kurze Zeit später wurde uns übel und schwindelig. Vater konnte gerade noch per Telefon den Notruf wählen, dann musste er sich hinlegen. Mir ist immer noch schlecht!"

Jochen Daub fragt:

„Woher hattest Du denn das Wasser genommen für den Kaffee? Ich hatte Euch doch gesagt, dass Ihr Euch Wasser von zu Hause mitbringen sollt, weil das Wasser aus dem Brunnen nicht so gut ist, wenn einmal

99

Hochwasser war? Auch kann durch das Düngen der Felder in der Nähe das Wasser verunreinigt werden."

Mutter Daub:
„Aber Jochen, bis jetzt hat das Brunnenwasser immer vorzüglich geschmeckt und da gab es auch öfter einmal Hochwasser und gedüngt werden die Felder schon seit eh und je!"

In diesem Moment betritt Dr. Sommer das Patientenzimmer und wendet sich an Daub und seine Eltern:
„Wir haben in Ihrem Blut giftige Substanzen festgestellt. Da Sie uns berichtet hatten, dass Sie den Kaffee mit Wasser aus dem eigenen Brunnen zubereitet hatten, haben wir unverzüglich die Hygieneaufsicht informiert, damit wir eine Ursache herausfinden können."

Gleich am Morgen fahren zwei Assistenten des „Gissel-Institutes für Bakteriologie und Hygiene, Hannover" zum Sommerhaus von Artur Daub und Frau. Fred und Peter sind schon öfter unterwegs gewesen, um Wasserproben zu nehmen. Nach einer kurzen Anfahrt erreichen sie das einsame Grundstück. Hinter dem Gebäude sehen sie bereits den alten Brunnen. Zuerst prüfen die Assistenten, ob bereits nach den ersten Pumpenhüben Wasser austritt. Weil das der Fall ist, können sie davon ausgehen, dass die Ventildichtungen noch in gutem Zustand sind, die Pumpe also gut gewartet wurde. Dann pumpt Fred während Peter drei Probeflaschen füllt. Alles verläuft ohne ein Hindernis, wie bei jeder anderen Probennahme auch. Doch weil sie bereits informiert wurden, dass möglicherweise ein verwesender Fremdkörper die Ursache sein könnte, schieben beide mit geballter Kraft die halbe, bewegliche Brunnenplatte zur Seite. Nun leuchtet Peter mit einer Taschenlampe in den tiefen Schacht. Beide können nicht mit Sicherheit ausschließen, dass sich ein Fremdkörper darin befindet. Weil diese Assistenten schon einige Brunnen geprüft haben, ist ihnen die Vorgehensweise nicht fremd. Fred sieht sich suchend um und wird fündig. Er entdeckt unter dem hinteren Dachüberstand des Hauses eine lange Leiter. Beide heben sie aus den Aufhängungen, tragen sie zum Brunnenschacht und versenken sie langsam darin. Doch müssen sie zu ihrem Bedauern feststellen, dass der Schacht tiefer ist, als vermutet, sodass die Leiter den Boden noch nicht berührt. Sie müssen sie also wieder aus dem Schacht ziehen und zurückbringen.

Doch jetzt benötigen sie Hilfe von der Feuerwehr. Ein kurzer Anruf bei ihrem Abteilungsleiter genügt und er versichert ihnen, dass bald helfende Kollegen eintreffen werden.

In der Wartezeit sehen sie sich ein bisschen um und stellen unabhängig voneinander fest, dass Haus und Grundstück hier in der Einsamkeit ein prächtiges Anwesen bilden.

Die eintreffenden Kollegen begrüßen die Probennehmer des Institutes und schauen sich erst einmal in Ruhe den Brunnen an. Leider ist an keiner Stelle daran vermerkt, wie tief der Schacht ist. Fred und Peter zeigen auf die lange Leiter, die wieder unter dem Dachüberstand hängt und fügen hinzu:

„Die war eindeutig zu kurz und hatte keine Bodenberührung. Wir hatten es jedenfalls versucht."

Ein Feuerwehrmann erklärt:
„Wir haben einige Leitern dabei, die man miteinander verbinden kann. Damit werden wir wohl den Boden berühren und einen sicheren Stand bekommen."

Drei lange metallene Leitern werden bereitgelegt und die erste bereits in den Schacht versenkt. Gekonnt wird daran eine zweite Leiter befestigt und auch in den Schacht gelassen. Ein kleiner Stoß zeigt an, dass sie den Boden des Brunnenschachtes mit der ersten Leiter berühren. Danach haben beide Leitern einen sicheren Halt. Bevor ein Kollege in den Schacht hinabsteigt, legt er sich eine Maske an und bindet sich das Sauerstoffgerät auf den Rücken.
Es ist in solchen Schächten oft mit Faulgasen zu rechnen, die Methan und Schwefelwasserstoff enthalten und somit stark giftig sind. Das zuletzt genannte Gas besitzt eine Tücke. Bereits in geringer Konzentration stinkt es nach faulen Eiern. Erst in einer höheren Konzentration ist es nicht mehr zu riechen, doch dann kann es eingeatmet zum Tode führen.

Gut gesichert steigt der Feuerwehrmann auf der Leiter in den Brunnenschacht. Als er eine Tiefe von etwa 4 Metern erreicht hat, steht er mit den Füßen schon im Wasser. Aber trotz guter Ausleuchtung kann er nicht bis auf den Boden sehen. Nun steigt er auf der Leiter wieder hoch. Es gibt keine andere Lösung, das Wasser muss abgepumpt werden, damit man sehen kann, ob sich da etwas befindet, was dort nicht hingehört.

Durch die Länge der Leitern, die auf dem Boden des Brunnenschachtes aufstehen, wissen die Kollegen, dass er eine Tiefe von 6 Metern besitzt. Das heißt für die Feuerwehrleute, dass sie aus dieser Tiefe das Wasser noch hochpumpen können. Wären es 10 Meter oder sogar noch mehr, ginge es nicht mehr. Dann hätte man eine kleine Pumpe hinablassen müssen.

Jetzt aber wird ein langer Saugschlauch hinabgelassen bis er auf dem Boden aufliegt. Oben wird eine Stelle gesucht, wohin das herausgepumpte Wasser geleitet werden kann. Die große Wiese außerhalb des Grundstückes scheint dafür geeignet zu sein.

Als die Pumpe eingeschaltet wird, leuchten die Kollegen mit einem Scheinwerfer in den Schacht. Noch ist nichts Besonderes zu erkennen. Allmählich sinkt der Wasserspiegel, weil die Pumpe über eine große Leistung verfügt.

Da kommt ein graues Stück Stoff zum Vorschein, doch keine Feinheiten sind sichtbar. Es wird weiter gepumpt und nach und nach erkennt man ein großes, unförmiges Gebilde. Bald ist das letzte Wasser herausgepumpt. In diesem Moment bringt der kräftige Scheinwerfer Licht in das Dunkel des Brunnenschachtes. Alles Wasser ist heraus und man erkennt deutlich einen gekrümmten menschlichen Körper.

Plötzlich greift der Oberbrandmeister ein:

„Stopp und Pumpe sofort auf niedrige Drehzahl stellen, damit das Sickerwasser sicher abgesaugt wird. Und jetzt nichts mehr verändern, denn nun ist die Kriminalpolizei gefragt. Ich rufe an."

Der Oberlöschmeister ruft das Polizeikommissariat Mitte an und berichtet von einem Leichenfund. Oberkommissar Brenner nimmt den Anruf entgegen und verspricht, dass schnellstens Kollegen zum Fundort kommen werden.

Helmut beauftragt sofort Berta und Klaus und klingelt auch noch die Kollegen der KTU an, damit auch von denen Kollegen zum Fundort geschickt werden.

Bei diesem Einsatz dürfen Berta und Klaus mit Fug und Recht das Martinshorn und Blaulicht einschalten, denn es geht heute nicht um eine Harke, sondern um eine Wasserleiche.

In einer halben Stunde herrscht um das idyllische Sommerhaus reges Treiben von Beamten. Sogar ein Journalist hat über einen geheimen Kanal von dem kuriosen Leichenfund Wind bekommen und ist auch schon vor Ort, notiert und fotografiert.

Der Oberlöschmeister König erhält von Berta die Anweisung, den Leichnam bergen zu lassen. Diese Aufgabe wird nun wieder an den Kollegen mit dem Sauerstoff-atemgerät vergeben. Er muss nun noch einmal hinabsteigen. Aber dieses Mal wird ihm ein Seil mit einem Beckengurt nachgereicht. Auf der Sohle des Schachtes angelangt, bindet der den Beckengurt um den Toten und hakt den Karabiner des Seils in den großen Ring am Gurt.

Oben beginnen zwei seiner Kollegen den Leichnam zu heben. Als sie ihn greifen können, wird er neben dem Brunnen auf eine bereits ausgebreitete Decke gelegt. Berta tritt näher und sagt:

„Wenn ich an das Foto von Harald denke, muss ich sagen: Ja, es ist Harald Bruhn."

Inzwischen hatte Klaus schon den Bestattungsdienst informiert und die KTU ist mit der Spurensicherung beschäftigt.

Die Feuerwehr und die beiden Kommissare verlassen den Fundort, während die Kollegen der KTU noch reichlich Arbeit haben.

Auf dem Kommissariat gehen Berta und Klaus gleich zu Helmut, um ihm zu berichten, dass der Leichnam des Harald Bruhn auf dem Wege zur Gerichtsmedizin ist. Dort könne er Bruhn selbst sehen und sich von seinem Tod überzeugen.

Es beginnt nun die Suche nach dem Auftraggeber für den Mord an Bruhn. Helmut beginnt naheliegend bei Dr. Daub und bittet ihn für den folgenden Tag zu 10:00 Uhr in das Kommissariat zu einer Zeugenbefragung. Die beiden Kommissare Berta und Klaus werden dabei sein.

Um sicherzugehen, dass sie nichts übersehen haben, erkundigt sich Helmut bei der KTU nach dem Ergebnis der Spurensuche:

„Hallo, hier ist Helmut Brenner. Ich hätte gern den Kollegen Wiechmann gesprochen!"

„Ein freundliches Hallo zurück. Hier ist Werner Wiechmann und was möchtest du, Helmut?"

„Werner, ich wollte mich nur erkundigen, was die Spurensuche auf dem Gelände des Sommerhauses von Daub gebracht hat. Kannst du mir dazu etwas sagen?"

„Helmut, wie wir es nicht anders erwartet haben, konnten die Kollegen an der Pumpe selbst nur Fingerabdrücke aller Familienmitglieder der Daubs finden. Weitere relevante Spuren waren keine da. Keine Reste von eingetrocknetem Blut und auch kein Tatwerkzeug ließen sich finden. Aber die Gerichtsmedizin muss feststellen, ob überhaupt ein Tatwerkzeug eingesetzt wurde. Wir können in diesem Fall leider noch nicht zur Aufklärung beitragen. Sorry!"

„Ich danke dir und werde jetzt bei Dr. Ilse Eichmann in der Gerichtsmedizin nachfragen, was sie herausgefunden hat. Bis bald."

„Hallo Ilse, hier spricht Helmut Brenner. Du hast doch seit ein paar Stunden die Wasserleiche von Bruhn auf dem Tisch. Kannst du mir dazu schon mehr sagen?"

„Hallo Helmut. Dass ich dir in diesem Fall keinen Todeszeitpunkt nennen kann, weißt du selbst. Auch kann ich nicht mit Sicherheit eine exakte Todesursache feststellen. Als der Körper ins Wasser fiel, war der Mensch noch soweit bei Bewusstsein, dass er geatmet hat und somit Wasser in die Lunge gelangen konnte. Dann ist er erstickt. Ich kann aber keine Anzeichen von Gewalteinwirkung diagnostizieren, so dass ich annehmen muss, dass er vor dem Sturz in den Brunnen durch ein Betäubungsmittel in eine geistige Abwesenheit versetzt wurde. Ein Nachweis im Blut ist infolge der langen Zeit nicht mehr möglich, ebenso kein Anzeichen einer Droge. Es ist auch auszuschließen, dass er gefesselt war, bevor er in die Tiefe gestoßen wurde, denn ich habe keine Hautveränderungen festgestellt.

Durch die lange Lagerung im Wasser hat natürlich schon ein Verwesungsprozess eingesetzt, der zu pathogenen Veränderungen geführt hat, so dass einige Untersuchungen an den inneren Organen nicht mehr möglich sind. Das ist es eigentlich, was ich zu der Leiche sagen kann."

„Ilse, ich danke dir für deine Ausführungen. Wir werden sehen, was morgen die Zeugenvernehmung bringen wird."

***

Pünktlich um 10:00 Uhr treffen Berta und Klaus im Verhörraum ein und auch Dr. Daub ist rechtzeitig hier. Helmut ist ebenfalls zugegen und will mit der Befragung beginnen, nachdem er einleitende Worte über Gesprächsaufzeichnung und Nennung der Anwesenden gesagt hat:

„Herr Dr. Daub, wir haben gestern unerwartet die Leiche Ihres ehemaligen Mitarbeiters Harald Bruhn gefunden. Weil sich der Fundort auf dem Grundstück Ihrer Eltern und von Ihnen befindet, ist es naheliegend, dass wir die Befragung mit Ihnen beginnen. Nach

107

Aussage des Katasteramtes sind Sie als Miteigentümer eingetragen.

Bitte schildern Sie uns die letzten Stunden, die Sie mit Herrn Bruhn verbracht haben."

„An diesem Tag war ich auf Bitten von Herrn Bruhn zusammen mit ihm an das Steinhuder Meer gefahren, weil er von mir Hilfe für die Lösung eines privaten Problems haben wollte. Es ging um die Beziehung zu seiner Exfrau. Ich wusste, dass sich seine Frau sehr um ihn kümmerte, was er ihr nie gedankt hat. Da er sich immer sehr für unser Unternehmen eingesetzt hat, wollte ich ihm 5.000 Euro geben und ich betonte, dass er dieses Geld seiner Frau als Dank geben möchte. Er stimmte zu und so fuhren wir gemeinsam in unser Sommerhaus. Dort holte ich aus dem Tresor das Geld, gab es ihm in einer braunen Tüte. Wir verließen sofort beide gemeinsam wieder das Haus. Ich fuhr zurück in die Firma und verabredete mich mit Harald zu 19:00 Uhr auf dem Bahnhofsparkplatz in Sarstedt. Er fuhr ebenfalls vom Haus weg, ich weiß aber nicht wohin. Jedenfalls war er pünktlich beim Bahnhof und ich übergab ihm die braune Tüte mit den 5.000 Euro. Damit fuhr er zu seiner Frau und gab ihr das Geld."

Helmut will es genau wissen:

„Einen Moment bitte. Wie können Sie beweisen, dass Bruhn tatsächlich um 19:00 Uhr am Bahnhof war und dass er ihr das Geld auch gegeben hat?"

Berta ergänzt:

„Herr Oberkommissar, uns liegt eine Zeugenaussage von Frau Bruhn vor, dass sie diesen Betrag an dem Abend gegen 19:30 Uhr von ihrem Exmann erhalten hat und er ihr auch einen Strauß Blumen gegeben hatte. Dann sei er schnell wieder verschwunden."

Oberkommissar Brenner:

„Danke Frau Kommissarin Zöllner. Herr Dr. Daub, bitte fahren Sie fort."

„Ich wartete am Bahnhof und als er wieder zurückkam und mir bestätigte, dass er das Geld seiner Exfrau übergeben hatte, fuhr ich in mein Büro, da ich noch einen Bericht verfassen wollte. Als ich damit fertig war, verließ ich die Firma wieder."

Helmut stoppt:

„Entschuldigung, wenn ich Ihren Redefluss schon wieder unterbrechen muss, aber wie können Sie beweisen, dass Sie in der Firma und nicht in Ihrem Sommerhaus waren?"

Klaus meldet sich nun zu Wort:

„Herr Brenner, Kommissarin Zöllner und ich haben gemeinsam in der Firma J&C den Pförtner Kunze befragt und uns die Eintragungen der Ein- und Ausgänge zeigen lassen. Ich habe sogar diese Seite im Kontrollbuch fotografiert und kann sie bei Bedarf vorlegen. Herr Dr. Daub betrat demnach um 19:52 Uhr das Unternehmen und verließ es genau um 22:40 Uhr."

Brenner:

„Danke, Kommissar Weise. Damit haben Sie, Herr Dr. Daub für diesen Zeitraum ein belegbares Alibi.
Und wann haben Sie dann Herrn Bruhn noch einmal gesehen?"

Dr. Daub:

„Es war definitiv gegen 19:30 Uhr auf dem Bahnhofsparkplatz das letzte Mal, dass ich ihn gesehen habe. Am nächsten und den folgenden Tagen erschien er nicht mehr in der Firma."

Brenner:

„Haben Sie sich denn nicht gewundert, dass Ihr Vertriebsmitarbeiter nicht zum Dienst erscheint?"

Dr. Daub:

„Gewundert habe ich mich schon, doch was sollte ich machen. Mir war ja bekannt, dass er von der Polizei gesucht wird und das können Sie besser als ich."

Brenner:

„Herr Dr. Daub, ich verstehe beim besten Willen nicht, warum Sie mir nichts, dir nichts einem Mitarbeiter 5.000 Euro geben, damit dieser sich bei seiner Frau entschuldigt. Da stimmt doch etwas nicht?"

Dr. Daub:

„Also mir nichts, dir nichts stimmt nicht. Er hat mir das widerrechtlich erworbene Kunststoffauge dafür ausgehändigt. So war der Deal."

Brenner:

„Sie sind sich aber darüber im Klaren, dass Sie ihn hätten anzeigen müssen, nachdem bekannt war, dass er der Mörder ist. Das ist im § 138 StGB so festgelegt. Da Sie das unterlassen haben, kommt auf Sie ein Verfahren wegen Mitwisserschaft zu.

Wahrscheinlich müssen Sie während des gerichtlichen Prozesses auch nachweisen, dass Sie als Auftraggeber in keinem Fall in Frage kommen."

Mit diesen Bemerkungen und Aussichten auf Dr. Daubs Zukunft beendet Oberkommissar Brenner die Zeugenvernehmung.

Noch immer stehen zwei Fragen im Raum:

Wer war der Auftraggeber für den Einbruch bei SEP und wer hat Harald ermordet.

Kapitel 9

Einen Monat später. Im beschaulichen Hameln befindet sich in einer der Hauptstraßen die ‚Exquisa Import und Export GmbH‘, deren Geschäftsführer Siegfried Rüttler ist. Dieser große, sportlich wirkende Mann lebt gern auf großem Fuß, da seine Frau Elvira von Hohenwald ein beachtliches Vermögen als Erbe ihres verstorbenen Vaters mit in die Ehe gebracht hat. Elvira bestand darauf, ihren Namen auch nach der Eheschließung weiterzuführen. Siegfried stört das nicht weiter, denn sein Familiensinn hält sich in Grenzen und gemeinsame Kinder wollen beide nicht. Da er sich mehr im Fitness-Studio aufhält, als seiner Erwerbstätigkeit nachzugehen, ist das eheliche Vermögen schon merklich geschrumpft. Siegfried, der im Staatssicherheitsdienst (Stasi) der ehemaligen DDR erfolgreich tätig war, hatte sich unmittelbar nach der Wende gemeinsam mit seinem Freund und Kollegen Dr. Gunter Pfand in die Bundesrepublik abgesetzt. Hier war es ihm überraschend schnell gelungen, mit seinem Charme eine sehr gut aussehende Frau zu umgarnen und auch bald zu heiraten. Elvira liebt es, elegant und außergewöhnlich hochwertig gekleidet zu sein und edlen, kostbaren Schmuck zu tragen. Damit passt sie hervorragend in die Position der Chefsekretärin der Firma ‚Krohn&Krohn, Industrieller Goldschmuck‘. Sie hat sich dort seit Jahren ihrer Betriebszugehörigkeit eine vertrauensvolle Stellung erarbeitet. Siegfried ist darüber erfreut, da er im Stillen bereits Pläne schmiedet, sein Kapitalvermögen wieder aufzustocken. Als seine Elvira ihren wöchentlichen Besuch im Damenfriseursalon absolviert, kopiert er frech ihre Sicherheitsschlüssel, die das Unternehmen betreffen.

Er wartet ab, bis Elvira für drei Tage zu ihrer Mutter nach München fliegt.

In dieser Nacht ist es endlich soweit, dass er sein finanzielles Budget aufbessern kann. Er öffnet vorsichtig den Koffer, den Gunter bei ihm vor gut einem Monat abgestellt hatte. Siegfried kennt jedes Teil und legt nach und nach die komplette Agentenausrüstung an. Dann nimmt der die kopierten Schlüssel und fährt zur GmbH ‚Krohn&Krohn'. Ohne gesehen zu werden, betritt er das Gebäude und schleicht an verschiedenen Werkstätten vorbei, denn er sucht die Tür mit der Bezeichnung ‚Feingoldschmiede'.

Aber Schlüssel zu kopieren ist nur die halbe Wahrheit, man muss auch wissen, zu welchen Räumen sie gehören und wo die Wächter ihrer Pflicht nachgehen.
In dem kleinen Wachraum sind acht Monitore angebracht, die unterschiedliche Bereiche abbilden. Neben den einzelnen Werkstätten ist auch der Eingangsbereich In diesem Moment sehen die drei Kollegen vom betriebseigenen Wachdienst, dass eine ungewöhnliche Gestalt die Tür zum Kellergeschoss öffnet und den Flur betritt. Ein Wächter begibt sich sofort in die Feingoldschmiede, weil das der Bereich ist, wo fast immer einige unvollendete Stücke in Maschinen eingespannt sind und nicht im Tresor liegen. Er ist natürlich vor dem Einbrecher hier, schließt die Tür auf, geht hinein und

113

verschließt sie wieder. Dann versteckt er sich in einer Ecke, die durch einen zweiteiligen Vorhang abgetrennt ist. Hier wartet er geduldig auf den Einbrecher.

Siegfried ist sich seiner Sache sicher und überzeugt, dass er nicht gesehen wird. Außerdem fühlt er sich unverletzlich, dank der ausgefeilten Spionagetechnik, die er am Körper trägt. Er geht an einigen Türen vorbei, deren Bezeichnung darauf hinweist, dass dort nichts Sehenswertes oder ,Mitnehmenswertes‘ zu finden ist. Endlich ist er am Ziel angekommen und steht vor der Tür der Feingoldschmiede. Er sucht den passenden Schlüssel, öffnet die Tür, betritt den Raum und schließt wieder ab. Das Licht schaltet er nicht ein, denn sein Nachtsichtgerät liefert in seine Videobrille sehr gute Bilder von seinem Gesichtsfeld. Er schaut sich alles in Ruhe an, denn er ist fest davon überzeugt, dass er nicht gesehen wird. Doch leise schiebt sich ein Gewehrrohr zwischen den beiden Vorhängen durch und zielt auf den ahnungslosen Siegfried. Unerwartet ruft eine Stimme: „Halt, Hände hoch!" Da hört er nur einen leichten Knall und ein kleines ,Zisch‘.
Plötzlich ist alles um Siegfried schwarz. Er versucht seine Videobrille vom Helm zu nehmen, doch seine Hände rutschen aus. Inzwischen hat der Wächter das Licht eingeschaltet, fängt an, schallend zu lachen, und sagt:
„Na, mein Freund, mit einer Paintball Gun hast du wohl nicht gerechnet. Damit wird keiner getötet aber unschädlich gemacht."
Diese Waffe wurde mit schwarzer Farbe geladen und diese hat den ganzen Agenten geschwärzt.

Der Wachmann hat inzwischen Verstärkung von seinem Kollegen bekommen, der Siegfried die Handschellen anlegt und zu ihm sagt:

„ Du musst jetzt einen Moment warten, dann nimmt dich die Polizei mit in die Wäsche!"

Im Kommissariat muss Siegfried einige Fragen beantworten, die ihm von einem Polizeibeamten gestellt werden:

„Herr Rüttler, warum sind Sie in dieses Unternehmen eingebrochen?"

„Ganz einfach, weil ich Geldprobleme hatte. Ich wusste, dass man dort mit Gold arbeitet und es dabei auch Abfälle geben muss, die ich entsorgen wollte."

„Sie haben einige Türen geöffnet, ohne sie zu beschädigen. Hatten Sie denn Schlüssel dafür und wenn ja, dann woher?"

„Mir kam der Zufall zu Hilfe. Als meine Frau sagte, dass sie für drei Tage zu ihrer Mutter nach München fährt, habe ich mir von ihren Schlüsseln Kopien angefertigt."

„Und wie kommt Ihre Frau zu den Schlüsseln der Firma?"

„Das ist ja der Zufall, denn sie ist dort als Chefsekretärin beschäftigt und hat natürlich die Schlüssel, weil sie immer als erste im Unternehmen sein soll."

„War Ihrer Frau bekannt, dass Sie die Absicht hatten, dort einzubrechen?"

„Nein, das sollte eine Überraschung sein!"

„Na, Sie haben Humor! Aber woher hatten Sie die komplette Agentenausrüstung, mit allem, was man sich nur vorstellen kann?"

„Also, Herr Kommissar, die Ausrüstung gehört mir nicht. Es ist sozusagen eine Leihgabe von meinem Freund Gunter. Der hatte sie vor einiger Zeit zu mir gebracht, weil er sie nicht bei sich aufbewahren wollte."

„Herr Rüttler, nun wird es ja interessant. Wie ist der komplette Name Ihres Freundes und wo ist er beschäftigt?"

„Sein Name ist Dr. Gunter Pfand und wo er beschäftigt ist, spielt keine Rolle. Was die Ausrüstung anbelangt, ist er sozusagen ‚selbständiger Kleinunternehmer'."

„Nun mal raus mit der Sprache: Wo ist er beschäftigt?"

„Er ist Leiter der Entwicklungsabteilung bei der Firma J&C in Sarstedt."

„Und wie kommt er an solche seltenen Ausrüstungsgegenstände?"

„Er war genau, wie ich früher bei der Stasi beschäftigt. Doch am Ende der DDR bekamen wir immer weniger Geld und mussten trotzdem Steuern bezahlen. Und diese Teile nahmen wir mit, quasi als Steuerrückzahlung!"

„Herr Rüttler, was Sie von der Stasi gestohlen haben, interessiert mich nicht, doch hier werden Sie wegen eines Einbruchs und wegen Waffenbesitzes bestraft. Damit beende ich die Vernehmung."

„Herr Kommissar, darf ich noch meine Frau anrufen?"

116

„Meinetwegen, tun Sie das!"

„Hallo Elvi! Hier ist Siggi. Ich hatte da einen Zwischenfall. Aber erzähle ich dir später. Wie ist denn bei dir das Wetter? Hier trübt es sich ein und ich glaube, dass es bald ein Gewitter gibt, aber das zieht gewiss ab nach Osten. Ich freue mich, wenn du wieder hier bist. Bis bald!"

„Ich weiß ja nicht, Herr Rüttler, aber Sie telefonieren genau so irre, wie Sie denken!"

Mit diesen Worten ist die Vernehmung nun endgültig vorbei und Rüttler kann gehen, weil keine Fluchtgefahr besteht. Der Kommissar weiß aber nicht, dass Rüttler dieses Telefonat nicht mit seiner Frau geführt hat, sondern mit Dr. Gunter Pfand. Der hatte verstanden, dass er bald von der Polizei Besuch bekommen wird. Das ist dann das angekündigte ‚Gewitter'.

Der Kommissar telefoniert sofort mit seinen Kollegen in Sarstedt und berichtet von den etwas kuriosen Ereignissen und einem Einbruch mit einer professionellen Agentenausrüstung, die sich der Einbrecher von seinem Freund Dr. Gunter Pfand ausgeliehen hat.

Bei Oberkommissar Brenner schlägt dieses Gespräch mit seinem Kollegen aus Hameln ein wie eine Bombe. Sofort ruft er Berta Zöllner und Klaus Weise zu sich und berichtet von dem soeben geführten Telefongespräch. Beide sind erschüttert, als sie erfahren, was sich da ereignet hat. Brenner wird jetzt wieder konkret und verfügt:

„Berta und Klaus, Ihr fahrt sofort in die Firma J&C und nehmt eine Durchsuchung vor. Ich gebe Euch noch vier Beamte mit. Den Beschluss beantrage ich umgehend beim Staatsanwalt und den reicht ihr später nach. So, nun macht Euch auf den Weg!"

Innerhalb weniger Minuten verlassen drei Polizeifahrzeuge mit Sondersignal das Gelände und rasen zum Unternehmen J&C.

Dort hört nicht nur Frau Lange im Sekretariat die Signale der nahenden Streifenwagen, sondern auch ihr Chef, der augenblicklich in ihr Zimmer tritt und fragt:

„Frau Lange, was bedeutet das?"

„Das weiß ich auch nicht, Chef."

Da klopft es an die Tür und ohne ein ‚Herein' abzuwarten, öffnet Kommissarin Zöllner und erscheint mit Kommissar Weise, der Frau Lange verkündet:

„In diesem Unternehmen wird eine Durchsuchung durchgeführt, die richterliche Anordnung reichen wir nach.

Zuerst möchten wir Ihren Chef sprechen."

Dr. Daub steht schon in der Tür, schaut die Beamten an und fragt:

„Was bedeutet das?"

„Wir haben Hinweise erhalten, die uns veranlassen, Ihr Unternehmen gründlich zu durchsuchen. Zuerst möchten wir in das Zimmer von Dr. Gunter Pfand gehen. Bitte gehen Sie voran!"

Sie gehen zu viert zum Laborraum von Pfand, Daub klopft kurz an und öffnet die Tür:

„Oh nein, das darf nicht wahr sein!"

Am oberen Fensterkreuz ist ein Strick befestigt und daran hängt der leblose Körper von Pfand, der sich in der Zugluft der offenen Tür noch etwas bewegt. Auf seinem Schreibtisch liegt der Abschiedsbrief:

„Lieber Daub, entschuldige, was ich getan habe, doch ich wollte beweisen, dass ich etwas für deine Firma leisten kann. Doch Töten ist keine Lösung und mit dieser Schuld kann ich nicht weiterleben. Gehe du weiter deinen ehrlichen Weg zum Erfolg."

Klaus weist zwei Beamte an, den Toten abzuschneiden, während Berta sich mit dem Bestatter in Verbindung setzt. Sie wendet sich an Dr. Daub:

„Trotz dieses unerwarteten Suizids führen wir die Durchsuchung aus. Ich hoffe, dass diese Sie endgültig entlasten wird."

Nach Abschluss dieser letzten Maßnahme kehrt endlich wieder Ruhe ein bei J&C.

Kapitel 10

Rosa, Ewald und Heike sitzen am Frühstückstisch und lassen es sich gut schmecken. Diese beiden letzten Tage der Woche bieten ihnen Gelegenheit, das Frühstück gemeinsam einzunehmen. Ewald Jansen ist 41 Jahre alt, Soldat bei der Bundeswehr und als Pilot eines TORNADOS auf dem Fliegerhorst Wunstorf stationiert. Rosa arbeitet in einer Kita als Köchin. Sie hat gleichzeitig auch noch die Raumpflege übernommen. Ihr Arbeitsplatz ist nicht weit von ihrem Wohnhaus entfernt, sodass sie schnell einmal kurz nach Hause verschwinden kann, wenn es unbedingt nötig ist. Etwas weiter muss die Tochter Heike gehen, denn sie wird im Cantera-Hotel in der Adolph-Brosang-Straße zur Hotelfachfrau ausgebildet. Bald wird sie in diesem Design-Hotel ihren Abschluss machen. Sie ist eine von den hervorragenden Auszubildenden und würde gern eine Zeit im Ausland tätig sein. Doch das ist teuer.

Die Familie hatte sich vor vier Jahren ein Einfamilienhaus östlich von der Stadtmitte in der Blumenauer Straße gebaut. Auf der westlichen Seite sind hinter den Häuser große Grünanlagen, sodass man sich dort über ein entspanntes Wohnen freuen kann. Heike hat als Einzelkind den Vorzug, dass sie allein die gesamte obere Etage für sich zur Verfügung hat, eingeschlossen ist auch ein Bad. Die Eltern wohnen parterre und ließen sich vor einem Jahr einen Wintergarten anbauen. Somit haben sie immer einen Ausblick auf die weiten Grünflächen und die angelegten Gärten. Es bot sich an, dass auch sie

120

unmittelbar am Haus einen eigenen Garten mit Bäumen und Gemüsebeeten haben. Natürlich hat Ewald eine große Rasenfläche gelassen, wo den ganzen Sommer über ihre drei Liegestühle stehen. Er hat es sich zur Aufgabe gemacht, den Rasen regelmäßig und höchst akkurat zu pflegen.

Ewald ist in vielerlei Hinsicht ein außergewöhnlicher Mensch. Als damals sein Abitur immer näher rückte, war es an der Zeit, sich für ein Studium zu entscheiden. Nächtelang grübelte er und durchdachte das Für und Wider verschiedener Fachrichtungen. Schließlich blieb er bei einer technischen Ausrichtung hängen, weil man gerade dabei ungeahnte Möglichkeiten in die Hand bekommt, der Menschheit zu dienen. Diese humane Grundeinstellung und sein ausgeprägter Sinn für Gerechtigkeit bestimmen seine charakterliche Basis. Er kann sich noch heute nicht damit abfinden, dass Frauen für die gleiche Arbeit anders und vor allem schlechter bezahlt werden als Männer. Am liebsten würde er hier eingreifen, doch dazu müsste er Politiker werden und das ist absolut nicht sein Ding. Während des Studiums in der Fachrichtung Maschinenbau kam ihm noch die Idee, dass es gut wäre, auch über Kenntnisse der Elektronik zu verfügen, um beides für optimale Lösungen kombinieren zu können. Dieses Zusatzstudium verband er noch mit einigen fakultativen Vorlesungen auf dem Gebiet ‚Technisches Marketing'. Nach Abschluss dieser umfangreichen Ausbildung suchte er einen Arbeitsplatz, der eine Verbindung zu seinem Hobby, dem Flugsport, schaffte. So ging er zur Bundeswehr und ließ sich zum Piloten ausbilden. Er blieb aber bescheiden und nannte bei seiner Bewerbung als Beruf lediglich Diplom-Ingenieur.

Heute ist es wieder soweit, dass er nach dem geruhsamen Frühstück dem Rasen zu Leibe rückt. Vorher muss er aber noch die Messer schärfen, damit die Grashalme abgeschnitten und nicht abgerupft werden. In dem vollständig unterkellerten Haus konnte er sich eine kleine Werkstatt einrichten mit allem, was ein Heimwerker so braucht.

Während die kleine Familie hier in Deutschlands Norden das Wochenende genießt, herrscht in dem 8900 km entfernten Shenzhen in China in einem eleganten Haus nahe dem Xiangmi Park noch reges Treiben. Dieses moderne Gebäude gehört der ‚COMMERCIAL AGENCY SHENZHEN.‘ Diese Agentur hat es sich zur Aufgabe gemacht, weltweite Recherchen anzustellen, um technische Neuentwicklungen und Forschungsergebnisse zu erfassen, die für die wirtschaftliche Entwicklung der Volksrepublik China von Bedeutung sein könnten. Für die Erledigung dieser Aufgabe hat der Leiter der Agentur, ein Herr Chao, einen umfassenden und hervorragend ausgestatteten Spionageapparat aufgebaut und eigene ‚Mitarbeiter‘ in verschiedenen Ländern angeworben und etabliert.

Im Büro der CAS ist es gerade zwei Uhr nachmittags.

Ein großer Mann in Uniform betritt den kleinen, gut und sachlich eingerichteten Konferenzraum.

An dem Tisch sitzen bereits 5 Männer in grau-blauen Anzügen, wobei die Jacken einen Stehkragen besitzen. Sie erheben sich und der Mann in Uniform spricht:

„Guten Tag Genossen, bitte nehmen Sie wieder Platz."

Die Männer in den grau-blauen Anzügen setzen sich wieder hin. Da ergreift der Uniformierte das Wort:
„Wir bearbeiten in dieser Projektgruppe gemeinsam das Thema mit dem Code: D37. Der Klarname für das Projekt ist „Zyklop'. Gleichzeitig bezeichnet dieses Wort eine Person. Diese wird aber ein ausgewählter Deutscher sein. Das D im Code des Projektes steht für Deutschland und deshalb werden wir alle unsere Gespräche in deutscher Sprache führen. Es ist wichtig, ein möglichst gutes Deutsch zu sprechen, weil einige von Ihnen auch in der Bundesrepublik Deutschland tätig werden. Außerdem erwarte ich, dass Sie zu jedem Meeting in deutschem Outfit erscheinen. Damit ist nicht das Business Outfit gemeint, sondern das übliche Outdoor Outfit.
Mein Name ist Tian und mein Codename ist D37.0.
In Zukunft werde ich ausnahmslos nur diesen Namen verwenden, wie auch Sie Ihren Codenamen annehmen sollen. Ich werde jetzt jeden einzelnen mit dem Namen nennen und ihm seine Aufgabe mitteilen. Der Angesprochene steht auf und bestätigt, dass er die Aufgabe zur Kenntnis genommen, sie verstanden hat und sie ausführen wird. Dann nimmt er wieder Platz. Ich beginne:
Luan; Ihr Codename ist D37.1 und Sie bearbeiten die Aufgabe D37.1 mit dem Inhalt:
Auswahl einer geeigneten Person, die wir in Zukunft mit dem Wort ‚ZYKLOP' bezeichnen.
„D37.1 ich habe verstanden."

„Bo, Ihr Codename ist D37.2 und Sie bearbeiten die Aufgabe D37.2 mit dem Inhalt:
‚Anpassen des ‚ZYKLOPEN‘ an seine Aufgabe.“
„D37.2 ich habe verstanden.“

„Mian, Ihr Codename ist D37.3 und Sie bearbeiten die Aufgabe D37.3 mit dem Inhalt:
‚Bereitstellung des technischen Equipments‘.
„D37.3 ich habe verstanden.“

„Dan, Ihr Codename ist D37.4 und Sie bearbeiten die Aufgabe D37.4 mit dem Inhalt:
‚Kommunikation zwischen ZYKLOP und D37.4 über Chats per Internet.‘
„D37.4 ich habe verstanden.“

„Li, Ihr Codename ist D37.5 und Sie bearbeiten die Aufgabe D37.5 mit dem Inhalt:
‚Auswertung der Informationen, die vom ZYKLOPEN geliefert werden und Anpassung an chinesische Bedingungen‘.
„D37.5 ich habe verstanden.“

„Genossen, ich übergebe Ihnen jetzt in verschlossenen Umschlägen Ihre Aufgaben mit den entsprechenden Erläuterungen. Sie werden diese vollinhaltlich zur Kenntnis nehmen und bis morgen auswendig beherrschen.

Ich danke Ihnen und dann bis morgen früh um acht Uhr.“

In Wunstorf ist inzwischen der Vormittag vorüber und Rosa bittet zu Tisch. Ewald ist aber noch im Keller und damit beschäftigt, den von ihm generalüberholten Mähroboter wieder zusammenzuschrauben. Aber weil Rosa bereits ein zweites Mal gerufen hat, beeilt sich Ewald und dabei rutscht aus seiner Zange eine etwa 8 mm große Schraubenfeder heraus und schießt wie eine Gewehrkugel auf Ewalds Kopf und trifft das rechte Auge. Der Aufprall ist so heftig und schmerzhaft, dass er laut losschreit, dass es sogar im Esszimmer zu hören ist. Sofort kommen Rosa und Heike gerannt und als sie hören und sehen, was geschehen ist, läuft Heike zum Wasserhahn, nimmt ein sauberes Taschentuch und kühlt ihrem Vater das Auge und alles, was davon noch übrig ist. Rosa hat sofort den Notdienst angerufen und kurz darauf steht ein Krankenwagen vor dem Haus. Ewald wird in das KRH Klinikum Nordstadt, Klinik für Augenheilkunde gebracht. Hier wird er gleich von einem Notarzt versorgt. Ewald bekommt ein Einbettzimmer und Rosa und Heike müssen sich mit einem Taxi nach Hause bringen lassen. Es wird für alle drei ein beschwerliches Wochenende. Noch am selben Tag wird er in den OP gebracht, wo sein verletztes Auge entfernt wird. Am nächsten Morgen tritt ein Augenarzt an sein Bett und spricht ihn an:

„Herr Jansen, ich bin Dr. Kasten. Sie hatten einen schweren Unfall, bei dem leider Ihr rechtes Auge so schwer verletzt wurde, dass wir es entfernen mussten. Vorläufig kann nichts weiter unternommen werden, da erst die eingetretene Schwellung ein wenig abklingen muss. Dann besprechen wir das weitere Vorgehen. Gute Besserung!"

Aber der Notfall wird aktenkundig gemacht und erscheint auf einer internen WEB-Seite des KRH. Im Krankenhaus wird Ewald von Schwester Monika betreut. Sie versäumt es aber nicht, ihre Freundin Heidrun Lange bei J&C anzurufen und ihr mitzuteilen, dass wieder ein Patient mit einer schweren Augenverletzung eingeliefert wurde. Sehr wahrscheinlich muss er nach Abschwellen der Entzündung ein künstliches Auge bekommen.

Obwohl heute auch bereits in China das Wochenende begonnen hat, sitzt D37.1 an seinem Schreibtisch vor den drei schnellen PCs, die alle mit einem großen Screen ausgestattet sind. Er hat eine spezielle Software, die eine stattliche Anzahl deutscher WEB-Seiten permanent überprüft, ob es etwas Neues gibt, was für sie von Interesse sein könnte. Zurzeit sucht D37.1 nach den Stichworten: schwere Augenverletzung, Kunststoffaugen, Augen-implantat. In diesem Pulk von Internetpublikationen ist auch die interne KRH-Seite gelistet. Und schon steht auf dem Bildschirm des linken PCs: risikovolle Augenverletzung eines Piloten der Bundeswehr außerhalb der Dienstzeit.

Genau das ist ein Signal, auf das D37.1 gewartet hat. Unverzüglich ruft er D37.0 an und informiert ihn über die eingegangene Information. Er bittet um eine Denkpause von wenigen Minuten.

Dann klingelt auch schon das Telefon bei D37.1, sein Chef meldet sich und sagt:

„D37.1 Sie machen sich sofort startklar für eine längere Reise nach Hannover, nehmen ihre unterschiedlichen Personal- und Presseausweise und ausreichend EURO mit.

Ich lasse für Sie den frühesten Flug buchen, wahrscheinlich nach Hannover oder Hamburg. Bitte um eine kurze Info, wenn Sie unsere Staatsgrenze überfliegen. In der Zwischenzeit nehme ich Kontakt zu unserem Mittelsmann in Hannover auf, der Sie am Flughafen in Empfang nehmen wird. Sein Name ist: Georg Schneider."

Nur eine halbe Stunde ist vergangen, da bekommt D37.1 eine WhatsApp auf dem Kanal von LINE mit der Info, dass sein Zielflughafen Hannover ist. Außerdem informiert man ihn über Abflug- und Ankunftszeiten und den Namen des Hotels in Hannover, in dem er einige Tage wohnen wird. Georg Schneider, gekleidet im Business Look, als ein Geschäftsmann wird ihn empfangen. Die Papiere von D37.1 sind ausgestellt auf einen Herrn Detlev Werter, Dipl.-Ing., wohnhaft in Dresden. Er hat dort studiert und ist anschließend für drei Jahre nach Shenzhen gegangen. Gleich nach der Wende ging er wieder zurück nach Deutschland. Noch immer hat er guten Kontakt zu seinen Bekannten in China.
Das ist seine Vita, mit der er sich vorstellen wird. Herrn Schneider hat er auf einer Handelsmesse kennengelernt.

Soweit, so gut. Natürlich sind auch bei Herrn Schneider die entsprechenden Informationen eingegangen und er wartet schon ungeduldig auf einen Fremden, den er gemäß Vita schon einige Jahre kennt.

***

Georg Schneider steht ungeduldig in der Empfangshalle des Flughafens Hannover. Die Maschine ist bereits gelandet und schon kommen ihm die ersten Fluggäste mit ihrem Gepäck entgegen. Da er Herrn Detlev Werner nicht persönlich kennt, hat er ein kleines Schild mit seinem Namen beschriftet und hält es gut sichtbar hoch. Nach einigen Minuten kommt auf ihn ein gutaussehender Herr zu, führt einen Rollkoffer mit sich und sagt:

„Hallo Georg! Wir haben uns ja lange nicht gesehen und doch wiedererkannt!"

„Herzlich willkommen Detlev, nun bist du wieder zurück in Deutschland?"

Nach der betont freundlichen Begrüßung gehen beide zum Taxistand und lassen sich zum Intercity Hotel in die Rosenstraße bringen. Hier checkt Detlev Werner ein und verabredet sich mit Georg im Restaurant, nachdem er sein Zimmer bezogen und sich ein wenig frisch gemacht hat.

Georg lässt sich an einen Tisch in einer Ecke am Fenster nieder, wo sie sich ungestört unterhalten können.

Knapp eine Viertelstunde später erscheint Detlev und nimmt gegenüber von Georg am Fenster Platz. Ein Cappuccino steht schon bereit und Detlev beginnt mit dem Gespräch. Dabei erfährt Schneider die genaue Aufgabenstellung für diesen kurzfristig anberaumten Besuch:

„Wir haben erfahren, dass ein Pilot der Bundeswehr während seiner Freizeit einen Unfall hatte. Dabei wurde sein rechtes Auge so schwer verletzt, dass es entfernt werden musste.

Schon seit mehreren Wochen suchen wir für die Erfüllung eines Auftrages, den wir von einer bedeutenden chinesischen Firma erhalten haben, einen Deutschen ‚Mitarbeiter'. Er bekommt den Decknamen ‚ZYKLOP'.

Dazu wirst du den Kontakt zu dem Patienten aufnehmen und dich als Vertreter eines schwedischen Forschungsinstitutes vorstellen. Deine Einrichtung, deren Namen du aus Gründen des Datenschutzes noch nicht nennen darfst, bewertet weltweit Neuentwicklungen, die hervorragende Merkmale besitzen, wie sie von keinem anderen Hersteller angeboten werden. Dieses schwedische Institut sucht gegen eine sehr gute Bezahlung einen Probanden, der ein bestimmtes neues Produkt beurteilen soll. Dabei muss es sich um eine Person handeln, die ein gewisses Bildungsniveau besitzt.

Mehr solltest du bei dem ersten Gespräch nicht erzählen, sondern nur ein Vertrauensverhältnis aufbauen.

Der Patient ist ein Herr Ewald Jansen, 41 Jahre alt und Pilot der Bundeswehr auf dem Fliegerhorst Wunstorf. Zurzeit ist er stationärer Patient im KRH Klinikum Agnes Karll, in Laatzen. Du solltest ihn morgen besuchen und mich danach anrufen, damit du mir von dem Besuch berichten kannst."

Damit verabschieden sie sich voneinander und Detlev will sich ein bisschen die nähere Umgebung des Hotels ansehen, um einen ersten Eindruck von Hannover zu bekommen.

Bei Heidrun Lange klingelt das Telefon am späten Nachmittag, kurz vor Dienstende. Da meldet sich eine bekannte Stimme:

„Hallo Heidrun, hier ist Monika. Du hattest mich gerade vor ein paar Tagen angerufen, ob wir wieder einen Patienten mit einer schweren Augenverletzung haben. Doch heute ist es gewiss, dass es sich bei einem kürzlich eingelieferten Mann um einen ‚Totalschaden' im rechten Auge handelt. Die Verletzung ließ dem Chef keine andere Wahl, als das Auge zu entfernen. Nun warten wir, bis die Schwellung abgeklungen ist, um dann eine Augenprothese einzusetzen. Es wäre gut, wenn Herr Bruhn bald hierherkäme, um dem Patienten ein Angebot zu unterbreiten."

„Liebe Monika, du weißt es offensichtlich noch nicht, dass unser eifriger Harald verstorben ist. Wir haben aber seit vorgestern eine junge, charmante Kollegin, die seine Funktion als Vertriebsmitarbeiterin übernommen hat. Es ist Ursula Witt und ich informiere sie, dass sie sich bei dir melden soll. Dann bis bald!"

Am nächsten Tag ist die junge Frau Witt bereits auf dem Weg in das KRH und erfragt an der Anmeldung, in welchem Zimmer denn der Patient Ewald Jansen liegt. Man nennt ihr die Nummer 17 im ersten Stockwerk. Hier spricht sie eine Stationsschwester an und fragt nach einer Schwester Monika. Da bekommt sie sofort die Antwort:

„Hallo, ich bin Schwester Monika und Sie sind gewiss die neue Vertriebsmitarbeiterin von J&C, oder irre ich mich?"

„Nein, ich bin Ursula Witt, aber alle nennen mich nur Uschi. Ist das O. K.?"

„Natürlich Uschi, ich bin Moni!"

„Moni, du weißt ja inzwischen, dass Harald nicht mehr lebt und ich seine Funktion übernommen habe. Wir suchen ständig nach Patienten, denen wir unser Spitzenprodukt anbieten können. Bei einem Startup dauert es gewöhnlich eine Weile, bis es sich eine Position auf dem umkämpften Markt erobert hat, aber ich kämpfe mit! – Kannst du mich bitte jetzt zu Herrn Jansen führen und vielleicht ihm auch sagen, wer ich bin. Das ist bestimmt vertrauter, als wenn ich das mache!"

Jetzt nimmt Moni die ‚Neue' buchstäblich an die Hand und beide betreten das Einzelzimmer von Ewald Jansen. Moni stellt in ihrer lockeren Art Uschi als die Neue vor:

„Herr Jansen, ich habe Ihnen eine junge Frau mitgebracht. Es ist Uschi Witt von der Firma J&C. Sie ist Vertriebsmitarbeiterin dieses Unternehmens, das Kunstaugen herstellt. Aber das erklärt sie Ihnen besser als ich und damit kann ich auch wieder verschwinden".

„Herr Jansen, ich bin hier, um Ihnen eine Hilfe anzubieten, für ein neues Leben, das sich durch den bedauernswerten Unfall verändert. Wir sind ein junges Unternehmen mit einem hoch motivierten Team, weil wir uns auf dem Markt behaupten möchten. Für die von uns hergestellten Kunststoffaugen verwenden wir einen eigens dafür entwickelten Kunststoff. Wir fertigen nach dem Wunsch des Patienten und berücksichtigen dabei die Größe des Auges und die Farbe der Regenbogenhaut."

„Das ist ja nett, dass Sie sich die Mühe machen, mich zu besuchen und mir das alles zu erzählen. Ich freue mich, wenn ich ein neues Gesicht sehe."

Genau in diesem Moment, spricht ein junger Mann Schwester Monika an und stellt sich vor:
„Guten Tag, mein Name ist Georg Schneider und ich möchte gern Herrn Jansen besuchen. In welchem Zimmer finde ich ihn?"

„Also, Herr Jansen liegt im Zimmer 17, aber momentan nicht allein. Das heißt, er hat Besuch. Ich komme fix mit und frage, ob er Sie auch dazu haben möchte."

Moni klopft an, öffnet die Tür einen Spalt und fragt:

„Herr Jansen, Sie sind sehr gefragt. Hier ist ein Herr Schneider, der zu Ihnen möchte. Darf ich ihn hereinlassen?"

„Aber ja doch, nur herein mit dem Besucher!"

„Guten Tag Herr Jansen, und auch der jungen Frau wünsche ich einen guten Tag. Ich bin Georg Schneider und von Berufs wegen neugierig. Das heißt, dass ich bei einem Institut arbeite, das weltweit tätig ist und Erfahrungen über Innovationen zusammenträgt und bewertet. Von Ihnen wollte ich gern wissen, wie Sie mit der Augenprothese zufrieden sind."

Nun meldet sich voreilig Uschi zu Wort:
„Das trifft sich gut, denn ich bin Ursula Witt von dem Unternehmen J&C, das hochwertige Kunststoffaugen herstellt. Ich bin gerade dabei, Herrn Jansen unsere Entwicklung vorzustellen, um ihn schließlich zu begeistern und seine Entscheidung zu unseren Gunsten zu treffen. Sie sind ein bisschen zu früh, denn Herr Jansen besitzt noch keine Prothese. Aber schön, dass wir beide uns auf diese Weise kennenlernen."

Jetzt erst kommt Ewald Jansen zu Wort:
„Also, eigentlich brauche ich gar nichts mehr zu sagen. Ich werde, so wie es der Chefarzt gestern sagte, in den nächsten Tagen eine Prothese bekommen. Daher muss ich mich für einen der drei mir bekannten Anbieter entscheiden. Gern unterstütze ich ein Startup und entscheide mich, von der Firma J&C die Prothese anzufordern. – Gern bin ich bereit, Ihnen, Herr

Schneider, zu einem gegebenen Zeitpunkt etwas über das neue Produkt zu sagen."

Wieder meldet sich Uschi zu Wort:
„Das ist ganz toll, Herr Jansen, dass Sie sich für unsere Innovation entscheiden. Und mit Ihnen, Herr Schneider, würde ich mich gern noch ein bisschen unterhalten, doch das können wir später tun, damit will ich Herrn Jansen nicht belästigen. Ich verabschiede mich dann Herr Jansen und wünsche Ihnen weiter gute Besserung. Wir sehen uns gewiss bald wieder. Danke nochmals für Ihre Entscheidung. Auf Wiedersehen!"

„Auch ich möchte mich von Ihnen verabschieden und danken, dass Sie uns beide so lange erduldet haben. Ich komme Sie wieder besuchen, wenn es Ihnen recht ist. Gern bringe ich Ihnen ein Hörbuch mit, damit vergeht die Zeit schneller. Lieben Sie Krimis?"

„Oh ja, das wäre toll, wenn ich mir einen kleinen Krimi anhören könnte!"

Damit verabschiedet sich nun auch Herr Schneider von Ewald Jansen und er versäumt es auch nicht, sich bei Schwester Monika abzumelden. Georg verlässt das KRH und geht zu seinem Wagen. Da öffnet jemand die Tür eines anderen Autos und ruft:
„Hallo Herr Schneider, nicht so schnell. Wollen wir nicht noch gemeinsam einen Kaffee trinken, denn für das Mittagessen ist es noch zu früh?"

„Haben Sie auf mich gewartet, Frau Witt?"

„Eigentlich ja, aber ich will es nicht zugeben, denn das macht eine Frau nicht!"

„So, wo wollen wir denn unseren Frühschoppen-Kaffee trinken? – Ich sehe dort hinten auf der anderen Straßenseite ein Café, dort gehen wir jetzt hin, ist das O. K.?"

„Natürlich, aber gern doch!"

Damit hatten sie einen Kontakt geknüpft, der auch von beiden gewollt war. Uschi Witt hätte es nicht besser treffen können, als einem Mann zu begegnen, der weltweit Produkte bewertet. Jetzt liegt es an ihr, sich und das Novum ihres Startups in ein besonderes Licht zu setzen. Uschi gibt sich große Mühe, die technischen Vorzüge ihrer Produkte zu betonen, ohne dabei schwärmerisch zu werden. Schneider hört sich das alles an und betont letztlich, dass es auch bei J&C gewiss noch Reserven gibt, um weiter nach oben zu rücken. Dabei lässt er anklingen, dass er interessante Wege kennt, über die er aber noch nicht sprechen möchte. Selbstredend wird Uschi nun hellhörig und denkt an den Einsatz ihres weiblichen Charmes. Sie kann ja nicht ahnen, dass Georg Schneider an etwas ganz anderes denkt. Er lässt sie aber in dem Glauben, dass attraktive Frauen oft mehr erreichen als kluge Männer. Aber ihre Unterhaltung wird zusehends lockerer bis Uschi schließlich den Anstoß gibt:

„Wollen wir uns nicht duzen, da wir ja fast Kollegen sind?"

„Das find ich cool Uschi, ab jetzt bin ich für dich Georg."

Sie prosten sich zu, mehr aber nicht. Als inzwischen auch der rein private Teil des Gespräches zu Ende war, tauschen noch beide ihre Handy-Nummern aus und Georg meint, dass er gern einmal die Firma J&C kennen lernen würde.

Am Nachmittag bekommt Ewald noch einmal Besuch, doch jetzt ist es seine Frau. Sie bringt ihm einen kleinen Blumenstrauß mit und eine Tafel Schokolade. Von ihrem Zuhause gibt es nicht viel zu berichten. Vorsichtig erwähnt Rosa, dass sie mit der Zahlung der Zinsen für den Hauskredit in Rückstand geraten sind, da sein sonst so üppiger Sold als Kampfjetpilot nicht mehr eingeht, sondern nur ein geringer Betrag, der das Leben beeinträchtigt.

Aber sie tröstet ihn darüber hinweg und meint, dass er erst einmal ganz gesund werden muss und dann gewiss das Krankenhaus so schnell wie möglich verlassen wird.

Ewald erzählt auch von den Besuchen einer Vertriebsmitarbeiterin und einem Herrn von einem schwedischen Institut zur Beurteilung von neuen Produkten. Er soll über die Erfahrung mit der Augenprothese berichten und dafür gibt es für Ewald Geld.

Georg meldet sich auf Detlevs Smartphone und kündigt seinen Besuch in einer halben Stunde an.

Noch vor dem Mittagessen berichtet Georg von dem überraschenden Zusammentreffen mit dem Patienten und einer Vertriebsmitarbeiterin des Kunststoffunternehmens J&C. Er erzählt auch Detlev, dass er inzwischen ein gutes Verhältnis zu der Vertreterin von J&C aufgebaut hat und berichtet weiter:

„Frau Witt hat mir versprochen, mir eine WhatsApp zu schicken, sobald sie von der Klinik angefordert wird. Dann bringt sie drei Augenprothesen unterschiedlicher Größe mit, die dem Patienten durch den Augenarzt angepasst werden. Sobald sie weiß, für welche Größe sich der Arzt entscheidet, wird sie uns das mitteilen.

Natürlich werde ich mich sofort auf den Weg ins Krankenhaus machen, wenn ich die Info erhalte. Dann kann sie mir persönlich die Maße des ausgewählten Kunststoffauges nennen.“

„Das hast du sehr gut eingefädelt, Georg, denn ich gebe daraufhin die Maße sofort an D37.3 weiter, damit dieser das gesamte Equipment zusammenstellen kann.“

„Detlev, das hört sich alles nach einem wohl durchdachten Plan an, doch ich kenne noch gar nicht die Aufgabe, die Ewald als Zyklop übernehmen soll. Kannst und darfst du mir das jetzt schon erzählen?“

„Ja, Georg, das kann ich. Jetzt nimmt die Aktion konkrete Züge an und daher darf ich dir das alles erklären. Aber ich sehe gerade, dass der Kellner auf uns zukommt, um die Bestellung aufzunehmen. Dann essen wir erst einmal in Ruhe und danach haben wir ausreichend Zeit, das Vorhaben zu besprechen.“

Nach dem Hauptgang gönnen sie sich noch ein Dessert und beenden ihre Mahlzeit mit einem doppelten Espresso. Nun sind sie in der richtigen Verfassung, die geheime Aktion zu besprechen. Detlev beginnt:

„Meine Aufgabe ist es, einen geeigneten ‚Mitarbeiter' ausfindig zu machen, der ein künstliches Auge bekommt oder schon erhalten hat. Diese Person sollte aber einen IQ-Wert von mindestens 130 besitzen, da sie in verschiedene Situationen gebracht wird, die sie mit hoher Intelligenz bewältigen muss. Ich nehme an, dass der Pilot eines superschnellen Kampfflugzeuges diese Voraussetzungen mitbringt. Als ich von Jansens Unfall im Internet las, war mir klar, dass er der Richtige ist. Sobald es mir gelungen ist, ihn für die Übernahme der Aufgabe zu gewinnen, ist mein Part des gesamten Projektes D37 abgeschlossen und ich reise zurück nach Shenzhen."

„Nun gut, jetzt haben wir einen ‚Mitarbeiter', der bereit ist, als unser Zyklop zu agieren. Und wie geht es weiter und was soll er tun? Das hast du mir noch immer nicht gesagt."

„Wenn ich abgereist bin, kommt an meine Stelle ein anderer Kollege, mit dem Code-Namen D37.2 der das technische Equipment mitbringt, dass wiederum sein Kollege D37.3 zusammengestellt hat.

Das hört sich alles fürchterlich verzwickt an, doch für diese hochgeheime und äußerst lebensgefährliche Aktion darf keine noch so kleine Info nach außen dringen. Wer die Geheimhaltung verletzt, wird gnadenlos und ohne jeden Prozess umgebracht. Das weiß jeder, der sich bereit erklärt, an dem Projekt mitzuwirken."

Jetzt kommt Detlev endlich zum Inhalt des Projektes:

138

„Dem Zyklopen wird sein Kunststoffauge gegen unser ‚HighTechEye‘ ausgetauscht. Es hat exakt die gleiche Größe und Farbe der Iris wie das Kunststoffauge, nur es ist hohl. Im Innenraum befindet sich eine extrem hochauflösende Videokamera, außerdem ein sehr empfindliches Mikrofon und ein Miniaturakku. Weiter ist ein Minisender vorhanden, der die Informationen auf ein kleines Gerät überträgt, das genauso aussieht wie ein Smartphone. Das trägt der Zyklop bei sich. Damit kann er die Videoaufnahme starten und stoppen. Bild und Ton werden in diesem Smartphone gespeichert. Nach Abschluss eines operativen Einsatzes, überspielt er die Daten auf seinen PC und gegebenenfalls auf einen USB-Stick. Die Dateien werden verschlüsselt und an die Zentrale nach China geschickt.

Wo der Zyklop als Spion eingesetzt wird, das erfährt er jeweils rechtzeitig. Die Entlohnung hängt ab vom Schwierigkeitsgrad der Aufgabe und schwankt zwischen 30.000 und 200.000 EUR pro Stunde.
Wie du siehst, handelt es sich um eine Industrie- oder Militärspionage allererster Güte.“

Damit ist nun auch Georg informiert und hat wieder einmal erfahren, was ihm passiert, wenn er etwas ausplaudern würde. Nachfolger gibt es genügend. Für beide ist der Arbeitstag für heute zu Ende.

Kapitel 11

Uschi Witt wartet schon ungeduldig auf das Telefonat von Dr. Kasten, denn es wird ihr erster Verkauf dieser Prothese sein. Gegen 9:00 Uhr ist es soweit und sie erhält einen Anruf aus dem KRH Klinikum:

„Guten Morgen Frau Witt, hier ist Dr. Kasten. Ich wollte Ihnen nur mitteilen, dass wir eben bei der Visite festgelegt haben, dass der Patient Jansen soweit genesen ist, dass wir die Augenprothese einsetzen können. Bitte bringen Sie, wie besprochen, drei unterschiedlich große Exemplare mit. Dann bis 10:00 Uhr."

Uschi gehört zu den wenigen Personen, auf die man sich verlassen kann. Sie ruft Georg an:

„Hallo Georg, hier ist Uschi. Mich hat gerade Dr. Kasten angerufen und mir mitgeteilt, dass ich um 10:00 Uhr in der Augenklinik sein soll mit den Prothesen. Du kommst doch auch, oder?"

„Uschi, natürlich komme ich gern, doch es ist wohl nicht angebracht, dass ich bei dem Eingriff zugegen bin. Ich warte in der Cafeteria auf dich."

Pünktlich um 10:00 Uhr trifft Uschi in der Klinik ein, begrüßt Moni, die sie gleich in das Patientenzimmer von Ewald Jansen bringt. Das Einpassen der Prothese findet nämlich nicht im OP statt, sondern im Patientenzimmer, weil die Hygieneanforderungen das zulassen.

Ewald Jansen ist hellwach und gespannt, was nun geschehen wird. Dr. Kasten tritt wieder an sein Bett und sagt:

„Herr Jansen, wir werden versuchsweise drei unterschiedliche Augenprothesen einsetzen und Sie sollen sagen, bei welcher es sich gut anfühlt."

Jetzt übergibt Uschi die drei sterilen Prothesen an Schwester Moni, die sie in eine Schale mit steriler, 0,9%iger Kochsalzlösung legt. Die Salzkonzentration ist genauso wie die der menschlichen Körperflüssigkeit und die der Tränen.

Nun wird das erste angefeuchtete Auge mit leichtem Druck in die Augenhöhle eingesetzt.

Dr. Kasten spricht Jansen an:

„Bitte bewegen Sie jetzt Ihr Augenlid, machen es auf und schließen es wieder. Dieses Auf-und-Zu wiederholen Sie bitte fünfmal."

Ewald Jansen macht das, meint aber:

„Ich verspüre einen leichten Druck, als wäre es ein Fremdkörper."

„Gut, Herr Jansen, das ist ein Zeichen, dass das Auge ein wenig zu groß ist. Wir wechseln es jetzt aus gegen die Größe 2."

Wieder vollzieht Uschi die Prozedur, dass das sterile Kunststoffauge in der Kochsalzlösung leicht befeuchtet und dann eingesetzt wird. Jetzt fordert der Arzt den Patienten auf, den mehrfachen Lidschlag zu wiederholen.

Am Ende sagt Ewald Jansen:

„Dieses Mal fühlt es sich an, als wäre es mein eigenes Auge."

„Dann haben wir ja die passende Größe gefunden und hier halte ich Ihnen einen Spiegel vor, damit Sie wissen, wie Sie von anderen Menschen wahrgenommen werden."

Dr. Kasten wendet sich nun an Schwester Monika und sagt, dass sie die Entlassungspapiere fertig machen kann. Den Arztbrief bekommt sie von ihm in einer Stunde, so dass der Patient am frühen Nachmittag entlassen werden kann. Sie soll auch seine Ehefrau davon in Kenntnis setzen, dass sie ihn abholt.

Nachdem der Arzt das Zimmer verlassen hat, spricht Uschi Herrn Jansen an:

„Das hat doch alles gut funktioniert und Sie haben wieder zwei Augen. Ich würde aber gern noch einmal den Herrn Schneider von dem Bewertungsinstitut hereinbitten, damit er Sie auch mit den neuen Augen anschauen kann. Ist das für Sie O. K.?"

„Ja, natürlich, denn er sagte mir, dass es für eine ausführliche Beurteilung auch einen Obolus gibt."

Weil Georg schon sehnlichst auf den Anruf gewartet hat, ist er auch schon ganz Ohr:

„Hallo Uschi, ich höre. Ist alles gut gelaufen? Dann komme ich jetzt hoch."

„Hallo Herr Jansen. Ich sehe Sie strahlen und das mit zwei Augen. Ich gratuliere Ihnen zur gelungenen ‚Wiedergutmachung'. Das Auge sieht wirklich täuschend sich bei Schwester Moni. Diese bringt sie zu Ewald, der schon darauf wartet, endlich das Krankenhaus verlassen zu können.

Schnell ist alles eingepackt, der Arztbrief liegt bereit und mit einem kleinen Dankeschön in die Kaffeekasse verlässt der Expatient Jansen die Klinik.

Morgen Abend wird es sich herausstellen, ob Ewald sich auf diese waghalsige Aufgabe einlässt, bei der das große Geld zu verdienen ist. Ewald hatte Rosa schon den Besuch zweier Freunde angekündigt, die sich über spezielle technische Probleme austauschen wollen.

***

Georg und Detlev haben ihr Outdoor Outfit angezogen und schnell mit Detlevs Smartphone ein Foto gemacht, das er an D37.0 schickt. Damit ist auch der Chef informiert, dass sich die beiden große Mühe geben, die Voraussetzungen zu schaffen.

Pünktlich um 19:00 Uhr stehen Georg und Detlev vor der Gartentür des Gastgebers. Ewald kommt ihnen schon entgegen:

„Herzlich willkommen! Wir sind selbst gern und oft in der freien Natur, besonders dann, wenn es noch angenehm warm ist."

„Lieber Ewald, wie versprochen, bringe ich dir einen kleinen Krimi auf einem Audioplayer mit.

Wahrscheinlich hast du jetzt andere Abwechslungen, aber man weiß ja nie was kommt. Ich habe auch noch etwas anderes mitgebracht, nämlich meinen Freund Detlev."

„Ja, ich bin Detlev und freue mich auf unser Gespräch!"

Inzwischen sind auch Rosa und Tochter Heike dazu gekommen. Der Grill ist schon angeheizt und das Bier kalt gestellt. Nun gibt es erst einmal zum Aufwärmen einen Smalltalk und dann wird gegessen und getrunken. Die Atmosphäre kann nicht besser sein.

Allmählich wird der Grill kalt und die Gespräche nehmen eine Wendung zum Fachlichen. Es ist indessen 21:00 Uhr und Heike verabschiedet sich. Auch Rosa sagt, dass sie im Haus noch etwas zu tun hat. Damit sind die drei Herrn unter sich.

Georg fühlt sich als der Ältere und meint, dass mittlerweile das ‚Du' angebracht ist. Alle nicken und erheben die Gläser zum allseitigen ‚Du'. Da wird Georg fachlich und beginnt:
„Ewald, ich hatte ja erzählt, dass ich beauftragt bin, ausgewählte Produkte zu bewerten. Deshalb bin ich auch hier. Doch es gibt noch einen anderen Grund, der für dich eine Chance bedeuten könnte. Es gibt nur sehr wenige Menschen, denen ich diesen Vorschlag unterbreiten möchte. Es geht um einen zusätzlichen Job, der aber einen IQ von mindestens 130 erfordert. Aus deinen Erzählungen habe ich erfahren, dass du über ein breites technisches Allgemeinwissen verfügst und mit Sicherheit einen hohen IQ hast. Es handelt sich lediglich um ein Angebot und es liegt bei dir, ob du es annehmen

willst. Unsere inzwischen aufgebaute Freundschaft bleibt von deiner Entscheidung gänzlich unberührt. Ich habe von deinem ‚Ja' oder ‚Nein' weder einen finanziellen Vorteil noch einen Nachteil. Neutraler kann eine Position nicht sein."

Ewald möchte es genau wissen:
„Lieber Georg, das war mir zu allgemein. Worin würde denn meine Aufgabe bestehen?"

Georg versucht, auszuweichen:
„Lieber Ewald! Auf der Welt sind die Forschungs- und Entwicklungskapazitäten sehr ungleichmäßig verteilt. Damit sind auch die Gewinne der Unternehmen sehr unterschiedlich. Es wäre also besser, wenn auch solche Unternehmen in den Genuss von Neuheiten kommen könnten, die nur geringe Entwicklungskapazitäten besitzen."

Ewald kontert:
„Aber Georg, das gibt es doch schon. Solche Firmen müssen sich eben darauf beschränken, Lizenzen zu kaufen."

Georg wird deutlich:
„Gewiss ist das möglich, aber nur in einigen Fällen. Da gäbe es noch die andere Möglichkeit, die Entwicklungen kostenlos zu erwerben."

Ewald kommt auf den Punkt:
„Georg, was du meinst ist schlechthin Industrie-spionage, oder etwa nicht?"

Georg bringt es auf den Punkt:

„Ja, so ist es. Die Entwicklungsergebnisse werden anderen zugänglich gemacht. Das ist zwar nicht legal, aber zweckdienlich."

Ewald wird konkret:

„Ich soll als Spion arbeiten und Resultate einiger Unternehmen anderen zur Verfügung stellen. Meinst du das?"

Georg stimmt zu:

„Auch ich arbeite für eine kleine Firma, die solche Entwicklungsergebnisse ‚abgreift' und sie den Auftraggebern verkauft. Natürlich ist die wichtigste Person diejenige, die es schafft, an solche Neuheiten heran zu kommen. Dafür gibt es auch einen recht hohen Lohn, der je nach Objekt und Schwierigkeitsgrad der Aufgabe zwischen 30.000 und 200.000 EUR pro Stunde beträgt."

Ewald interessiert sich jetzt für einige Details:

„Wie ist denn der organisatorische Ablauf?"

Darauf antwortet Detlev:

„Wir bekommen von einem Interessenten für eine bestimmte Neuentwicklung den Auftrag, für die Fertigung oder Weiterentwicklung entsprechende Unterlagen zu besorgen. Das können Videos, Zeichnungen oder Daten sein.

Ein Kollege hat dann die Aufgabe, auf der ganzen Welt zu recherchieren, wo es ein Novum in der gewünschten Form schon gibt. Wenn wir das wissen, suchen wir nach einem Spion, der diese Aufgabe übernehmen möchte, die erforderlichen Unterlagen zu beschaffen. Sobald wir die Ware vorliegen haben, wird sie dem -Auftraggeber verkauft."

Nun will Ewald wissen, warum er dafür geeignet ist:
„Und warum sprecht ihr mich darauf an?"

Detlev:
„Weil du ideale Voraussetzungen hast, das Material zu beschaffen, ohne erkannt zu werden."

Georg antwortet:
„Ewald, wir wissen, dass es so ist, doch wir möchten erst herausfinden, wie dein Standpunkt zu der ganzen Angelegenheit ist."

Ewald:
„Das Leben eines Spions ist immer gefährlich und es besteht die Gefahr, dass man ertappt und verurteilt wird. Das sind keine guten Aussichten!"

Detlev:
„Gewiss besteht dieses Risiko und wir hatten es schon einmal, dass ein Kollege enttarnt wurde. Es gab ein gerichtliches Verfahren, in dem er verurteilt wurde. Unsere Anwälte haben ihn für 1 Million Dollar freigekauft. Das finanzielle Potenzial für solche Fälle ist vorhanden. Daher ist das Risiko minimal. Das ist aber in unserer 14-jährigen Arbeit erst einmal geschehen und außerdem war es seine Unachtsamkeit, die er hätte vermeiden können."

Georg:

„Ewald, vielleicht wäre ein Versuch mit einer kleinen Sache recht sinnvoll. Was hältst du von dieser Idee? Mir fällt da ein Objekt ein, was sogar in Niedersachsen liegt."

Ewald:

„Ich kann mir vorstellen, einen solchen Test zu machen. Erst danach würde ich mich entscheiden, ob ich weiter machen will oder nicht. Wäre das eine Option?"

Detlev:

„O.K. dann sind wir uns einig, dass du einen ersten Versuch unternimmst. Ich bestelle dann für dich noch heute das Equipment. Ein Kollege wird es dir bringen und dich einweisen. Er kommt als Vertreter für spezielle Smartphones der Gruppe 5.0.

Das Herzstück deiner Ausrüstung ist eine ‚HighTechEye'-Videokamera mit einer 4K-Auflösung und einem hochempfindlichen Mikrofon. Zusammen mit einem Bluetooth-Sender und einem Mikroakku ist alles in ein künstliches Auge eingebaut. Es ist für dich speziell angefertigt und hat die gleiche Größe wie deine jetzige Augenprothese und auch die gleiche Farbe der Iris. Mit einem speziellen Gerät kannst du die Kamera ein- und ausschalten. Die Speicherung der AV-Daten erfolgt in diesem Gerät und kann auf deinen PC überspielt werden. Die Bedienung und das Einsetzen des ‚HighTechEye' wird dir der Kollege erläutern und dich gründlich unterweisen. Ich verabschiede mich und freue mich auf deinen ersten Versuch. Übrigens lautet dein Deckname: ‚Zyklop.'"

Kapitel 12

In der Agentenzentrale im Xiangmi Park in Shenzhen ist die Mitteilung angekommen, dass der anvisierte ‚Mitarbeiter bereit ist, einen ersten Versuch zu unternehmen. Nun kommt wieder D37.0 ins Spiel und gibt folgende Anweisung:

„D37.2 kommen Sie bitte sofort in mein Büro. Ende."

Wie nicht anders zu erwarten, klopft er schon nach wenigen Sekunden an die Tür seines Chefs und tritt nach Aufruf ein. D37.0 begrüßt ihn und erteilt folgenden Auftrag:

„D37.2, Ihr Deckname ist Mike Ritter mit folgender Vita: ‚Sie sind 32 Jahre alt, haben in Berlin ein Elektronikstudium absolviert und sind dann für eine Zeit für den VW-Konzern nach China gegangen. Sie haben sich aus den 33 Werken für ein Unternehmen in Shanghai entschieden. Nun sind Sie wieder in Deutschland und Vertreter der Firma SAMSUNG. Sie wohnen in Göttingen.'

Diese Vita lernen Sie auswendig, so dass sie diese auch im Schlaf aufsagen könnten. Ist das klar?"

„D37.2, habe verstanden und es ist klar!"

„Sie suchen sich sofort den nächsten Flug nach Hannover heraus, packen Ihr Gepäck und das Equipment ein und vergessen nicht Ihren deutschen Reisepass, der schon auf den Namen Mike Ritter ausgestellt ist. Darin liegen auch einige Euro-Scheine. Auf dem Hannover Airport wird Sie unser Mitarbeiter

Georg Schneider empfangen. Gute Reise und melden Sie sich, wenn Sie unsere Staatsgrenze überfliegen. Sie können jetzt gehen!"

Kurze Zeit später erhält Georg eine Mitteilung auf LINE[*], in der ihm die Ankunft des Kollegen Mike Ritter in Hannover angekündigt wird. Er wird beauftragt, diesen Herrn Ritter in Empfang zu nehmen und ihn in Deutschland weiterhin zu betreuen.

Dann greift Georg zu seinem Telefon, um sich bei Uschi zu melden:

„Guten Morgen Uschi, hier ist Georg!"

„Ach, das ist ja schön, dass du dich meldest. Ehrlich gesagt, habe ich schon auf deinen Anruf gewartet, weil du ja einmal unser Unternehmen besuchen wolltest."

„Genau das will ich mit dir besprechen und fragen, ob es heute passen würde."

„Ich gehe sofort zum Chef, kläre das und melde mich dann wieder bei dir."

Einen Augenblick später steht Uschi bei Heidrun und fragt, ob sie kurz Dr. Daub sprechen könnte. Frau Lange klingelt beim Chef und bittet um einen Gesprächstermin für Frau Witt. Als er zusagt, wendet sie sich an Uschi:

„Du kannst gleich hineingehen, er erwartet dich schon."

„Hallo Frau Witt, schön Sie zu sehen. Bitte nehmen Sie Platz!"

[*] LINE entspricht dem WhatsApp

„Herr Dr. Daub, Sie haben es gewiss schon erfahren, dass ich vor drei Tagen meinen ersten Verkauf eines Kunstauges über die Bühne gebracht habe. Es hat alles ganz hervorragend geklappt und der Patient ist zufrieden. Aber ich hatte ein ganz besonderes Erlebnis, denn es kam gerade bei dem Patienten Jansen ein Herr zu Besuch, als ich schon bei Jansen saß. Dieser Mann arbeitet für ein schwedisches Institut, das weltweit außergewöhnliche Neuerungen unter die Lupe nimmt und dann eine Bewertung abgibt. Wir kamen bei einem Kaffee schnell ins Gespräch und ich erzählte von J&C, was er mit großem Interesse verfolgte. Heute rief er mich an, ob er einmal herkommen und unser Unternehmen kennen lernen könnte."

„Aber selbstverständlich, Frau Witt, da haben Sie ja schon eine hervorragend gute Arbeit geleistet. Er ist jederzeit willkommen. Ich bin gespannt."

Uschi verlässt das Chefbüro und ruft unverzüglich Georg an.

Bereits nach einer knappen Stunde ist er hier und stellt sich bei Frau Lange vor:

„Guten Tag, mein Name ist Georg Schneider. Ich komme von einem schwedischen Institut, dessen Namen ich nicht nennen darf. Frau Witt hat mich bereits bei Dr. Daub angemeldet."

Heidrun ruft Uschi an und teilt ihr kurz mit, dass Herr Schneider bereits da ist und auch sie mit zum Chef kommen soll.

151

Beide betreten das Chefbüro und werden von Dr. Daub freudig begrüßt. Sie nehmen alle an einem kleinen Tisch Platz, auf dem bereits für jeden eine Kaffeetasse steht. Zuerst wird wie üblich ein wenig über das Wetter und die Welt geredet und man merkt schnell, dass das Eis gebrochen ist. Dann erläutert Daub die Entwicklungsgeschichte der Firma und berichtet auch von den Problemen, mit denen ein Startup zu kämpfen hat:

„Unser Unternehmen zeichnet sich dadurch aus, dass hier ein sehr gutes Betriebsklima herrscht und ein hoch motiviertes Entwicklungs- und Forschungsteam immer bedacht ist, Neues zu schaffen. Allerdings ist unsere Fertigungskapazität noch begrenzt, weil wir erst das Geld für weitere Investitionen erarbeiten müssen. Leider gibt es auch in unserer Branche Mitbewerber, von denen einer dabei ist, der uns ganz besonders das Leben schwer macht. Wir halten immer noch nach einem Novum Ausschau, mit dem wir auf dem Markt medizinischer Kunststoffartikel eine Spitzenposition erringen könnten. Das betrifft umwälzende Verbesserungen an unserer Augenprothese. Bekanntlich bestehen diese aus Glas, da dieser Werkstoff eine sehr glatte Oberfläche bietet.

Der Vorteil einer Kunststoffprothese gegenüber einem Kunstauge aus Glas liegt in ihrer Unzerbrechlichkeit. Dadurch ist sie insbesondere für Menschen mit motorischen Einschränkungen an den Händen gut geeignet. Aber es gibt auch Negatives.

Nachteilig gegenüber einer Glasprothese ist die Oberfläche, welche durch die mechanische Politur

152

niemals so glatt wie die feuerpolierte Oberfläche einer Augenprothese aus Glas ist. Des Weiteren ist die Kunststoffoberfläche hydrophob, was bedeutet, dass sie nicht mit einem flächendeckenden Tränenfilm benetzt werden kann. Wir sind bereits damit beschäftigt, eine hydrophile Kunststoffschicht aufzubringen, die den Wasserfilm festhält. Aber wir hätten gern noch weitere Besonderheiten, die unser Mitbewerber schon beherrscht, wir aber noch nach der Lösung suchen. Es geht um eine Pupille, deren Durchmesser sich mit der Lichteinstrahlung verändert, so wie es beim natürlichen Auge geschieht. Damit würde dann ein Kunststoffauge von einem Betrachter nicht mehr als solches erkannt werden."

Jetzt meldet sich Herr Schneider, der aufmerksam die Darlegungen von Dr. Daub verfolgt hat:

„Herr Dr. Daub, ich bin überrascht von dem, was Sie in Ihrem Unternehmen leisten und mit welchen interessanten Fragen Sie sich beschäftigen. Ich sehe auch sofort ein, dass es von unsagbarem Nutzen wäre, wenn Sie in die Lage versetzt würden, das machen zu können, was dem Mitbewerber bereits gelingt. Ist es denn nicht möglich, diese Technologie als Lizenz zu erwerben und was wären Sie denn bereit, dafür zu zahlen?"

„Lieber Herr Schneider, ihr Gedanke ist verlockend, aber eine Lizenz würde man uns auf keinen Fall geben. Vielleicht einem Fremden, der Ihnen damit keine Kunden wegnehmen könnte. Und nach der

‚Lizenzgebühr' gefragt, würde ich schon an einen Betrag in der Größenordnung von 50.000 bis 80.000 EUR denken."

„Herr Dr. Daub, es gibt ja für jede Frage mehr als eine Antwort. Lassen Sie mich darüber ein bisschen nachdenken. Wenn mir etwas einfällt, auch wenn es nachts sein sollte, da kann ich mich gewiss bei dir, Uschi, melden und eine irre Idee mit dir besprechen. Ist das O. K., Herr Dr. Daub?"

„Herr Schneider, es ist alles gut, wenn es der Firma nutzt. Doch jetzt lade ich Sie zu einem kleinen Rundgang durch unser Startup-Unternehmen ein."

Nach dem ausführlichen Rundgang verabschiedet Schneider sich von Dr. Daub und dankt für die Besichtigung der sehenswerten technischen Anlagen. Uschi lädt er für heute Abend zu einem Abendessen im Hotel Intercity ein. Er will sie anrufen und dann abholen.

***

Am nächsten Tag ist er gegen 17:00 Uhr wieder im Ankunftsterminal des Flughafens. Sein Willkommen-Schild hat er mit dem neuen Namen ‚Mr. Mike Ritter' versehen und hält es hoch, nachdem die ersten Fluggäste ankommen. Mit flottem Schritt kommt ihm ein junger Mann entgegen und grüßt:
„Hallo Georg, nett, dass du mich abholst."

„Willkommen zu Hause, Mike!"

Georg fährt, ohne Umwege zu nehmen mit Mike zum Hotel Intercity und hilft ihm beim Einchecken, zumal Georg die Buchung in Auftrag gegeben hatte. Mike wendet sich mit der Bitte an ihn:

„Es wäre mir recht, wenn ich mich jetzt ausruhen könnte und erst morgen unser Arbeitstag beginnen würde."

Georg hat dafür volles Verständnis und sie verabreden, dass er ihn morgen um 10:00 Uhr abholt. Dann fahren Sie zu Georgs Wohnung.

Das ist auch Georg ganz recht, damit er für den morgigen Tag noch Essen und Getränke bestellen oder einkaufen kann.

Aber ein Anruf muss heute unbedingt noch sein:

„Hallo Ewald, hier ist Georg. Ich hoffe, dass es dir gut geht und du keine Albträume hattest. Mein Kollege und Freund ist heute angekommen und wir wollen uns morgen bei mir treffen. Darfst du eigentlich schon wieder selbst Auto fahren?"

„Hallo Georg, schön dich zu hören. Ich habe ausgesprochen tief geschlafen, obwohl mir natürlich viel durch den Kopf gegangen ist.

Das Autofahren habe ich nicht verlernt, aber in einen modernen Kampfjet wie die F 35 möchte ich mich noch nicht wagen. Gern komme ich zu dir, beziehungsweise zu euch, damit ich Neues dazulernen kann. Sag mir bitte, wo ich dein Haus finde!"

„Ewald, das findest du gut und es steht noch immer in Seelze, Am Wehrberg 42A. Es liegt ist nur 50 Meter vom

Flüsschen Leine entfernt. Daraus wird der breite Fluss, an dem Hannover liegt."

„O.K. dann bis morgen 10:00 Uhr. Der Termin ist festgebunden, wie an der Leine. Gute Nacht."

***

Es ist genau 9:30 Uhr, da betritt Georg die Empfangshalle des Hotels, entdeckt auch schon seinen Kollegen und Freund Mike und spricht ihn an:

„Hast du gut geruht und bist frisch wie am ersten Tag?"

„Ja, das bin ich und darauf gespannt, zu sehen, wo du wohnst."

Beide nehmen den kurzen Weg in Kauf und unterhalten sich ungezwungen, als wären sie schon Jahre befreundet. Am Wehrberg 42A angekommen, erblicken sie bereits einen roten 3er-BMW, der offensichtlich Ewald gehört. Sie begrüßen sich und wollen gerade im Haus verschwinden, als Ewald sagt :

„Jetzt möchte ich erst die Leine sehen, an der dein Haus liegt, Georg!"

Die drei müssen nur wenige Schritte gehen, und schon erreichen sie das Ufer eines noch kleinen, unscheinbaren Flusses.

Dann aber mahnt Georg:

„Los geht's, meine Herrn!"

Zur Begrüßung im „Georgsheim", wie es an einem kleinen Türschild steht, gibt es einen Kaffee. Dann übergibt Georg das Wort an Mike:

156

„Ich bin für alle nur Mike und weil man sich bei uns duzt, bist du gewiss der Ewald und du der Georg.
Ich habe hier eine kleine technische Besonderheit mitgebracht. Dieses Gehäuse, doppelt so groß wie eine Streichholzschachtel und mit abgerundeten Ecken, beinhaltet einen speziellen ‚Power Pacer'.

Einen Pacer kennst du, denn viele Menschen tragen einen implantierten Herzschrittmacher. Weil du, Ewald, einen leichten Herzfehler hast, benötigst du dieses spezielle Gerät. Dein Herz ist nicht mehr in der Lage, sich allein an die erforderliche Leistung anzupassen.

Dieses Gerät wird nicht implantiert, weil du es bedienen musst. Du wirst es zweckmäßigerweise mit diesem Clip am Hosenbund befestigen. Hier sind zwei Tasten: ‚HIGH POWER' und ‚NORMAL POWER'. Damit kannst du die Herzleistung einstellen. Oben sind zwei kleine Buchsen, da stecke ich jetzt die Ministecker der beiden Klebeelektroden ein. Die Elektroden werden auf beiden Seiten des Herzens auf die Haut geklebt. Das machen wir jetzt gleich, wenn du bitte dein Hemd etwas öffnest. – So, die sitzen jetzt fest.

Ewald, was ich dir jetzt erzählt habe, ist das, was du jedem sagst, der dich fragt, was das für ein Teil ist. Wir wissen alle, dass du natürlich keinen Herzfehler hast. Dass es alles andere ist als ein Pacemaker, kannst du dir wohl denken. Aber wir müssen damit rechnen, dass jemand, dem du einen ‚Besuch' abstattest, skeptisch wird. Mit einem Smartphone könntest du vielleicht ungesehen etwas fotografieren, deshalb würde man dich

157

bitten, das Telefon vorübergehend abzugeben. Einem Pacer traut aber niemand zu, dass man damit fotografieren kann, zumal du ja auch die aufgeklebten Elektroden zeigen könntest.

Was es wirklich ist, sage ich dir später. Zuerst erkläre ich dir das ‚HighTechEye'. In dieser kleinen gepolsterten Schachtel liegt ein Kunststoffauge, in das eine Hochleistungsvideokamera eingebaut ist. Sie liefert Bilder mit einer Superqualität wie ein TV-Gerät mit 4K-Auflösung. Daneben befindet sich ein winziges, aber ebenso hochempfindliches Mikrofon. Ein Bluetooth-Sender überträgt das Audio-Video-Signal in die Pacer-Box. Mit der Taste ‚HIGH POWER' startest du die Aufnahme und mit der anderen Taste, mit der Bezeichnung ‚NORMAL POWER' stoppst du sie. Weil beide Tasten untereinander angebracht sind, kannst du sie finden, ohne hinzusehen. Zwischen den Tasten ist noch eine Zweifarben-LED eingebaut. Grün bedeutet. Gerät eingeschaltet, Rot heißt: nur noch wenig Energie im Miniakku, bitte bald nachladen.

Zu Hause kannst du über ein normales USB-Kabel die Dateien auf den PC überspielen.

Hier ist aber noch ein weiteres kleines Gerät, das aussieht, wie ein kleiner Eierbecher. Du kannst damit den Miniakku in deinem ‚HighTechEye' kontaktlos aufladen. Du legst einfach das Auge in den Becher und schließt mit diesem Netzkabel das Miniladegerät an. Die gelbe LED beginnt zu blinken. Sobald sie Dauerlicht zeigt, weißt du, dass der Miniakku wieder voll aufgeladen ist.

So, Ewald, mehr ist zu dem kleinen Zyklopen nicht zu sagen. Wenn in deinem Kopf Fragen aufgekommen sind, dann schieß los!"

„Danke Mike für die gute Erklärung. Ich bin begeistert, was ihr da zurecht gezaubert habt. Es ist alles sehr gut durchdacht und unauffällig. Ich habe verstanden, wie ich die Videoaufnahme starten kann. Wie stelle ich es aber an, wenn ich nur den Ton aufnehmen möchte?"

„Ewald, wir wollten die Bedienung so einfach wie möglich gestalten und haben bewusst auf eine Umschaltung von Audio auf Video oder auf Audio + Video verzichtet.

Wenn dich nur der Ton interessiert, startest du die Aufnahme wie für ein Video. Zu Hause kannst du im PC das Video einfach löschen und schon hast du nur den Ton. Weil der Speicher in der Box so groß ist, dass mehrere Kinofilme darauf Platz hätten, haben wir die Umschaltung einfach weggelassen. Ist das jetzt klar?"

„Danke Mike, das ist mir jetzt klar, doch ich habe eine zweite Frage: Fällt es nicht auf, wenn ich beim Kunden bin und in die Hose greife, weil innen am Bund die Box hängt und ich sie einschalten will?"

„Ewald, da hast du vollkommen recht. Ich würde mich auch wundern, wenn ich zusammen mit meiner Kollegin einen Gast zu Besuch hätte und der sich plötzlich in die Hose greift. Stell dir vor, was dann im Kopf meiner Kollegin vorgehen würde! – Nein, keine Angst. Es ist genauso wie bei der Tonaufzeichnung. Schon bevor du

159

zum Kunden kommst, schaltest du dein Gadget ein und lässt es laufen. Der Miniakku macht dieses Spektakel über 48 Stunden im Dauerlauf spielend mit. Zu Hause kannst du am PC alles löschen, was uninteressant ist."

„Ja, dann fällt mir momentan nichts mehr ein, was ich fragen könnte. Das ganze System ist verblüffend einfach und bietet dennoch eine enorme Aufnahmekapazität.

Wann wird es denn nun ernst für mich? Diese Frage geht jetzt an Georg!"

Dieser wird endlich konkret und legt die Karten auf den Tisch:

„Lieber Ewald, das erkläre ich dir gleich. Ich schlage aber vor, dass du dir jetzt das Auge einsetzt, beziehungsweise es dir von Mike zeigen lässt, wie du es machen musst. Oder Mike drückt es dir rein. Du solltest es heute den ganzen Tag tragen, um dich daran zu gewöhnen. Und dazu kommt noch die große Herausforderung, dass weder Rosa noch Heike erfahren dürfen, dass du diese Tätigkeiten ausübst. Es könnte für dich lebensgefährlich werden, wenn jemand davon erfahren würde, dass du als Spion arbeiten willst. Mache dir Gedanken, wie das gehen soll. Überlege dir einen Aufbewahrungsort, den nur du kennst und wo du auch das Ladegerät anschließen kannst.

Benützt du dein Auto als einziger oder dürfen Rosa oder Heike es auch fahren?"

Ewald antwortet:

„Georg, es liegt an meiner sehr sozialen Lebenseinstellung, dass sowohl Rosa als auch Heike das Auto nehmen dürfen, ohne mich zu fragen. Sie sorgen dann auch dafür, dass es wieder aufgetankt wird.

Ich habe aber auch noch ein Büro, das mit einer Metalltür und zwei Sicherheitsschlössern abgeschlossen wird. Eines dieser Schlösser ist ein sechsstelliges Zahlenschloss und das andere ein Sicherheitsschloss mit Schlüssel. Das Fenster ist vergittert und zum Sichtschutz von außen verspiegelt. Der Zutritt ist nur mir vorbehalten, da ich darin auch streng geheime Unterlagen der Luftwaffe der Bundeswehr aufbewahre. Es ist also ein Dienstraum.

Ähnlich sieht es mit meiner kleinen Werkstatt im Keller aus, denn das ist mein privates Reich und der Zutritt ist für alle anderen unerwünscht. Ich habe darin verschiedene Maschinen und Apparate, deren Benutzung für Fremde gefährlich ist. Hier könnte ich in einem abschließbaren Werkzeugschrank das Ladegerät einbauen und das wäre damit auch der Aufbewahrungsort. Da ich dieses HighTechEye nur dann brauche, wenn ich zu einem ‚Besucher' unterwegs bin, kann ich es mir im Auto einsetzen. Ich muss nur daran denken, dass ich immer ein Fläschchen mit Salzwasser dabeihabe."

Georg ist zufrieden und erklärt jetzt Ewald seine Aufgabe: „Diese Variante mit der Werkstatt und dem Fläschchen im Auto klingt überzeugend.

Jetzt will ich dir deine Testaufgabe erläutern. Ich habe von Uschi, die du im Krankenhaus kennen gelernt hast, erfahren, dass ihre Firma J&C einen sehr aktiven

161

Mitbewerber hat. Dieses Unternehmen stellt ebenfalls Kunststoffaugen her, doch besitzen diese die Besonderheit, dass sich die Pupillenweite mit der Beleuchtungsstärke ändert. Damit fällt einem Betrachter nicht mehr auf, dass er ein künstliches Auge sieht. Leider verfügt J&C nicht über die entsprechende Technologie, aber sie hätten sie gern. Zwar kennen sie die eingesetzten chemischen Substanzen, doch ist ihnen die Herstellungsmethode fremd. Diese Technologie zu sehen und möglichst den Prozess als Video zu speichern ist deine Aufgabe. Ich weiß von dem Interessenten, Dr. Daub, dass er dafür einen Preis von 50.000 bis 80.000 EUR zahlen würde.

Nun überlasse ich es deiner Intelligenz, dir einen Weg zu überlegen. Hierzu einige Eckdaten:

Die Firma heißt SEP (Scientific Eye Prosthesis) in Isernhagen, Mainhäuser Weg 40. Leiter ist Dr. Wagner und Ehefrau Prof. Dr. Gundula Wagner, Chefsekretärin ist Lena Hütte."

Das muss Ewald erst einmal alles verdauen. Dazu passt es gut, dass es an der Tür klingelt und der Pizza-Service ein Gedeck für drei Personen bringt.

Nach dem Essen verabschieden sie sich und während Georg seinen Freund Mike zum Airport fährt, steuert Ewald sein Zuhause in Wunstorf an.

Rosa hatte er aus dem Auto bereits informiert, dass er mit seinen neuen Freunden zusammengesessen hat und sie auch gemeinsam Mittag gegessen haben. Weil heute ein prächtiger Sonnentag ist, nimmt sich Ewald einen

Liegestuhl und legt sich vollkommen entspannt in den Garten. Hier hat er Ruhe, um im Geiste sein Vorgehen im Detail zu durchdenken.

Die zwei Stunden im Liegestuhl wirken wie ein Jungbrunnen auf seine Schöpferkraft. Jetzt nimmt er sein Handy und lässt sich von der Auskunft die Rufnummer der SEP in Isernhagen geben. Über die erhaltene Telefonnummer hat er schon die sympathische Stimme der Chefsekretärin im Ohr, die den Anrufer fragt:

„Guten Tag, Sie sind bei der Firma ‚SEP, scientific eye prosthesis' und sprechen mit Frau Lena Hütte. Was kann ich für Sie tun?"

„Hey, ich bin Jens Carlsson von einem schwedischen Marktforschungsinstitut und habe auf Umwegen erfahren, dass Sie ein interessantes Produkt entwickelt haben und auch herstellen. Da wir weltweit über spezielle Neuentwicklungen berichten, möchte ich Ihr Unternehmen gern einmal besuchen."

„Mister Carlsson, das ist sehr freundlich und ich darf Ihnen als Terminvorschlag morgen 13:30 Uhr nennen. Ist das O.K. für Sie?"

„Ja, danke vielmals, das lässt sich einrichten. Dann bis morgen um 13:30 Uhr in Ihrem Hause. Auf Wiederhören!"

Ups, das wäre geschafft. Er muss nur noch schnell Georg anrufen und erzählen, dass er ein ähnliches Institut erfunden hat, wie Georg Schneider es vertritt. Aber es dient ja der Sache. Ewald fällt ein, dass sie vor Jahren in

Schweden waren und auch in Dalarna sich die Herstellung der Holzpferdchen angesehen haben. Rosa hatte sich zwei kleine rote gekauft, die noch immer unversehrt und ladenneu in einer Vitrine in ihrem Wohnzimmer stehen. Ein Pferdchen wird sich aus Wunstorf verabschieden müssen, und als Mitbringsel nach Isernhagen kommen. Aber da ist noch die kleine Hürde zu überwinden, dass Rosa damit einverstanden ist. Oft werden gewisse Themen, die die Familie betreffen, nach dem Abendbrot besprochen. Heute ist das Pferdchen dran, denn es soll für einen guten Zweck das Haus verlassen. Allerdings wissen weder Rosa noch Heike etwas von seinem Zusatzeinkommen der besonderen Art. Deshalb ist wieder einmal die Fantasie von Ewald gefragt. Er sagt, dass er morgen Nachmittag noch einmal zu Georg will, weil sie gemeinsam bei einem KFZ-Elektroniker einen Termin haben, der für Ewalds BMW ein besonderes Zusatzteil besorgen will. Dieser Mann ist Schweden-Fan und deshalb will Ewald ihm ein Pferdchen mitnehmen, als Dankeschön für seine Mühe.

Nachdem Rosa verständnisvoll den Deal abgenickt hatte, wollte auch Heike etwas sagen:

„Ich habe heute auf der Arbeit von anderen Azubis erfahren, dass momentan in Hannover und Umgebung überraschend viele Jugendliche an Ecstasy gestorben sind. Einer meinte, das könnte vielleicht daran liegen, dass sich hier ein Dealer etabliert hat, der den Stoff zu niedrigen Preisen anbietet. Dann kommt eben mancher Junkie auf die Idee, es mit einer größeren Dosis zu versuchen und dann ist es plötzlich zu spät. Also ich fasse so etwas gar nicht erst an! Habt Ihr davon etwas erfahren?"

„Nein, Heike, ich wüsste auch nicht, wo wir das erfahren könnten?"

„Aber Mama, das stand schon mehrmals in der Zeitung!"

Am nächsten Tag verlässt Ewald kurz nach dem Mittagessen das Haus. Weil Rosa in der Kita tätig ist, macht sich Ewald zu Mittag nur eine Kleinigkeit in der Mikrowelle. Heike verpflegt sich im Hotel.

Er schafft es, pünktlich zur verabredeten Zeit in Isernhagen bei SEP zu sein. Ewald betritt das Sekretariat und stellt sich gleich bei Frau Lena Hütte vor. Sie erinnert sich und bittet ihn, einen Moment Platz zu nehmen, bis sie ihren Chef informiert hat.

Schon öffnet sich die Zwischentür und Dr. Wagner begrüßt den Besucher:
„Herzlich willkommen, Herr Carlsson, bitte nehmen Sie doch Platz. Auf einem kleinen silbernen Tablett stehen bereits zwei Kaffeetassen und Frau Hütte tritt ein und bedient die beiden Herrn mit frisch aufgebrühten Kaffee."

Ewald beginnt:
„Wie Sie bereits wissen, bin ich Jens Carlsson und arbeite für ein schwedisches Marktforschungsinstitut. Ich danke für die Einladung und habe mir erlaubt, Ihnen ein kleines Mitbringsel zu übergeben. Es ist das beliebte und gleichsam bekannte „Dalarna" – Pferdchen. Diese

Holzfiguren werden dort zu Hunderten in den verschiedensten Farben und Größen in mühevoller Handarbeit hergestellt und sind das nationale Symbol von ganz Schweden. Die ersten gab es schon im Jahr 1600.

Das Institut, dessen Namen ich nicht nennen darf, sucht weltweit nach besonderen Neuentwicklungen auf verschiedenen Gebieten, bewertet und veröffentlicht diese. Daher bringt es einen enormen Marktvorteil, wenn ein Unternehmen mit einem herausragenden Produkt erwähnt wird. Die Geschäftsleitung hat von Ihrer Neuentwicklung erfahren und mich deshalb hierher geschickt. Bitte erzählen Sie mir von Ihrer Firma!"

Jetzt holt Dr. Wagner weit aus, denn er weiß, dass bei diesem Besuch für ihn viel auf dem Spiel steht:

„Herr Carlsson, mit den Jahren hat die Kunststoffindustrie immer mehr an Bedeutung gewonnen und ist schon seit Langem fest in der Medizintechnik verwurzelt. Wir, und damit meine ich meine Frau und mich, haben schnell begriffen, dass wir mit einem Nischenprodukt auf den Markt kommen müssen. Nach gründlicher Recherche legten wir uns auf die umstrittene Fabrikation von Kunststoffaugen fest. Glasaugen als Prothesen gibt es schon lange und in unterschiedlicher Qualität. Wir wollten aber einen Schritt weiter gehen und begannen, solche Augenprothesen aus Kunststoff herzustellen. Dazu mussten viele kleine und große Probleme bewältigt

166

werden. Inzwischen können wir mit einem hervorragenden Produkt aufwarten. Dieses Kunstauge besitzt sogar eine Pupille, deren Weite sich mit der Beleuchtung ändert. Wir sind die einzigen, die dazu in der Lage sind, solche Augen zu produzieren. Damit haben wir eine marktbeherrschende Stellung erkämpft. Es bleibt nicht aus, dass wir damit einige Mitbewerber vom Markt verdrängen, das tut mir zwar leid, aber es geschieht im Interesse der Menschen, die unsere Hilfe brauchen.

Aber auch bei uns geht nicht immer alles glatt. Oft haben wir Probleme mit Mitarbeiterinnen, da sie schwanger werden oder ihre Kinder erkranken und sie unverhofft um Kurzurlaub anfragen. Deshalb halte ich persönlich nichts von der Gleichberechtigung, denn die Aufgabe einer Frau ist schon aus historischer Sicht die, für das Wohl der Familie verantwortlich zu sein. Wenn eine Frau ihren Mann gut versorgt, ist er in der Lage, genügend Geld für die gesamte Familie nach Hause zu bringen. Es war schon früher so: Eine Frau gehört an den Herd und der Mann an die Werkbank, wobei damit sein Arbeitsplatz gemeint ist.

Doch das ist nur meine Meinung, denn meine eigene Frau ist auch berufstätig. Sie ist Professor für Pharmazie und hat ein eigenes Labor. Zuerst hat sie nur unterschiedliche Drogen auf ihre Reinheit hin untersucht, doch dann fing sie an, selbst welche herzustellen. Nun produziert sie selbst Ecstasy und verdient sich damit ein ‚kleines‘ Taschengeld, da sie diese für einen niedrigen Preis an die Drogendealer abgibt.

Leider hatte meine Frau auch angefangen, ihre eigenen Produkte zu testen. Sie tat das immer heftiger und ahnte nicht, dass sie ‚versehentlich' schwanger geworden war. Wir wollten nie ein Kind, doch da ist es halt passiert. Vor einigen Wochen brachte sie, bei uns zu Hause und im Beisein eines mir bekannten Arztes, einen Jungen zur Welt. Das Neugeborene zeigte körperliche Fehlbildungen, denn es fehlten die Füße. Der Arzt führte das auf den Drogengenuss während der Schwangerschaft zurück. Doch was soll ich mit einem schwerstbehinderten Kind anfangen. Unsere Zukunft wäre maßgeblich und unverantwortlich beeinträchtigt gewesen. Ein ‚Test' mit Ecstasy führte zum Tod des Säuglings. Außer dem Arzt hatte niemand etwas bemerkt, so konnte das tote Kind unbemerkt verschwinden.

Aber was soll ich Ihnen das erzählen, es sind rein private Probleme, die unser hervorragendes Unternehmen nicht beeinträchtigen. Ich möchte Sie gern von unseren Fähigkeiten und den unserer tüchtigen, männlichen Mitarbeiter überzeugen und lade Sie zu einer kleinen Betriebsbesichtigung ein. Bitte kommen Sie mit!"

Carlsson hat sich das alles kommentarlos angehört, wobei ihm nicht klar war, weshalb Wagner bei einer Vorstellung des Unternehmens sich einem Fremden gegenüber offenbaren muss. In all seinem Handeln steckt eine geballte Ladung krimineller Energie. Doch nun folgt eine ausgedehnte Besichtigung der Produktion und bei dem

Kollegen, der sich mit den Pupillen beschäftigt, stellt Carlsson einige interessante Fragen:

„Hey, ich sehe, dass Sie da verschiedene kleine Ringe auflegen, das erfordert eine geschickte und ruhige Hand."

„Es sind mehrere Ringe aber jeder hat eine andere Lichtempfindlichkeit."

Der Techniker erklärt jetzt Carlsson genau, wie die Ringe zusammengesetzt werden, so dass schließlich eine künstliche Pupille entsteht, die ebenso funktioniert wie das menschliche Auge."

„Danke, das haben Sie verständlich erklärt, so dass es auch ein Laie kapiert."

Als nach gut einer Stunde dieser Rundgang zu Ende ist begeben sich beide wieder in das Büro des Chefs und er fragt:

„Herr Carlsson, welchen Eindruck haben Sie jetzt von unserem Unternehmen?"

„Lieber Herr Dr. Wagner, es ist beeindruckend, was Sie hier auf die Beine gestellt haben!"

„Auf diese Erfolge können wir doch getrost das Gläschen erheben und ich sage: ‚Prost!'"

Natürlich muss nun die Frage nach der Geheimhaltung kommen und so fragt Jens Carlsson:

„Herr Dr. Wagner, Sie haben mir viel von Ihrem Unternehmen gezeigt und auch Dinge, die Ihre Mitbewerber gern gesehen hätten. Fürchten Sie denn nicht, dass ich solche pikanten Informationen weitergeben könnte?"

„Herr Carlsson, was könnten Sie denn weitergeben?"

„Ja, zum Beispiel, die vielen Labore und Maschinen und die Männer, und alle fleißig und....?"

„Herr Carlsson, Sie haben sich gar nichts gemerkt. Sie sprechen nur allgemein von Laboren und Männern, doch das ist kein Geheimnis.

Wir haben zu Beginn einen Kaffee getrunken und darin befand sich eine geringe Menge einer Substanz, die Ihr Kurzzeitgedächtnis blockiert, sodass Sie sich nichts merken konnten. Mit dem kleinen Cognac wurde diese Substanz wieder abgebaut und unwirksam gemacht, sodass Ihr Gedächtnis wieder funktioniert wie früher. Diese Methode geht auf eine Idee meiner Frau zurück und sie ist absolut wirkungsvoll und zuverlässig. Ich hoffe, Sie sind mir deshalb nicht böse."

Carlsson erwidert:
„Lieber Herr Dr. Wagner, Sie verstehen es, mich immer wieder zu überraschen. Ich freue mich, dass ich Gelegenheit hatte, so ein erfolgreiches Unternehmen wie das Ihre, kennengelernt zu haben. Ich werde meinem Institut berichten und komme vielleicht dann mit einer guten Botschaft zu Ihnen zurück. Aber eine private Information hätte ich noch gern: Wo wohnen Sie? Denn diese Frage wird oft gestellt?"

„Wir wohnen am Stadtrand von Celle!"

Ewald verlässt das Gebäude, setzt sich in seinen BMW und schaltet den ‚Pacer' aus. Damit ist sein Testversuch erfolgreich verlaufen. Er ist sehr gespannt, was er da aufgenommen hat. Den Rest des Tages wird er wahrscheinlich am PC verbringen, um das Material zu sichten. Doch das Gespräch mit diesem Dr. Wagner hat ihn sehr berührt. Aber nicht der fachliche Teil ist der Anlass, sondern die Offenheit, mit der er seinen widerwärtigen Charakter nach außen kehrt. Er hasst Frauen und scheut nicht davor zurück, einen Menschen zu töten, der nicht so aussieht, wie es zu seinem Image passt. Ewald würde sich gern mit seiner Rosa darüber unterhalten, doch leider darf er nichts sagen, weil es ein absolutes Tabu gibt. Immer wieder gehen ihm diese verächtlichen Äußerungen durch seinen Kopf und in Ewald entwickeln sich Empörung und Zorn. Sowohl Wagner als auch seine Frau besitzen nicht die geringsten charakterlichen Werte, sondern nur kühle Strategiemodule, um gesetzte Ziele hemmungslos zu erreichen. Während er nach Hause fährt, denkt er darüber nach, wie er an Stromlaufpläne für seinen BWM kommen kann. Er weiß, dass Wagner genau das gleiche Modell fährt, wie er. Da ändert er seine Fahrtroute und fährt zu seiner BMW-Werkstatt. Er geht hinein und fragt am Tresen, nach einem Serviceingenieur. Da kommt ein Herr auf ihn zu und fragt:

„Was kann ich für Sie tun?"

„Woher bekomme ich die Stromlaufpläne für meinen 3er?"

„Mein Herr, die haben wir zwar, doch wir dürfen sie nicht an die Kunden geben, weil wir alle Leistungen erbringen, die sie wünschen."

Das war natürlich nicht die Antwort, die sich Ewald gewünscht hat. Zu Hause angekommen, begrüßt er kurz Rosa und fragt nach Heike. Die ist aber noch unterwegs und er kann sich auf sie verlassen, dass sie rechtzeitig nach Hause kommt. Er verschwindet in seinem Büro und setzt sofort den PC in Gang. Sobald er gebootet hat, fängt er an, nach Stromlaufplänen für seinen BMW zu suchen. Nach einer Weile intensiven Surfens findet er eine spanische Adresse, bei der Stromlaufpläne unterschiedlichster PKW-Modelle auf CD angeboten werden. Jede kostet 50 Euro. Gleich schickt er das Geld an die angegebene Adresse. Der Geldeingang wird schnell bestätigt und er hält die Zusage, dass noch am selben Tag seine CD den Weg zur Post nimmt. – Uff, das wäre erledigt. Jetzt kann er ruhig durchatmen und über ein USB-Kabel seine Box mit dem PC verbinden. Er legt dafür einen neuen Ordner an mit der irreführenden Bezeichnung „Pfauenauge 18". In diesen Ordner kopiert er alles, was er heute aufgenommen hat. Als er kontrolliert und feststellt, dass alle Dateien überspielt wurden, löscht er den Speicher in der Box. Diesem scheinbaren Pacer gibt er den neuen Namen ‚Look Box'.

Nun sieht er sich in aller Ruhe das ganze Video an und achtet auch auf die Passagen, in denen nur der Ton interessant ist. Da hört er schon wieder die Darstellung von der Fehlgeburt und die diffamierenden Kommentare von Wagner. Schon wieder erfasst Ewald eine Erbitterung, wozu Menschen im Stande sind und sich verhalten wie Bestien. Er wird einfach nicht fertig mit diesem Erlebnis, doch er muss es für sich behalten.

Schließlich stellt er einige Takes zu einem Video zusammen, in dem die einzelnen Schritte gezeigt und erläutert werden, wie diese lichtempfindliche Pupille aufgebaut wird. Aber er fügt auch andere Takes hinzu, worin die Produktion und andere Details gezeigt werden. Ewald bewundert die hervorragende Auflösung, die es ermöglicht, auch einzelne Fotodrucke herzustellen. Er ist zufrieden mit seiner Arbeit und zieht von dem relevanten kleinen Video eine Kopie.

Jetzt kann er voller Stolz über die erledigte Aufgabe seinen Freund Georg anrufen:

„Hallo Georg, hier ist Ewald. Ich wollte dir nur kurz mitteilen, dass ich alles erledigt und eine prächtige Torte gebacken habe. Bitte informiere du unsere Freundin Uschi und überlege dir, wie es nun weitergehen soll. Ich warte auf deine Antwort. Bis bald!"

Da Georg sein Smartphone immer in greifbarer Nähe hat, kann er sofort die Info an Uschi weiterleiten und sagt:

„Hallo Uschi, hier ist Georg mit einer guten Nachricht."

„Hallo Georg, ich bin mächtig gespannt, was du mir gleich berichten wirst."

„Wir hatten doch neulich bei deinem Chef darüber gesprochen, dass es möglich wäre, eine Dokumentation der Fertigung dieser einmaligen Pupille zu beschaffen. Heute kann ich dir sagen, dass wir liefern können. Für 80.000 EUR steuerfrei, kann Dr. Daub ausführliches Material erhalten. Das Verfahren könnte ganz einfach ablaufen. Du kommst zu mir mit 80.000 EUR in bar. Davon erhältst du 5.000 für dich und ich übergebe dir die

Doku als Video auf einem USB-Stick. Wenn du möchtest, kannst du dir hier das Video ansehen, aber mitgeben kann ich es nur nach Übergabe der 80.000 Euro, wovon 5.000 schon in deine Tasche gerutscht sind. Wenn dir und auch deinem Chef diese Art der Übergabe zusagt, dann lass es mich wissen. Ich warte auf deinen Rückruf. Bis bald Uschi!"

Weil Uschi zeigen möchte, dass sie sich als neue Mitarbeiterin tüchtig ins Zeug legt, spricht sie sofort mit Dr. Daub. Der ist zunächst verblüfft, wie schnell sie Zugriff zu diesen brisanten Unterlagen bekommen hat und äußert sich dann so:

„Ich bin sehr überrascht, dass es jemandem möglich war, in so kurzer Zeit detaillierte Beschreibungen der Herstellung zu beschaffen und obendrein noch angeblich ein Video darüber. Bitte fahren Sie hin und sehen Sie sich das Video an. Dann informieren Sie mich bitte sofort und beschreiben mir im Groben, was auf dem Video gezeigt wird. Wie Sie merken, bin ich sehr skeptisch, weil ich den raffinierten Dr. Wagner persönlich kennen gelernt habe. Auf der anderen Seite wäre es natürlich fantastisch, wenn es unserer Firma dann gelingen würde, diese intelligenten Augenprothesen herzustellen. Sobald ich mit der Dokumentation zufrieden bin, übergeben Sie die vereinbarte Summe. Sie bekommen das Geld aber nur, weil ich das Gefühl habe, Ihnen vertrauen zu können."

Nach diesem Gespräch mit dem Chef, ruft Uschi wieder Georg an und teilt ihm mit, dass sie morgen Abend um 18:00 Uhr bei ihm sein wird. Georg nimmt das mit Freude

174

zur Kenntnis, möchte aber Ewald nicht dabeihaben, weil es nicht gut wäre, ihn zu enttarnen. Woher Georg das Material hat, soll offen bleiben.

Georg ist sehr zufrieden und freut sich auf Uschis Besuch. Doch dazu braucht er das Videomaterial von Ewald. Also ruft er ihn gleich an:

„Hallo Ewald, hier meldet sich Georg. Ich habe inzwischen mit Uschi das Procedere einer Übergabe der Unterlagen besprochen und ihr zugesagt, dass sie auch eine Anerkennung in Form von Euroscheinen bekommt.

Wie ich weiß, bist du am Vormittag allein zu Hause. Ist es dann für dich O.K., wenn ich morgen zu dir komme, um die Unterlagen abzuholen?"

Ewald bestätigt:

„Ja, Georg, du hast recht, dass ich morgens allein bin und auf dich warten werde. Du bekommst die Torte und sagst mir, wann du mir das Geld gibst."

„Ewald, wir haben es so vereinbart, dass ich Uschi das Video zeige und sie ihren Chef anruft, wenn sie die Beschreibung für gut befindet. Dann darf sie mir den vereinbarten Betrag geben, wobei ich Uschi 5.000 für ihre Arbeit versprochen habe. Ich selbst möchte 15.000 für mich und du bekommst den Löwenanteil von 60.000 Euro. Die würde ich dir dann vorbeibringen. Ist das für dich O.K?"

Ewald ist einverstanden und kann sich nun ein bisschen um seine Familie kümmern.

Am nächsten Morgen wartet er schon gespannt auf den Postboten, der ihm die gekaufte CD bringen soll, die alle Stromlaufpläne für seinen BMW enthält. Tatsächlich erfolgt die Lieferung so schnell, dass er heute bereits die CD in die Hand bekommt. Damit zieht er sich in sein Büro zurück und schaut sich auf dem PC an, was alles auf der CD abgelegt ist. Ihn interessiert vorwiegend, die Motor- und Lenkungssteuerung. Die Besonderheit liegt auch darin, dass die Bewegung des Lenkrades sich abhängig von der Geschwindigkeit auswirkt. Wenn man also schnell unterwegs ist, braucht man nur ein wenig das Lenkrad zu bewegen, um eine Kurve zu fahren. Diese Vorgänge werden natürlich von einem Mikrocomputer übernommen, der die entsprechenden Befehle verarbeitet. Ewald weiß, dass die sogenannten Befehle als Impulsketten an den Computer gehen. Wenn diese Impulse mit einer sehr hohen Energie übertragen werden, wirken sie auch schon, wenn sie in unmittelbarer Nähe des Fahrzeuges abgefeuert werden.
Ewald kennt solche Steuerungen sehr gut, da sie in den hoch entwickelten Kampfjets ebenso eingesetzt sind, das weiß er aus eigener Erfahrung.
Er ist nicht nur ein guter Pilot und theoretischer Elektroniker, er beherrscht auch die Umsetzung in die Praxis.
Nach einigen Stunden hat er eine Schaltung entworfen, für einen Hochleistungs-Impulsgeber, den er versuchsweise in seinen BMW einbaut. Jetzt beginnen Stunden endloser Versuche und Tests, in deren Verlauf selbst das

Mittagessen eine Störung darstellt. Aber Ewald ist ein Macher und besitzt die Eigenschaft, sich in eine Zielstellung zu verbeißen. Geht nicht - gibt's nicht! Da wird es schnell einmal Nacht, ohne dass er es gemerkt hat.

***

Am nächsten Vormittag klingelt es an der Tür und Georg erscheint. Ewald heißt ihn herzlich willkommen:
„Guten Morgen Georg, komm mit mir in mein Büro. Ich glaube, dass du weißt, was es bedeutet, wenn ich dich in mein ‚top secret Büro‘ hereinlasse.“

„Ewald, gewiss weiß ich das und du wirst es auch nicht bereuen, wenn ich jetzt den Inhalt dieses braunen Briefumschlages auf deinen Schreibtisch gleiten lasse.“

Stumm betrachtet Ewald jetzt die gebündelten 100 EUR – Banknoten. Es sind genau 100 Scheine in einem Bündel und 6 Bündel liegen nun auf seinem Schreibtisch. Der Lohn seiner Testaufgabe beträgt steuerfreie 60.000 EUR.
Ewald geht zu seinem kleinen Bürokühlschrank, nimmt eine braune Flasche Likör heraus, dazu zwei Gläser, schenkt ein, sagt: „Prost“ und kein Wort mehr.

Georg ergreift das Wort:
„Ewald, willkommen im Club! Du hast deinen Test mit Bravour bestanden. Ich möchte eine kurze Info an D37.0 senden mit dem Text: ‚Zyklop hat gewonnen.“
Georg verlässt das Haus mit der ‚Torte‘.

177

Das war seit Langem der schönste Vormittag seines Lebens. Ewald nimmt die Geldbündel und legt sie in den Tresor. Dann geht er in die Garage und montiert das Hochleistungsmodul in den Innenraum seines BMWs.

Nachdem er sich ein kleines Mittagessen in der Mikrowelle zubereitet hat, fährt er in Richtung Isernhagen zu SEP. Er klopft bei Frau Hütte an und tritt ein:

„Guten Tag Frau Hütte, bitte entschuldigen Sie, dass ich unangemeldet komme, doch ich wollte ganz kurz zu Ihrem Chef, weil ich eine angenehme Mitteilung machen kann."

„Einen Moment, Herr Carlsson, ich frage den Chef, ob er jetzt Zeit hat."

Die Tür öffnet sich und Dr. Wagner bittet Jens Carlsson in sein Büro. Nun, was haben Sie zu berichten?

„Herr Dr. Wagner, ich habe die Informationen, die Sie mir gegeben haben an das Institut weitergereicht. Dort war man sehr begeistert und möchte Ihre Arbeit auch marktwirksam darstellen. Ich habe mir dazu Gedanken gemacht und möchte vorschlagen, dass Sie folgenden Text aufschreiben:

Erklärung!

Ich wende mich an meine Mitbewerber, denn mir ist bekannt, dass wir viele vom Markt verdrängen. Doch das geschieht nur weil wir unseren Kunden ein optimales Produkt liefern möchten. Es darf aber so nicht weitergehen und ich werde einen Weg finden.

Dieses Schriftstück lassen Sie auf Ihrem Schreibtisch liegen. Ich mache dann von dem Teil Ihres Schreibtisches und der Erklärung ein Foto. das wirkt authentischer als ein Stück Papier. Daraus geht hervor, dass Sie stets im Interesse Ihrer Kunden handeln, ohne Rücksicht auf finanzielle Einbußen bei Mitbewerbern. Für Sie zählt allein das Wohl der Patienten.

Was halten Sie von dieser Idee, Herr Dr. Wagner?"

„Ich finde sie ausgezeichnet und erkenne, dass Sie Ihr Handwerk verstehen, ein Unternehmen gut zu positionieren. Ich schreibe sofort diese Erklärung auf einen Firmenbogen."

Als Dr. Wagner genau diesen Text auf einen Briefbogen geschrieben und mit Datum und Unterschrift abgeschlossen hat, fotografiert Carlsson dieses Papier, das er demonstrativ vor die silberne Schreibtischgarnitur gelegt hat.

Jens Carlsson dankt und verabschiedet sich. Er geht zu seinem BMW, steigt ein und fährt vom Betriebsgelände. Da Ewald bekannt ist, wo das Ehepaar Wagner wohnt und welchen Heimweg es benutzt, fährt er ein kleines Stück in diese Richtung und parkt dann sein Auto auf einer unauffälligen Parkfläche, abseits der Straße. Als es soweit ist, fahren auch Frau Professor Gundula Walter und ihr Ehemann in Richtung Celle dem Zuhause entgegen. Bei Ewald steigt die Erwartung und er nimmt sein Fernglas nicht mehr von den Augen. Er darf jetzt keinen Augenblick unaufmerksam sein, denn dann wäre es zu spät. Nun erkennt er in größerer Entfernung einen blauen 3er-BMW der schnell näher kommt. Ewald startet den Motor und sobald der andere Wagen an ihm vorbeihuscht, gibt er Gas, dass die Räder durchdrehen und den Kies von dem kleinen Parkplatz nach hinten schleudern. Schnell gewinnt er an Fahrt und hat die Geschwindigkeit des Vordermannes erreicht. Er kennt die Stelle, an der er das Auto von den Walters überholen wird. Es sind noch knapp 3 Kilometer bis zu dieser Linkskurve. Bei dieser befindet sich auf der rechten Seite ein etwa 6 Meter langer Abhang, der auf eine betonierte Straße für Ackerfahrzeuge führt.

Beide Fahrzeuge haben nur noch einen Abstand von 50 Metern und da befinden sie sich schon am Anfang der Kurve. Jetzt tritt Ewald sein Gaspedal durch und beschleunigt sein Fahrzeug auf 155 Kilometer pro Stunde. Genau jetzt befindet er sich neben dem blauen 3er-BMW. In diesem Augenblick drückt Ewald auf die Auslösetaste seines Hochleistungsbeamers, der eine Impulsfolge auf das daneben fahrende Auto abfeuert. Plötzlich reißt die Automatik des blauen BMW abrupt das Lenkrad nach rechts und schießt förmlich über die Leitplanke hinweg und überschlägt sich auf dem Abhang mehrmals bis es laut hörbar auf den Beton der Ackerstraße knallt.

Jansen verringert seine Geschwindigkeit auf die erlaubten 100 km/h und biegt vor Celle auf die A214 ein, die ihn schließlich nach Wunstorf bringt.

Auf der Betonstraße bei Nienhagen fährt ein Traktor mit einem Gülleanhänger seinem Feld entgegen. Da sieht er auf dem Acker an seiner linken Seite einen PKW auf dem Dach liegen. Er fährt näher, hält auf der rechten Seite an und will aussteigen. Da gib es einen Knall und ein roter Feuerschein steigt aus dem Wrack auf. Er rennt hin, doch er kommt nicht an die Tür heran, da das Auto lichterloh brennt. Da greift der Bauer zu seinem Handy und alarmiert die Polizei. Man sagt ihm, er möge am Unfallort bleiben, bis die Feuerwehr eintrifft. – Nun schaltet er den Motor seines Traktors aus und läuft noch einmal mit einer Schaufel bewaffnet zum brennenden Auto. Dort wirft er mit der Schaufel Erde auf die Motorhaube, um den Brand zu ersticken. Schon hört er von Ferne das Signal des Feuerwehrfahrzeuges. Die Feuerwehrleute versuchen mit Schaum den Brand zu löschen, während andere mit der Spreizzange die Fahrertür aufdrücken. Aber für die beiden Insassen kommt jede Hilfe zu spät. Jetzt treten zwei Polizisten, die eben eingetroffen sind an das Auto heran und können auch nichts weiter tun, als den Tod von zwei Personen festzustellen. Schon nach kurzer Zeit ist der Brand erstickt. Der Bauer hat einem Polizeibeamten seine Beobachtungen geschildert und seine Daten hinterlassen. Er fährt jetzt auf sein Feld, öffnet den Verschluss, so dass die Gülle auf die Ackerfläche spritzt. Er hat aber immer noch den Anblick des brennenden Autos vor Augen und sagt treffend: „So eine Schei..."

An der Unfallstelle trifft der herbeigerufene Wagen eines Bestatters ein. Weil die Polizisten sich nicht sicher sind, ob es nur ein Unfall war, haben sie auch die Mitarbeiter der KTU informiert. Sie sind bereits nach kurzer Zeit vor Ort. Zwei Bestatter legen jede der verkohlten Leichen in eine Transportwanne. Sie werden zum gerichtsmedizinischen Dienst gebracht. Ein Polizeibeamter hatte ein

Abschleppfahrzeug geordert, das auch nach kurzer Zeit zur Stelle ist. Das Wrack wird aufgeladen und zur KTU gebracht, wo es genauestens untersucht wird, um die Unfallursache festzustellen.

Innerhalb einer Stunde ist der Unfallort geräumt und ein Polizeibeamter telefoniert mit der Autobahnmeisterei, um sie von einem Unfall in Kenntnis zu setzen, bei dem ein Sachschaden an den Leitplanken entstanden ist.

Als Ewald nach Hause kommt, wird er wie immer liebevoll von seiner Rosa begrüßt. Sie sieht ihn dabei in die Augen und fragt:

„Sag mal, Ewald, ist etwas geschehen, du siehst heute so ganz anders aus?"

Ja, ich bin heute beinahe Zeuge eines Unfalls geworden. Als ich ein Auto überholt hatte, schoss es über die Leitplanke und war im Rückspiegel nicht mehr zu sehen. Aber vielleicht habe ich mich auch getäuscht und der Fahrer wollte nur in eine Parkbucht.

„Ewald, nun beruhige dich erst einmal, du hast dich bestimmt geirrt."

Nachdem sie beide einen Kaffee getrunken haben, begibt sich Ewald in seine Werkstatt, nimmt seinen Eigenbau Highpowerbeamer wieder vollständig auseinander und legt die Bauteile in die entsprechenden Regalfächer. Von dem ,Tatwerkzeug' fehlt nun jede Spur.

Am Folgetag wird in der KTU Hannover das Unglücksfahrzeug gründlich unter die Lupe genommen. Genauer gesagt kann das nur bei den Teilen erfolgen, die vom Brand noch nicht vollständig zerstört worden sind. Der

Motorraum wird als Brandherd vermutet und hinterlässt auch den Eindruck, dass hier hohe Temperaturen geherrscht haben müssen. Aber das gekapselte Steuerteil ist erhalten, da es aus gutem Grund hitzebeständig ist, ebenso wie die Black Box bei einem Flugzeug. Auf dieses Steuergerät und den darin integrierten Fehlerspeicher schauen die Kriminaltechniker jedoch ganz genau. Tatsächlich werden sie fündig, denn um 16:47 Uhr wird eine plötzliche Bewegung des Lenkrades nach rechts erfasst.

Nun überlegen die Kriminaltechniker, aus welchem Grund eine unerwartete plötzliche Lenkbewegung stattgefunden haben kann. Es ist bekannt, dass sich zwei Personen in dem Fahrzeug befanden, als sich der Unfall ereignete. Kam es vielleicht zu einer Auseinandersetzung zwischen Fahrer und Beifahrer, so dass dieser plötzlich das Lenkrad herumgerissen haben kann? Oder erlitt der Fahrer einen plötzlichen Herztod, so dass er mit dem Kopf auf das Lenkrad oder auf seine eigene Hand fiel und dadurch das Lenkrad ruckartig bewegt wurde? Alles sind aber nur Vermutungen, die keine sichere Unfallursache erbringen. Von der KTU geht dieser Bericht in das Kommissariat und landet auf dem Schreibtisch von Oberkommissar Brenner.

Uli bittet in dieser Angelegenheit seine Kommissare Berta Zeidler und Klaus Weise zu sich:
„Liebe Kollegin und lieber Kollege. Es gibt wieder Arbeit für euch. Am späten Nachmittag ereignete sich gestern in der Nähe von Celle ein Verkehrsunfall mit zwei getöteten Personen. Das Fahrzeug ist fast vollständig

183

ausgebrannt, so dass die KTU nur feststellen konnte, dass um 16:47 Uhr das Lenkrad plötzlich nach rechts gerissen wurde. Dabei kam das Auto von der Fahrbahn ab, stürzte einen Abhang hinunter und überschlug sich mehrmals.

Bei den Verunglückten handelt es sich um den Leiter des Unternehmens SEP, Dr. Ernst Wagner und seine Frau, Prof. Dr. Gundula Wagner.

Bitte informiert die Sekretärin von dem Unfall, falls sie es noch nicht weiß und versucht, heraus zu bekommen, ob sich zuvor etwas Besonderes zugetragen hat!"

Wenig später erreichen die beiden Kommissare die Firma SEP und klopfen an die Tür des Sekretariats. Frau Hütte lässt die Gäste herein und fragt gleich nach:

„Oh, so früh am Morgen. Gibt es dazu einen besonderen Anlass, dass Sie so früh und ohne Voranmeldung bei uns erscheinen?

„Ja, Frau Hütte, den gibt es. Ist Herr Dr. Wagner zu sprechen?"

„Nein, Frau Kommissarin, Dr. Wagner ist wider Erwarten noch nicht erschienen und Frau Professor ist auch noch nicht da."

„Frau Hütte, wir müssen Ihnen leider die traurige Mitteilung überbringen, dass das Ehepaar Wagner gestern Nachmittag bei einem Verkehrsunfall ums Leben kam. Daher möchten wir wissen, ob gestern bei Ihrem Chef oder bei Frau Prof. Wagner etwas

Besonderes vorgefallen ist oder der Tag anders verlief, als erwartet."

„Nein, das kann ich nicht sagen. Es war noch einmal der Schwede hier, der uns als Mitarbeiter eines Marktforschungsinstitutes besuchte. Er blieb bis zum Dienstende und verabschiedete sich dann freundlich wie immer."

Klaus fragt nun Frau Hütte:
„Dürfen wir jetzt noch einmal einen Blick in das Zimmer Ihres Chefs werfen?"

Die beiden Kommissare gehen jetzt in das Büro und ihnen fällt sofort auf, dass auf dem Schreibtisch ein Firmenbogen liegt, auf dem nur ein kurzer Text steht, der von Dr. Wagner unterschrieben ist. Sie überfliegen den Text und kommen beide schnell zu dem Schluss:

„Das hier ist ein Abschiedsbrief. Wir müssen demnach von einem Suizid ausgehen."

Weil in diesem Brief mit keiner Silbe Jens Carlsson erwähnt ist, besteht auch keine Veranlassung diesen näher zu befragen.

Berta Zeidler und Klaus Weise fahren zurück zum Kommissariat und berichten Uli, dass es sich um einen Suizid handelt, der mit einem Abschiedsbrief untermauert wird, den sie mitgenommen haben und jetzt ihrem Chef vorlegen.

Ewald meldet sich bei Georg und berichtet ihm, dass das Ehepaar Wagner von SEP bei einem Verkehrsunfall tödlich verunglückt ist. Die Polizisten fanden am nächsten Tag im

Büro von Dr. Wagner eine Erklärung, die sie als Abschiedsbrief eingestuft haben. Damit ist dieser Auftrag endgültig abgeschlossen.

Georg leitet diese Info umgehend an D37.0 weiter. Wenige Minuten später erhält er die Antwort:

„Hier ist D37.0. Ich danke dem gesamten Team für die erfolgreiche Erledigung dieses Testauftrags, der damit abgeschlossen ist. D37.0 existiert daher ab heute nicht mehr.

Mit der Erfüllung dieses Auftrages ist es dem Zyklopen gelungen, SEP vom Markt zu verdrängen zu Gunsten des Unternehmens J&C. Dieses muss sich aber durch den Freitod des Inhabers neu formieren."

Kapitel 13

Ewalds Freistellung vom Dienst wegen seiner Augenoperation ist nun zu Ende. Also fährt er wieder zu seiner Dienststelle nach Wunstorf und meldet sich bei seinem Vorgesetzten. Natürlich trägt er heute sein Glasauge von J&C. Sein Team und auch sein Chef begrüßen ihn und freuen sich, wieder mit Ewald in die Luft gehen zu können. Doch leider trübt ein Wermutstropfen die Wiedersehensfreude. Sein Chef, der Oberstleutnant Winter, wendet sich an Ewald:

„Herr Oberleutnant Janssen, Sie hatten einen bedauernswerten Unfall, bei dem ein Auge so schwer verletzt wurde, dass es entfernt werden musste. Das bedeutet aber, dass Sie trotz der eingesetzten Augenprothese nicht mehr in der Lage sind, räumlich zu sehen. Da diese Fähigkeit aber für einen Piloten unerlässlich ist, kann und darf ich Sie nicht mehr als Piloten fliegen lassen. Wegen Ihrer hohen Fachkompetenz möchte ich jedoch auf Ihre weitere Mitarbeit nicht verzichten. Ich schlage Ihnen daher vor, die Leitung unserer neuen Testabteilung „Kampfjets" zu übernehmen."

Dieser Vorschlag wird vom gesamten Team mit einem Applaus begrüßt. Aber der Oberstleutnant muss noch eine Ergänzung hinzufügen:

„In dieser neuen Abteilung wollen wir die Neuentwicklung der F35 auf Herz und Nieren überprüfen. Bedauerlicherweise ist die dafür erforderliche Messtechnik noch nicht vollständig von dem USA-Werk geliefert worden. Ihr Arbeitsbeginn verschiebt sich demnach um vier Wochen. Ich werde aber bei Ramstein Airbase nachfragen, ob sie dort bereits die neue Technik besitzen und sie eingearbeitet werden können. Wenn das nicht möglich ist, gewähre ich Ihnen Urlaub für diesen Zeitraum."

„Herr Oberstleutnant Winter, damit bin ich einverstanden."

Sein Team freut sich mit Ewald und verabschiedet ihn mit einem dreifachen:

„Hurra! Hurra! Hurra!"

Schon aus dem Auto ruft er bei Georg an, um ihm von der neuen Situation zu berichten:

„Hallo Georg! Wie ich es auch erwartet habe, kann ich nicht mehr als Pilot eingesetzt werden. Das erklärte mir heute bei meinem ‚Antrittsbesuch' der Chef. Doch werde ich in einem Monat Leiter einer Testabteilung für den neuen USA Kampfjet F35 sein. In der Zwischenzeit habe ich Urlaub. Fällt dir dazu etwas ein?"

„Hallo Ewald, schön von dir zu hören. Das mit einem Monat Urlaub trifft sich gut, denn es liegt eine hochbrisante Aufgabe an, wie mir von D37.0 mitgeteilt wurde. Vielleicht sollten wir demnächst wieder gemeinsam ein Bier trinken, ich kenne da ein ruhiges Gartenrestaurant."

Im Xiangmi-Park in Shenzhen trifft sich in diesem Moment das Team um den ehemaligen D37.0. Nachdem der Leiter die Genossen begrüßt hat, wendet er sich an sie und erklärt:

„Werte Genossen, wie Ihnen bekannt ist, wurde die Testaufgabe D37 erfolgreich abgeschlossen. Daher existieren auch die Personencodes D37.x nicht mehr. Das bedeutet aber keinesfalls, dass Sie plötzlich arbeitslos sind. An mich wurde eine neue, hochbrisante Aufgabe herangetragen, die wir zu erfüllen haben. Dieses neue Projekt trägt den Code D47. Damit habe ich als Projektleiter nicht mehr den Code D37.0, sondern den Code D47.0. Weil das Projekt etwas anders aufgebaut ist als die vorherige Testaufgabe, benötige ich dafür nur noch drei Mitarbeiter. Ich benenne dazu für die Teilaufgabe D47.2 den Genossen Bo.

Ihr Codename ist D47.2 und Sie bearbeiten die Aufgabe D47.2 mit dem Inhalt:

‚Anpassen des ‚ZYKLOPEN' an seine Aufgabe. Genosse Bo, ist das klar?"
„D47.2 hat verstanden."

„Genosse Dan, Ihr Codename ist D47.4 und Sie bearbeiten die Aufgabe D47.4 mit dem Inhalt:
‚Kommunikation zwischen ZYKLOP und D47.4 über Chats per Internet.'
„D47.4 hat verstanden".

„Genosse Li, Ihr Codename ist D47.5 und Sie bearbeiten die Aufgabe D47.5 mit dem Inhalt:

189

‚Auswertung der Informationen, die vom ZYKLOPEN geliefert werden und Anpassung an chinesische Bedingungen'.
„D47.5 hat verstanden."

„D47.2, Sie bleiben noch hier, den anderen Genossen danke ich für das Erscheinen und verabschiede sie."

Wie von D47.0 angewiesen, verlassen die übrigen Teammitglieder das Büro. Nur Bo bleibt zurück.

D47.0 beginnt nun, die Aufgabe zu erklären:

„D47.2 unsere gründliche europaweit durchgeführte Recherche machte uns auf eine höchst bedeutungsvolle Entwicklung in der Kunststoffindustrie aufmerksam. In einem kleinen, mittelständischen Unternehmen in Deutschland ist man bereits weit vorangekommen, einen Werkstoff zu entwickeln, der hervorragende Eigenschaften besitzt: geringe Dichte bei sehr hoher Festigkeit, chemisch gut resistent, doch im Meerwasser abbaubar. Das Material ist hitzebeständig bis über 1000 °C und auch kältebeständig bis – 200 °C. Der Stoff lässt sich gut bearbeiten und ist kostengünstig mit einheimischen Rohstoffen zu produzieren.

Wie Sie sehen, sind das Merkmale, die bis heute kein anderer Werkstoff zu bieten hat. Unsere Auftraggeber setzen eine hohe Summe ein, denn sie möchten unbedingt alle Details der Herstellung erfahren. Diese Daten zu liefern, ist die neue Aufgabe für den Zyklopen. Sie werden ihn fragen, ob er bereit ist, diesen Auftrag zu übernehmen.

Sie fliegen wieder als Mike Ritter umgehend nach Frankfurt und werden dort von unserer externen Mitarbeiterin, Olga Lubinski abgeholt, die Sie zum Zielort bringen wird.

Bitte organisieren Sie selbst Ihren Flug und geben mir eine Erfolgsmeldung.

Danke, Sie können jetzt gehen."

Mike bucht als Erstes seinen Flug nach Frankfurt und auch den Rückflug, der am nächsten Tag erfolgen wird. Er weiß, dass er Ewald lediglich die neue Aufgabe erklären soll. Das wird aber nicht allzu viel Zeit in Anspruch nehmen, so dass sein Aufenthalt in Deutschland nur von kurzer Dauer sein wird. Da er aber noch nie in Frankfurt am Main war, ist er auf die Hilfe einer deutschen ‚Mitarbeiterin' angewiesen. Olga Lubinski ist eine mittelgroße, blonde Frau im Alter von 35 Jahren. Sie hat sich schon in früherer Zeit intensiv mit der Traditionellen Chinesischen Medizin beschäftigt und war dafür zweimal in der Volksrepublik China. Dort kam sie unerwartet in Kontakt mit einem netten Herrn, dem es gelang, sie für gewisse Dienste seines Büros zu gewinnen. Heute betreibt sie in Ober-Ramstadt in Südhessen eine Praxis für Naturheilkunde. Sie bewohnt ein geräumiges Haus und hat darin vier kleine Räume als Behandlungszimmer eingerichtet. Daher kann sie auch ihre geschäftlichen Partner hier unterbringen, ohne dass diese auf ein Hotel angewiesen sind.

Mike hat seine Vorbereitungen getroffen und einen Flug gebucht, der bereits um 20:30 Uhr startet und von Shenzhen über Peking nach Frankfurt am Main führt. Die

Flugdauer beträgt 16 Stunden und 15 Minuten. Das bedeutet eine Ankunftszeit in Frankfurt am Main um 13:20 Uhr, weil er noch eine Zwischenlandung in Kauf nehmen muss.

Die Ankunftszeit nennt er seinem Chef, der für dieses Projekt mit dem Code D47.0 anzusprechen ist. Er wiederum setzt sich mit Olga in Verbindung und teilt ihr mit, wen sie vom Flughafen abholen soll. Zur Sicherheit bekommt sie per LINE *) eine Mitteilung mit einem Foto.

***

Olga kommt gerade von ihrer Hauptarbeitsstelle der Arbeitsagentur Ober-Ramstadt zurück. Neben dieser Tätigkeit führt sie hier erfolgreich eine Praxis für Naturheilkunde. Dabei wendet sie verschiedene Techniken an: Behandlung mit Auflegen der Hände, Yoga-ähnliche Übungen, Verabreichung verschiedener Tees und auch Akupunktur. In allen vier Behandlungszimmern sind Liegen aufgestellt, die in der Höhe so verstellbar sind, dass man sie auch als Bett benutzen kann.
Olga selbst ist eine offenherzige, freundliche junge Frau, die schnell Kontakt findet und einen angenehmen Eindruck hinterlässt.

Morgen steht ihr ein besonderes Erlebnis bevor, denn sie wurde informiert, dass sie vom Flughafen Frankfurt einen Gast abholen soll, der noch nie in dieser Stadt war.

*) Line ist ein Instant-Messaging-Dienst des japanischen Unternehmens Line Corporation. Die App gleicht dem bekannten WhatsApp.

Zwar hat sie schon per LINE ein Foto erhalten, doch aus Sicherheitsgründen malt sie schnell noch ein kleines Schild mit dem Schriftzug: Welcome Mike!

Heute ist es dann soweit. Da Olga bereits um 13:30 Uhr am Airport sein soll, hat sie sich einen freien Tag bei ihrem Arbeitgeber, der Agentur für Arbeit Ober-Ramstadt, genommen.

Obwohl der Flughafen von ihrem Wohnort nur 40 km entfernt ist, fährt sie wegen des hohen Verkehrsaufkommens lieber etwas früher los, um bloß den ‚Neuen‘ nicht zu verpassen.

So ist sie schon um 12:45 Uhr in der Empfangshalle und kann noch einen Kaffee trinken.

Als nach geraumer Zeit auf dem großen Tableau die Maschine aus China angekündigt wird, begibt sie sich in die Halle und wartet ab, bis die ersten Reisenden ankommen. Nun hält Olga ihr Willkommensschild hoch und ist gespannt, welcher Gast sich angesprochen fühlt. Schon kommt ein weißhaariger, geschätzte 60 Jahre alter Mann in perfektem Outfit auf Olga zu und begrüßt sie mit den Worten: „Nice to see you, Olivia , after this long time of twenty years. I'm your uncle Tom!"

Olga ringt mit ihrer Fassung doch schon wird sie von einer temperamentvollen Rothaarigen bei Seite gedrückt, die ihrem Onkel Tom um den Hals fällt und beidseitig beküsst.

Da kommt der nächste Herr, der sie aber in deutscher Sprache begrüßt:

„Du bist gewiss Olga! Ich bin Mike und freue mich, dass du mich abholst, weil ich diese Stadt noch nie besuchen durfte."

Olga kommt in ihrer sympathischen, leicht kessen Art gleich auf den Punkt und meint:

„Mike, die Freude ist ganz auf meiner Seite, denn ehrlich gesagt, habe ich einen Mann erwartet mit einem mehr chinesischen Aussehen."

„Das glaube ich dir gern. Aber dafür gibt es drei Gründe."

„Mike, jetzt machst du mich aber richtig neugierig. Bitte erzähle mir mehr davon oder darüber!"

„Olga, lass uns erst zu dir nach Hause fahren. Wir haben gewiss heute Abend ein paar ruhige Stunden, in denen ich dir die lange Vorgeschichte bei einem Gläschen Wein erzählen kann."

Olga ist bass erstaunt und denkt bei sich:

„Der Mann gefällt mir, der hat Format!"

Nach einer Stunde einer gemütlichen Fahrt kommen sie bei Olgas Haus in der Ammerbachstraße 60 an. Sie hält vor dem Gartentor, wartet einen Moment und dann öffnet sich langsam das breite, weiß angestrichene Tor, sodass sie auf das Grundstück fahren kann. Außerdem befinden sich auch vor dem Haus, auf der Straße in einer Parkbucht noch drei Parkplätze für ihre Patienten.

Nachdem Olga Mike sein Zimmer gezeigt und er sich von seiner langen Reise etwas frisch gemacht hat, setzten sie sich in den Garten an einen runden Tisch und genießen einen Kaffee. Dabei berichtet Mike, welche Aufgabe ihr zukommen wird, um das neue Projekt erfolgreich durchzuführen. Es wird mit Sicherheit eine äußerst komplizierte Aufgabe, die sowohl von Ewald als auch von Olga viel verlangt.

Weil Mike als D47.2 die Aufgabe hat, Ewald einzuweisen, muss er ihn erst einmal informieren, dass er eine neue Aufgabe übernehmen soll. Er schickt ihm eine WhatsApp und bittet um kurzfristigen Rückruf.

Natürlich möchte Olga mehr wissen:

„Mike, du erwähntest eben einen Ewald. Wer ist das und wann lerne ich ihn kennen, wenn er auch in das Projekt eingebunden ist?"

Das Stichwort ‚Ewald' löst eine längere Schilderung aus. Mike sagt Olga zunächst, dass ihm die Hauptaufgabe zukommt und berichtet dann, wie sie Ewald gefunden haben und welches seine Testaufgabe war. Diese umfangreiche Darstellung zieht sich hin, bis die Sonne ihren Tiefststand erreicht und Olga Mikes Erzählung unterbricht:

„Mike, entschuldige, dass ich deinen Redefluss stoppen muss. Doch jetzt möchte ich gern das Abendbrot vorbereiten, damit wir es auch noch hier draußen einnehmen können. Ist das O. K.?"

„Sorry, ich habe bei meinen Erzählungen gar nicht gemerkt, dass es inzwischen Abend geworden ist. Darf ich mich in der Zeit, in der du das Abendessen vorbereitest, ein wenig umsehen?"

„Aber ja, schau dir alles an."

195

***

In Wunstorf sitzt Ewald in seinem Büro und erledigt diversen Schreibkram. Überraschend hört er von seinem Smartphone einen leisen ‚Klick‘, der den Eingang einer neuen WhatsApp an ihn meldet. Er erkennt, dass sie von Mike kommt und dieser um einen Rückruf bittet. Ewald schlägt sofort den Terminkalender auf, bevor er Mikes Nummer wählt:

„Hallo Mike, was gibt es denn Neues bei euch im Dorf?"

„Ewald, du wirst hier gebraucht. Deine Arbeit dürfte in etwa zwei Wochen erledigt sein. Bitte komme per Bahn morgen nach Ober-Ramstadt, Ammerbachstraße 60. Versuche, um 15:00 Uhr hier zu sein."

„O.K. ich will es versuchen! Bis bald!"

Ewald verlässt sein Büro und geht zu Rosa, die noch in der Küche beschäftigt ist. Er zeigt sich schon mit einem bedeutungsvollen Gesicht und sagt:

„Rosa, ich habe eben einen vertraulichen Anruf von meinem Chef erhalten, dass ich meinen Sonderurlaub unterbrechen und zu einem süddeutschen Testzentrum fahren muss. Mein Aufenthalt dürfte dort etwa zwei Wochen betragen. Mehr darf ich dir nicht sagen, eigentlich nicht einmal, dass ich dienstlich verreise."

„Ach Ewald, das tut mir aber leid. Der Kurzurlaub hätte uns beiden gutgetan, doch bei unserer finanziellen Lage hätten wir eh nicht viel unternehmen können. Nun ja, wenn es sein muss, dann gibt es keinen Ausweg!"

***

In Ober-Ramstadt ist die Zeit für das späte Mittagessen gekommen. Mike ist schon gespannt, was sie da zurechtzaubert, denn deutsches Essen hat einen guten Ruf.

Natürlich möchte sich Olga von der besten Seite zeigen und bedenkt, dass Mike heute noch nicht Mittag gegessen hat. Also gibt es jetzt etwas Warmes und danach noch Kleinigkeiten, die zum Wein geknabbert werden können.

Wieder nehmen sie im Garten Platz und lassen sich die Spätzle mit der ‚ahle Wurst' gut schmecken. Diese Bezeichnung ist Mike total fremd und so fragt er nach:
„Entschuldige bitte, was heißt das? Ich habe noch nie ‚ahle Wurst' gegessen?"

„Mike, das wundert mich nicht, aber ich will es dir erklären:
‚Ahle' heißt im Hessischen ‚alt' und eine ahle Wurst ist besonders lange gereift. Es ist eine Spezialität. Die Rohwurst wird aus Schweinemuskelfleisch und Schweinespeck hergestellt und je nach Region unterschiedlich gewürzt mit Salz, Pfeffer, Salpeter und Muskat, Nelkenpfeffer oder Kümmel. So bekommt sie bei der langsamen Reifung bei hoher Luftfeuchtigkeit ein besonderes Aroma.
So, nun weißt du, was du isst und lass es dir schmecken!"

Das Abendessen haben beide ausgiebig genossen und die gegenseitige Sympathie bestärkt. Olga räumt nach dem sie ihr Abendessen beendet haben, den Tisch ab und bringt zwei Weingläser mit. Zuvor hatten sie in ihrem regen

Gespräch auch bereits die Vorliebe für Wein anklingen lassen und so weiß Olga, dass sie eine Flasche Rotwein mitbringen soll. Nun beginnt der gemütliche Teil des Abends. Schließlich will sie von Mike seine drei Gründe erfahren, warum er anders aussieht als die meisten Menschen aus dem Fernen Osten. Weil es noch immer ziemlich warm ist, entschließen sie sich, im Garten zu bleiben. Olga holt noch zwei Windlichter und schon herrscht eine romantische Abendstimmung.

Mike gießt den roten Burgunder ein und sie prosten sich zu. Jetzt fängt er an, seine Geschichte zu erzählen:

„Wie du weißt, arbeite ich in einer weltweit tätigen Agentur. Das bedeutet aber auch, dass einige Mitglieder des Teams im Ausland tätig sind und nicht als Fremde erkannt werden dürfen. Das ist besonders dann schwierig, wenn es sich um Länder der westlichen Welt handelt.

Mein Chef hat einen besonderen Blick dafür, wer auf Grund seines Aussehens geeignet erscheint. Vor bereits einem Jahr rief er mich zu sich und erklärte mir, dass ich in Zukunft oft in Europa arbeiten werde. Dazu muss sich jedoch mein Äußeres ändern. Er gab mir die Adresse einer Klinik, die sich auf kosmetische Chirurgie spezialisiert hat. Dort sollte ich mich melden, denn er hatte mein Kommen bereits angekündigt.

Ich stellte mich dem Professor vor und er schaute mich gründlich von allen Seiten an. Schließlich sagte er zu mir:

198

‚Wir werden Sie in drei Schritten zu einem echten Europäer ‚umoperieren'.

Der erste Schritt betraf meine Augen. Diese wurden in zwei Operationen, so verändert, dass sie tatsächlich eine andere Form annahmen. In den folgenden Sitzungen veränderten die Chirurgen meine Nase und die Partie um das Kinn und um die Wangen.

Zwischendurch hatte ich immer einige Tage Pause, durfte aber die Klinik nicht verlassen. So verging fast ein halbes Jahr bis alle Nahtstellen nicht mehr zu sehen waren und ich wirklich aussah, wie ein geborener Europäer. Da aber der Aufenthalt in der Klinik zwischen den einzelnen Operationen auch mit einer sinnvollen Tätigkeit ausgefüllt werden sollte, arrangierte mein Chef einen Deutschlehrer, der mich jeden freien Tag besuchte, um mir die deutsche Sprache beizubringen. Nebenbei wurde ich mit deutschen Besonderheiten und ein wenig mit der Geschichte Deutschlands vertraut gemacht.

Nach diesem halben Jahr war aus mir fast ein Deutscher geworden. Mein Chef fand seine Idee gut und er zeigte sich stolz darüber, dass er nun einen deutschen Mitarbeiter hatte."

Olga hat sich die ganze Geschichte aufmerksam angehört und verfolgt.

„Nie hätte ich es für möglich gehalten, dass ein Abteilungsleiter so weit gehen würde, einen Menschen förmlich umzugestalten. Daran kann ich ermessen, wie wichtig deine Aufgaben sind und dass du hier nicht als

Chinese erkannt werden darfst. Aber was man an dir verändert hat, sieht echt gut geraten aus."

„Ich fühle mich, nachdem ich öfter in Deutschland war, auch schon ein bisschen wie ein ‚Einheimischer'"

„Jetzt interessiert es mich aber doch, warum du ausgerechnet in dieses kleine hessische Städtchen kommen solltest?"

„Meine Kollegen haben lange recherchiert und dann diesen Ort ausgewählt."

„Na, ja, das habe ich schon begriffen, doch was ist denn das Besondere an Ober-Ramstadt, dass es für euch so interessant macht?"

„Olga, hier gibt es ein mittelständisches Unternehmen, das sich mit der Entwicklung eines hervorragenden Kunststoffes beschäftigt. Wir wollen mehr erfahren, was sie bereits herausgefunden und entwickelt haben. Diese Informationen verkaufen wir an eine chinesische Firma, die uns dazu beauftragt hat."

„Meinst du etwa die ‚New Plastic GmbH'? Wenn du glaubst, in diese Firma hineinzukommen, dann irrst du dich gewaltig. Der ganze Laden ist abgeschirmt wie ein Hochsicherheitsgefängnis und mehrfach gesichert."

„Ja, Olga genau, in diese Firma muss unser Zyklop eingeschleust werden, was es auch immer kosten möge."

„Moment mal, ist das der Name des Mannes, der bei mir einige Wochen wohnen soll?"

„Dieser Mann trägt den bürgerlichen Namen Ewald Jansenund er hat den Decknamen ‚Zyklop‘, weil er nur ein natürliches Auge hat. Bei einem Unfall wurde sein rechtes Auge so arg verletzt, dass es durch ein Glasauge ersetzt werden musste. Ewald kommt morgen Nachmittag gegen 15:00 Uhr hierher und dann wirst du ihn kennen lernen."

Damit endet der geruhsame Abend und beide gehen in ihre Schlafzimmer und wünschen sich eine ‚Gute Nacht‘.

Am nächsten Morgen frühstücken sie gemeinsam, denn Olga muss um 9:00 Uhr bei ihrer Arbeitsstelle sein. Dort hat sie einen Halbtagsjob, weil der Arbeitsanfall nicht so umfangreich ist. Für Olga bedeutet das eine ideale Lösung, weil sie für den Rest des Tages ihre ‚Praxis für Naturheilkunde‘ geöffnet hält.

Diese Freizeitbeschäftigung wurde schon vor über 10 Jahren zu ihrem Zweitberuf. Von ihrem leider zu früh verstorbenen Vater hatte sie schon als Kind bei den zahlreichen Spaziergängen durch Wald und Flur die verschiedensten Heilpflanzen kennengelernt. Geduldig und gründlich erklärte der Heilpraktiker seiner Tochter die Wirkungen auf den menschlichen Organismus. Später hat sie ihre Kenntnisse bei einem Besuch in China vervollkommnet. Schließlich fühlte sie sich berufen, die Behandlung mit natürlichen Mitteln zu ihrem Metier zu machen.

Mike hat für den Vormittag keine dienstliche Aufgabe zu erledigen und so unternimmt er einen Bummel durch die Kleinstadt mit ihren 16 000 Einwohnern. Besonders reizvoll findet er die alten Fachwerkhäuser, die sich noch immer gegenüber den modernen Wohnhäusern großer Beliebtheit erfreuen. Auch besucht Mike eine Kirche, das Museum und lernt die Musikschule kennen. Das Wichtigste aber ist es, die Firma ‚New Plastic GmbH' zumindest von außen zu sehen.

Nach seinem umfangreichen und kurzweiligen Rundgang kommt er pünktlich um 14:00 Uhr zu Olgas Haus, wo bereits das Mittagessen auf dem Tisch steht. Sie hat es aus der Stadt mitgebracht, weil ihr heute die Zeit fehlt, es selbst zuzubereiten.

Es ist eben 15:00 Uhr und ein Klingeln kündet den erwarteten Gast an. Olga bittet Mike, die Tür zu öffnen und Ewald in Empfang zu nehmen, da sich beide bereits kennen.
Mike übernimmt es gern, Olga und Ewald miteinander bekannt zu machen. Sie zeigt ihrem Gast sogleich sein Zimmer, damit er dort sein Gepäck ablegen kann. Er ist mit dem Taxi vom Bahnhof hierher gebracht worden. Auf sein eigenes Auto muss er für diesen Einsatz verzichten.
Dann nehmen alle drei im Wohnzimmer Platz. Wenngleich sie auch heute wieder mit prächtigem Sommerwetter verwöhnt werden, ziehen sie es aus Sicherheitsgründen vor, das brisante Gespräch im Innenraum zu führen.
Mike erklärt Ewald, dass D47.0 einen neuen Auftrag erhalten hat. Er soll dem Zyklopen den Inhalt des neuen Projektes erklären und fragen, ob er bereit ist, den Auftrag auszuführen. Nun erläutert Mike ihm das Firmenprofil der New Plastic Ltd.*) und den Schwerpunkt ihrer

Entwicklungsarbeit. Dabei erfährt Ewald im Detail, was er bei diesem Unternehmen herausfinden soll. Mike erklärt alles ganz genau bis zu jeder Kleinigkeit und schließlich nimmt Ewald den Auftrag D47 an.

Olga fühlt sich veranlasst, noch ihren Senf bezogen auf die Abschirmung der Firma nach außen dazuzugeben.

Sie betont, dass es nahezu unmöglich ist, in das Entwicklerteam eingeschleust zu werden. Sie hatte mit der Firma schon öfter zu tun, da auch bei New Plastic GmbH Mitarbeiter gesucht werden. Wenn Olga dann dem Unternehmen einen Kandidaten anbietet, muss dieser einen lückenlosen Lebenslauf und ein polizeiliches Führungszeugnis mitbringen, was ansonsten unüblich ist.

Mike wird nun konkret:
> „Ewald, du hast gehört, was Olga über die Sicherheit gesagt hat und da sie es von Amts wegen weiß, ist es auch authentisch. So einfach reinschmuggeln geht da auf keinen Fall. Doch was wollen wir tun?"

Ewald überlegt:
> „Es brächte auch nichts, wenn ich mich wider aller guten Vorsätze an eine Mitarbeiterin heranmachen würde. Die könnte mir auch nicht zeigen oder erläutern, wie man bei dieser Firma vorgeht. Und Fotos bekäme ich auf diese Art auf keinen Fall."

*) Ltd. ist die englische Bezeichnung einer GmbH

Olga ergänzt:

„Mir ist bekannt, dass bei NP, ich meine bei New Plastic, kein Bedarf an neuen Mitarbeitern besteht. Also kann ich Ewald dorthin auch nicht vermitteln."

Mike kommt mit einem außergewöhnlichen Vorschlag und spricht Olga an:

„Du sagst, dass bei NP kein Bedarf an neuen Mitarbeitern besteht. Bist du da sicher, dass sie nicht doch einen unausgebildeten und geistig zurückgebliebenen Mann nehmen würden, der den Müll wegbringt und die Werkstatt ausfegt und der obendrein nur einen geringen Lohn bekommt?"

Ewald will wissen, ob er Mike richtig verstanden hat:

„Mike, soll ich etwa dort als behördlich bescheinigter Vollidiot die Mülleimer leeren und die Labore ausfegen und ganz nebenbei die Firma ausspionieren?"

Olga kommentiert:

„Mike, so blöd ist der Gedanke gar nicht. Bei NP hat man die große Angst, dass jemand etwas abguckt oder aufschnappt, was streng geheim ist. Wenn aber diese Person, einen solchen Eindruck hinterlässt, dass sie geistig auf null steht, könnte es vielleicht klappen. Und dazu kommt noch, dass die finanzielle Belastung sehr gering ist."

Ewald wird wieder deutlich:

„Ich kenne ja viele Leute, die nur so tun, als könnten sie etwas, doch es ist blanke Prahlerei. Aber wie stellt man es an, deutsch gesagt ein saublöder Trottel zu sein, der aber in Wirklichkeit intelligent ist?"

Mike:

„Dafür gibt es noch kein Lehrfach, das muss noch erfunden werden."

Olga kennt sich aus:

„Mike, so wie du es darstellst, ist es nicht. Zum Beispiel lernt jeder Schauspieler in verschiedene Rollen zu schlüpfen. Da wird er plötzlich zu einem Intelligenzbolzen als Professor oder beim nächsten Mal ein richtiger Vollpfosten. Geht doch!"

Ewald sieht etwas Neues auf sich zukommen:

„Ich soll also auf eine Schauspielschule gehen, um mich als Trottel ausbilden zu lassen?"

Mike versucht, die Situation ins rechte Licht zu rücken:

„Ewald, das hört sich nur so schlimm an, doch du sollst es ja nur spielen! Dir wird niemand deine Intelligenz aberkennen und später bist du wieder normal."

Das ist nun eine Diskussion der ganz besonderen Art. Die weiteren Gespräche verlaufen unter diesem neuen Gesichtspunkt einer Ausbildung zum speziellen Laienschauspieler. Mit der Zeit werden sie immer lustiger und schließlich kommen dann von allen Seiten Ideen, wie man sich das äußere Erscheinungsbild eines solchen Pseudo-Deppen vorzustellen hat.

Olga bringt zum Abendbrot eine Platte belegte Brote und wieder eine Flasche von dem guten Roten.

Es wird ein selten schöner Abend, sodass Mike mit großem Bedauern daran erinnern muss, dass er bereits morgen früh gegen 10:00 Uhr wieder in der Abfertigungshalle in Frankfurt stehen wird.

Gegen 2:00 Uhr gehen endlich alle zu Bett.

Nach dem gemeinsamen Frühstück, das sie bereits um 7:00 Uhr einnehmen, fahren sie zu dritt zum Airport und verabschieden sich dort von Mike.

***

Olga sieht sich indessen in der Pflicht als fast Ortsansässige mit Ewald zu einer Darmstädter Schauspielschule zu fahren. Ihr erster Weg führt sie in die ‚Alanus Hochschule'. Hier erfahren sie nicht nur, dass der Mensch permanent auf der Bühne des Lebens steht, sondern auch, dass die klassische universitäre Ausbildung zu einseitig auf analytische Fähigkeiten setzt. Deshalb verfolgt man hier bewusst ein ganzheitliches Bildungskonzept: Der Studiengang Wirtschaft & Schauspiel vermittelt sowohl analytische als auch soziale und kreative Kompetenzen sowie stimmliche und nonverbale Fähigkeiten. Das Studium endet mit einem Bachelor of Arts.

Bald merken beide, dass sie hier ihr Ziel nicht so schnell erreichen, wie sie es möchten. Daher verabschieden sie sich und gehen weiter.

Jetzt stehen sie vor den Toren von ATHANOR, das die Staatliche Anerkennung als Fachakademie und Schauspielschule besitzt. Aber auch hier muss man studieren und kann das ersehnte Ziel erst nach einigen Semestern erreichen. Leider finden sie auch bei dieser Adresse nicht den gewünschten ‚Crash-Kurs'.

Der nächste Weg ist von Erfolg gekrönt, denn sie landen in einer Cafè-Stube und müssen die Erlebnisse erst einmal verdauen.

Wieder entdeckt Olga beim Surfen auf ihrem Smartphone eine neue Adresse. Es ist die eines Coaches für Schauspiel und Theater. Ewald findet, wenn man vom Namen ausgeht, dass dieses die richtige Adresse sein könnte. Also trinken sie den letzten Schluck Kaffee und fahren zuversichtlich zu einem kleinen, unscheinbaren Flachbau am Rande von Darmstadt. Über dem Eingang prangt ein breites Schild mit dem Text: „StageCoach von Jonny Depp."

Ewald wendet sich zu Olga und fragt leicht zweifelnd:
„Olga, ob wir hier richtig sind? Stagecoach heißt doch ins Deutsche übersetzt: Postkutsche. Wollen wir wirklich da hineingehen?"

„Aber Ewald, klar doch, denn fragen kostet nichts."

Olga drückt auf einen Klingelknopf aus massivem Messing und schon öffnet ein mittelalter Herr mit krausem Haar die Tür und sagt:
„Herzlich willkommen, die Herrschaften. Treten Sie ein und erzählen Sie, was Sie zu mir führt!"

Jetzt ist Ewald dran, dem Coach klarzumachen, was er eigentlich will, es aber so nicht sagen darf. Da fängt er an:

„Also, wir kommen beide aus einem Dorf in der Nähe. Den Ort möchte ich nicht nennen, weil unser Vorhaben eine Überraschung sein soll. Zusammen mit sieben anderen Mitgliedern gehören wir zu einer kleinen Theatergruppe. Diese künstlerische Tätigkeit vollbringen wir neben unserer regulären Arbeit und sie macht allen Spaß. Nun haben wir ein neues Theaterstück ausgegraben, in dem die Hauptrolle einen geistig minderbemittelten Mann darstellt. Da dies die tragende Figur des Ganzen ist, muss sie auch hervorragend und authentisch dargestellt werden. Leider hat mich das Team ausgewählt, dass ich diese Rolle zu spielen habe. Ich weiß aber beim besten Willen nicht, wie ich sein soll. Da wir mit diesem Stück zu einem Wettbewerb der Laientheater fahren wollen, muss die Rolle perfekt gespielt werden. Jetzt frage ich Sie, ob Sie es für möglich halten, mich zu diesem ‚Trottel' zu machen?"

Jonny hat sich die Vorgeschichte angehört und äußert sich dazu so:

„Natürlich ist das möglich und ich halte Sie auch für geeignet, eine solche anspruchsvolle Figur darstellen zu können. Ich kann Sie dazu ausbilden, doch das wäre ein Einzelunterricht und der kostet Geld. Sie müssen selbst entscheiden, ob das Budget Ihrer Laienspielgruppe die Finanzierung übernehmen kann."

„Das ist mir schon klar, dass Ihre Arbeit bezahlt werden muss. Mit welchen Kosten ist da zu rechnen?"

„Ich gehe davon aus, dass wir als Erstes 10 Doppelstunden veranschlagen sollten. Das heißt, dass Sie fünfmal in der Woche hierherkommen müssten und dann würden wir in zwei Woche sehen, was wir bis dahin erreicht haben. Sie werden verstehen, dass ich die Gesamtsumme gern vorab haben möchte, da ich Sie nicht kenne und keine Sicherheit besitze, dass ich am Ende zu meinem Erlös komme. Wäre das für Sie Okay?"

„Ja, das ist in Ordnung. Wann kann ich kommen?"

„Dann werden wir konkret und Sie sind morgen um 15:00 Uhr hier bei Jonny Depp!"

Damit verabschieden sich Olga und Ewald von dem Coach und fahren zufrieden zurück nach Ober-Ramstadt.

Der Tag war erfolgreich. Aber jetzt kommt eine andere, nicht weniger anspruchsvolle Arbeit auf Olga zu.
Sie muss sich nun überlegen, wie sie den Deppen Edi in das Unternehmen ‚New Plastic Ltd.' einschleusen kann. Es darf auf keinen Fall der Eindruck entstehen, dass Edi den Job in dieser Firma sucht. Weitaus besser ist es, wenn in der Firma der Wunsch aufkommt, einen solchen Mitarbeiter zu bekommen. Aber wie soll Olga das hinkriegen?
Grundvoraussetzung ist, dass diese Person in der Kartei der Arbeitsuchenden erscheint. Ewald muss daher einen neuen Namen bekommen. Dazu fällt ihr spontan der Name ‚Eduard Klohn' ein. Die Wohnanschrift ist dann aber das

nächste Problem. Doch dazu fällt ihr eine originelle Lösung ein. In ihrem großen Garten steht ein Gartenhaus, das so geräumig ist, dass man auch darin ‚hausen' könnte. Kurz entschlossen gibt sie ihrem Gartenhaus die Hausnummer 60 A und nagelt am folgenden Tag ein kleines Schild mit der 60A an das Häuschen. Damit es auch einen bewohnten Eindruck macht, falls Patienten einmal in den Garten gehen, hängt sie noch vor das Fenster des Gartenhauses ein Stückchen Gardine.

Damit ist die Hürde mit der Wohnanschrift genommen: Eduard Klohn wohnt in der Ammerbachstraße 60A. Leider ist das aber nur die halbe Wahrheit. Sie kennt den Leiter der Firma New Plastic Ltd. persönlich und auch seinen Sicherheitsverantwortlichen. Damit weiß sie, dass dieser bei einer Neueinstellung gründlich nachforschen wird. Und dabei steht Olga vor der nächsten Frage:

„Wo hat Eduard Klohn vorher gearbeitet und bei wem kann er etwas über seine Fähigkeiten und Eigenschaften erfragen?"

Bei diesen Überlegungen kommt sie zwangsläufig auf das nächste Erfordernis: ‚Personalausweis'. Den muss jeder Bundesbürger besitzen. Das wird aber nun doch ein größeres Problem, das von Olga viel abverlangt.

Nach gründlichem Nachdenken fällt ihr ein Bekannter ein, der in Hannover wohnt und auch ein ‚Mitarbeiter' ist: Georg Schneider. Ohne lange zu zögern. greift sie zum Telefon und ruft ihn an:

„Hallo Georg, hier ist deine Freundin Olga aus Ober-Ramstadt."

„Hallo Olga! Das ist ja eine Überraschung, aber eine angenehme. Wie geht es dir?"

„Wir haben lange nichts voneinander gehört und deshalb lade ich dich ein, mich zu besuchen. Hättest du vielleicht schon morgen Zeit?"

„Mit dem größten Vergnügen eile ich zu dir. Ich freue mich, dich wiederzusehen und werde gegen 11:00 Uhr bei dir klingeln. Dann bis bald."

Olga fühlt sich erleichtert und hat die vage Vermutung, dass sie morgen zwei Fliegen mit einer Klappe schlagen wird.

Am nächsten Tag warten Olga und Ewald schon ungeduldig auf ihren gemeinsamen Bekannten und Freund Georg Schneider.
Ewald hatte ihn schon vor einiger Zeit kennen gelernt, als er mit dem gänzlich neuen Betätigungsfeld bekannt gemacht wurde. Er findet es an der Zeit, Olga in die Zusammenhänge einzuweihen:

„Georg hatte mich das erste Mal gesehen, als ich noch im Krankenhaus lag und er mir einen Besuch abstattete. Später trafen sich Georg, Detlev Werner und ich in meinem Garten zu einem konstruktiven Gespräch. Dabei hat Detlev, der speziell für dieses Treffen aus Shenzhen angereist war, mir das spezielle ‚Kunstauge' erklärt und mitgebracht. Damit hatte ich erfolgreich den Test bei der Firma SEP bestanden."

Heute soll eine neue Aufgabe vorbereitet werden, die Ewald vor große Herausforderungen stellt. Wieder wird Georgs Hilfe benötigt.

Es klingelt, Olga eilt zur Tür:
„Hallo Georg, wie schön dass du kommen konntest!"

Ewald kommt hinzu, um einen alten Bekannten zu begrüßen und Georg sagt:
„Hallo Ewald, dass wir uns schon wiedersehen, habe ich nicht vermutet, aber ich freue mich."

Als sie sich im Wohnzimmer niedergelassen haben, kommt Olga gleich zur Sache und wendet sich Georg zu:
„Georg, du siehst ja Ewald nicht zum ersten Mal und es ist kein Zufall, dass er bei mir ist. Denn es gibt ein neues Projekt mit dem Code D47. Ewald hat den Erkundungsauftrag erhalten, in dem Unternehmen ‚New Plastic Ltd.' Informationen zu sammeln. Diese Firma befasst sich intensiv und erfolgreich mit der Entwicklung eines speziellen Kunststoffes. Mir ist aber bekannt, dass dort extrem hohe Sicherheits-vorkehrungen getroffen wurden, damit nur kein ‚Sterbenswörtchen' nach außen dringen kann. Der Chef hat sogar einen Mitarbeiter eingestellt, der sich nur um die Geheimhaltung kümmert. Diesen Mann kenne ich, denn er wurde offiziell über unsere Agentur für Arbeit vermittelt. Er hat vorher beim Verfassungsschutz gearbeitet, ist also mit der Materie der Sicherheit und Verschwiegenheit gut vertraut. Du merkst bereits jetzt, dass es ein hartes Stück Arbeit wird, jemanden dort einzuschleusen.

Doch wir haben einen Plan. Der sieht so aus, dass Ewald als geistig Minderbemittelter für Hilfsarbeiten dem Unternehmen durch uns, also durch die Agentur für Arbeit angeboten wird.

Damit er auch authentisch wirkt, hat er bereits bei einem Coach einen Crashkurs gebucht. Dabei wird Ewald lernen, sich darzustellen als ein fleißiger, aber unintelligenter Hilfsarbeiter. In dieser Funktion erlangt er ständig engen Kontakt zu allen Mitarbeitern, weil er während ihrer Arbeitszeit ebenfalls anwesend ist. Er kann hemmungslos an sie herantreten und fragen, ob er den Papierkorb jetzt ausleeren dürfe oder sie bitten, kurz aufzustehen, damit er auch unter dem Computertisch aufwischen kann. Dabei ist es möglich, auf den Screen zu schauen, und zwar mit beiden Augen. Da sein tölpelhaftes Verhalten deutlich macht, dass er kein Geisteskind ist, wird in ihm niemand einen Spion vermuten.

Ich bin mir aber sicher, dass die Firma uns fragen wird, wo dieser Mensch, vorher tätig war. Und jetzt kommst du ins Spiel, Georg."

„Also die Sache, jemanden mit einem geistig extrem niedrigen Bildungsniveau als Spion einzuschleusen, finde ich als einen total genialen Coup. So könnte es klappen. Was mich anbelangt, würde ich Folgendes berichten:

‚Dieser Herr Eduard Klohn hatte bei mir eine kurze Zeit als Hilfskraft für Reinigung und kleine Botengänge gearbeitet, weil die Angestellte für diese Tätigkeit in den

Mutterschaftsurlaub gegangen war. Er ist mir als fleißig und ruhig in Erinnerung geblieben. Edi machte bereitwillig alles, was man ihm sagte, doch zu eigenem Denken war er nicht in der Lage. Außerdem war er vergesslich und konnte um Beispiel am Nachmittag nicht mehr sagen, was er am Vormittag gemacht hatte.' Wäre diese Personenbeschreibung in deinem Sinn, Olga?"

„Ja, Georg, du hast es richtig erfasst. Doch es gibt noch ein Problem, das auf dich zukommt."

„Ich bin gespannt!"

Olga spricht nun als Mitarbeiterin bei der Agentur für Arbeit:

„Wenn ich Edi vermitteln will, muss er aber bereits in der Agentur registriert sein und dazu benötigt er einen Personalausweis auf den Namen Eduard Klohn, den er nicht hat. Daraus erkennst du, lieber Georg, deine nächste Aufgabe."

„Es ehrt mich, dass du, liebe Olga glaubst, dass ich für Edi eine ID-Karte aus dem Ärmel zaubern kann. Aber dazu brauche ich seine Adresse und ein Foto mit dem passenden, einfältigen Gesicht. Wie soll das gehen?"

Jetzt muss aber auch Ewald dazu etwas sagen:

„Wenn du jemanden an der Hand hast, der die ID-Karte herstellen kann, dann soll es an meinem Konterfei nicht scheitern."

Inzwischen hat sich so viel Kurioses in den Köpfen angesammelt, dass alle erst einmal ausgiebig lachen müssen.

Olga bittet zu Tisch.

Gleich danach macht sich Ewald auf den Weg zu seinem Coach. Hier wird er schon erwartet und Jonny selbst öffnet die Tür, als Ewald kurz auf den Klingelknopf gedrückt hatte.

„Kommen Sie herein, Herr Janssen. Sie sind offensichtlich ein akkurater Mensch und lieben die Pünktlichkeit."

„Ja, das ist wahr, dass ich die Pünktlichkeit liebe doch wie kommen Sie darauf, dass ich ein akkurater Mensch sein soll?"

„Herr Janssen, das fiel mir bereits bei Ihrem ersten Besuch auf. Sie waren lässig, aber akkurat gekleidet, korrekt rasiert und gekämmt. Solche Details fallen natürlich nicht jedem Menschen auf, doch für Schauspieler sind solche Akzente von besonderer Bedeutung. Ein Coach zieht daraus seine ersten Schlüsse.
Doch nun lassen Sie uns zur Sache kommen und dazu habe ich als allerersten Vorschlag, dass wir uns duzen. Ist das für Sie O. K.?"
„Natürlich finde ich das gut und mich nennen die Freunde seit eh und je nur Edi. "

„O. K. Edi und ich bin schon seit tausend Jahren Jonny. Die ‚tausend' passen eigentlich nicht ganz genau, denn es sind nur 57. Aber es ist nun mal so."

Nun kommt Jonny auch schon mit einem kleinen Konzept, wie dieser eigenartige Crashkurs ablaufen soll:

„Um dir das gewünschte Profil einer begriffsstutzigen Person zu verleihen, müssen wir dich in siebenerlei Hinsicht verwandeln:

1. deine Stimme
2. deine Sprache
3. deine Kleidung
4. dein Erscheinungsbild
5. dein Gang und deine Bewegungen
6. dein Auftreten und
7. deine Kommunikation.

Nur wenn du diese sieben Akzente beherrschst, wirst du entsprechend auf dein Umfeld wirken."

„O. K., Jonny, das klingt gut und ich finde es in Ordnung, denn mein Ziel ist es, immer perfekt zu sein."

„Gut. Dann fangen wir heute gleich mit deiner Stimme an.

Ich werde dir einen Satz mit einem unterschiedlichen Klang meiner Stimme vorsprechen und du sollst entscheiden, welcher Stimmklang zu der Persönlichkeit eins ‚Deppen' passen könnte."

Für Edi ist es eine ungewohnte Situation, denn solch einen Unterricht hatte er noch nie erlebt. Aber er merkt schnell, dass bereits der Klang einer Stimme erkennen lässt, was für einem Menschen man gegenübersteht. Jetzt ist er an der Reihe und es wird geprobt und ausgefeilt, bis Jonny mit Edis Stimmklang zufrieden ist.

Dann ist auch schon die Zeit vorbei und bevor Edi geht, übergibt er Jonny den Scheck für dieses Training.

In der Ammerbachstraße 60 ist Olga inzwischen wieder allein, denn Georg hat noch einen weiten Weg vor sich.

Gespannt wartet sie auf Ewald. So recht kann sie sich ein solches Training auch nicht vorstellen und ist neugierig, wie sein erster Tag verlief.

Zur Abendbrotzeit kommt er zu Hause an und lässt sich ermattet in einen Sessel fallen. Bei und nach dem Essen muss er Olga alles haarklein erzählen, wie Jonny es angestellt hat, die ‚Verwandlung' anzugehen.

Sie sprechen noch lange darüber und auch über persönliche Dinge, die seine Familie und Olgas Leben betreffen.

Am nächsten Tag muss sie wieder in die Agentur und überlegt sich schon, wie sie den ‚Neuen' in der Kartei unterbringt.

Ewald schlendert durch die Stadt, denn er muss sie ja kennen, weil er hier angeblich schon ein halbes Jahr wohnt.

In Hannover ist Georg fleißig im Internet und im Darknet unterwegs, weil er einen zuverlässigen Fälscher finden muss, der für Ewald einen Personalausweis in Form einer ID-Karte herstellt. Zwar hat er noch kein Foto von Edi, doch zunächst muss er jemanden finden, der solche Ausweise herstellen kann und zu welchem Preis er sie verkauft.

Kurz vor Mittag wird er fündig. Im Darknet hat er zwei Adressen von entsprechenden ,Studios' gefunden. Das ist ein üblicher Deckname für Fälscherwerkstätten. Nun setzt er sich mit beiden telefonisch in Verbindung, um die genauen Konditionen auszuhandeln.

***

Am Nachmittag fährt Edi mit dem Bus zu Jonny Depp.

Heute soll er üben, für alles die ,richtigen Worte' zu finden. Der Wortschatz eines geistig minderbemittelten Menschen weicht natürlich von dem eines Diplom-Ingenieurs ab. Edi muss heute lernen, ein ganz simples ,Deutsch' zu sprechen. Wieder gibt ihm Jonny einige Sätze in gutem Deutsch vor, die Edi in eine entsprechende einfache Form umwandeln soll. Er stellt dabei bereits nach kurzer Zeit fest, dass es gar nicht so einfach ist, sich primitiv auszudrücken. Daher wird heute tüchtig geübt, um alles in einer alltäglichen Art zu sagen.

Am nächsten Tag hat Olga bereits eine Karteikarte in Kladde vorbereitet, auf der die persönlichen Daten von Edi zusammengestellt sind. Diese Angaben wird sie mit ihm durchgehen und sie ergänzen oder korrigieren. Wenn das erledigt ist, schickt sie diese Angaben an Georg. Dieser hat sich mittlerweile mit einem Studio in Verbindung gesetzt und seine Wünsche übermittelt. Für 2.500 EUR bekommt er eine ID-Karte. Georg stimmt dem Preis zu und verspricht, schnellstens ein Foto zu schicken, damit der Ausweis angefertigt werden kann.

Als Ewald von seinem Crashkurs wieder bei Olga ankommt, überfällt sie ihn gleich mit dem Anliegen, dass von ihm ein Foto gemacht werden muss.

Olga kennt sich mit der Fotografie hinreichend gut aus und wird die Aufnahmen selbst machen. Dazu holt sie zwei kleine Spots aus einer Abstellkammer und befestigt ihre Kamera auf einem Stativ. Jetzt sagt sie Ewald, wie er sich auf einen Hocker zu setzen hat, damit er im rechten Licht erscheint.

Nach gefühlten zehn Versuchen ist das Foto für seinen ,Perso' fertig und kann als E-Mail-Anhang an Georg geschickt werden.

Am nächsten Tag erscheint Edi auf der Agentur für Arbeit und meldet sich im Zimmer von Olga Lubinski. Sie hielt es für wichtig, dass er persönlich bei der Agentur erscheint, weil er dort auch von anderen gesehen wird. Für diesen Antrittsbesuch hat er auch nicht die beste Kleidung an:

Eine ausgewaschene Jeans und einen Rollkragenpullover minderer Güte mit Patches auf den Ellenbogen.

So ist alles gut und nach einem kurzen förmlichen Gespräch mit der Leiterin Olga Lubinski ist er im Register der Arbeitsuchenden erfasst. Dann geht er zurück in seine Wohnung in die Ammerbachstraße 60A.

Zwei Tage später bringt ein Briefträger ein Päckchen als Einschreiben und übergibt es persönlich an Ewald Janssen. Er kann sich denken, was er da in der Hand hält. Endlich besitzt Edi seinen Personalausweis.

Alles ist nun soweit vorbereitet, dass Olga sich mit der ,New Plastic Ltd.' in Verbindung setzen kann.

Ihr nächster Arbeitstag ist von besonderer Bedeutung, denn sie meldet sich bei der Firma NP Ltd.:

„Guten Tag, hier ist Olga Lubinski von der Agentur für Arbeit. Ich hätte gern Frau Schönfeld gesprochen!"

„Einen Augenblick Frau Lubinski, ich stelle Sie durch zu unserer Kollegin Schönfeld!"

„Ja, Schönfeld von New Plastic Limited."

„Guten Tag Frau Schönfeld, hier ist Olga Lubinski von der Agentur für Arbeit."

„Frau Lubinski, guten Tag und schön, Ihre Stimme zu hören. Was gibt es denn Neues in der alten Agentur?"

„Da haben Sie wohl recht, mit der ,alten Agentur'. Eine Verschönerungskur hätten wir schon gern gehabt, doch dafür fehlen die Mittel. Das ist bei einem Unternehmen eben anders, denn da entscheidet der Chef, was zu tun und was vertretbar ist. Doch ich weiß, dass auch Sie bedacht mit den Finanzen umgehen müssen. Aus einem ähnlichen Grund melde ich mich bei Ihnen.

Vor längerer Zeit hatten Sie mich angesprochen, ob ich Ihnen eine kostengünstige Hilfskraft besorgen könnte. Doch damals konnte ich Ihnen leider niemanden vermitteln.

Die Situation hat sich kurzfristig geändert. Bei uns hat sich ein Mann gemeldet, der Arbeit sucht. Er ist, und nun muss ich mich vorsichtig ausdrücken, geistig minderbemittelt. Er hat keine Ausbildung ist aber hilfsbereit und scheut sich vor keiner Arbeit. Aber Denken ist nicht sein Ding, man muss ihm sagen, was er machen soll und das tut er dann auch."

„Das hört sich ja interessant an, doch Sie beschreiben ihn so gut, als würden Sie ihn kennen. Wie soll ich das verstehen?"

„Ganz einfach, Frau Schönfeld. Ich habe seinen vorherigen Arbeitgeber angerufen und der hat mir das berichtet. Doch ich bin sicher, dass ich ihn irgendwo unterbringe, denn billige und fleißige Kräfte werden überall gesucht. Nur weil wir einmal darüber gesprochen hatten, habe ich mich gemeldet. Dann wünsche ich Ihnen noch einen schönen Tag, Frau Schönfeld."

„Einen Moment Frau Lubinski, so war es ja nicht gemeint. Ich wollte nur wissen, was da auf uns zukommen würde. Der Mann kann sich ja einmal bei uns vorstellen. Es wär aber gut, wenn Sie dabei sein könnten."

„Gut, Frau Schönfeld, dann komme ich in einer Woche zu Ihnen und bringe ihn mit."

Die kluge Taktik von Olga ist aufgegangen und sie hat damit den Eindruck vermieden, sie möchte jemanden unbedingt anbieten. Aber Edi muss erst noch seine ‚Umschulung' beenden, bevor er einsatzbereit ist. Deswegen sagt Olga auch zu Frau Schönfeld, dass sie erst nächste Woche mit ihm kommen wird.

Edi fährt heute zu seiner vierten Schulung zu Jonny. Nachdem er gestern gelernt hat, welche Kleidung er tragen soll und welches Erscheinungsbild er vermitteln muss. Das Outfit soll zwar von den Anschaffungskosten her billig sein, doch auf keinen Fall kaputt. Ein geistig ‚unterbelichteter Mensch' muss nicht unbedingt ein Lotterbursche sein. Wer das glaubt, irrt sich gewaltig, weil oft jene Menschen, die nicht so viel im Kopf haben, bewusst ordentlich aussehen möchten, um damit den geistigen Mangel zu überdecken.

Jeans, denen man ansieht, dass sie oft getragen werden und ein T-Shirt oder ein Pullover passen gut zu der Person, die Edi darstellen soll.

Zu dem gewollten Erscheinungsbild gehört es selbstverständlich, gründlich gewaschen, rasiert und gekämmt zu sein. Auch geputzte Schuhe zeigen, dass der Träger ordentlich aussehen möchte.

Heute steht der Punkt 5 auf dem Stundenplan. Jonny will Edi etwas über die Aussagekraft von Gang und Bewegung vermitteln.

222

Dieses Thema ist kritisch und Jonny benützt wieder seine Methode des lebendigen Beispiels. Er hat sich dazu eine abgetragene Jeans und einen grauen Pullover angezogen, der allerdings zwei Nummern zu groß ist. Nun kommt er ihm auf der Bühne entgegen:

„Edi, schau mich an und achte darauf, wie ich auf dich wirke!"

Jonny kommt ihm in absolut gerader Körperhaltung mit einem leicht angehobenen Kinn entgegen, wobei er gelegentlich den Kopf zur Seite dreht und dabei leicht nach unten schaut. Er nimmt nicht zu kleine Schritte und geht unbeirrt geradeaus.

„Edi, wen hast du eben kommen sehen? War es ein Hausarbeiter, der den gefüllten Papierkorb abholen will oder glaubst du, dass dir dein Chef entgegenkam?"

„Ich würde eher meinen, dass es ein Angestellter oder sogar mein Chef gewesen ist."

„Okay, dann warte bitte einen Moment, denn ich komme noch einmal von nebenan auf dich zu!"

Jonny hat sich nicht umgezogen. Er kommt eher watschelnd auf ihn zu, die Lippen sind nicht ganz geschlossen und er verzieht dabei gelegentlich den Mund, als würde er dabei durch die Nase einatmen. Man hört auch dieses schnaubende Geräusch. Seinen Kopf hält er nicht still, sondern dreht ihn leicht nach rechts und links, als wollte er sehen, ob es da etwas zu gucken gibt. Es fällt auf, dass er beim Gehen die Füße nicht richtig anhebt, sodass ein leises Schlurfen zu hören ist. Sein gesamter Gang wirkt unkontrolliert als wäre ihm alles vollkommen egal.

Jetzt möchte Jonny wissen, wen Edi gesehen hat und fragt: „Nun Edi, wem bist du dieses Mal begegnet?"

„Ehrlich gesagt, ich bin dem Mann begegnet, den ich darstellen soll; der ein bisschen patschig ist und den man nie für einen Spion halten würde."

„Edi, du hast es eben treffend gesagt. Genau so sollst du in Erscheinung treten, denn du gehörst nicht zum aktiven Kern der Gesellschaft, sondern bist durch deinen eingeschränkten geistigen Horizont eher ein passiver Mitläufer. Präge dir diese Elemente gut ein, dann wirst du erfolgreich deine gewollte Persönlichkeit darstellen."

Mit diesen Erkenntnissen verabschiedet sich Edi für heute von Jonny und geht zum Bus. Bei Olga gibt es am Abend wieder interessante Gespräche darüber, wie entscheidend das Auftreten eines Menschen seine Persönlichkeit widerspiegelt.

Bei seinen letzten Unterweisungen erfährt Edi, wie er aufzutreten hat, wenn er seinem Vorgesetzten gegenübersteht und wie seine Kommunikation sein soll.

Ewald sieht ein, dass es ungeheuer wichtig ist, von einem erfahrenen Coach dieses spezielle Menschenbild im Auftreten und Verhalten vermittelt zu bekommen.

Ohne diese Schulung hätte er es nicht geschafft.

Bald wird es sich zeigen, ob er ein guter Schüler war und jetzt das Erscheinungsbild einer minderbemittelten Hilfskraft abgibt.

Kapitel 14

Am heutigen Montag ist es soweit, dass Ewald mit dem Projekt D47 beginnen soll. Bevor aber Olga mit Edi zu New Plastic Limited fährt, fragt sie Frau Schönfeld, ob der Chef auch zu sprechen ist:

„Guten Morgen Frau Schönfeld. Wir waren bei unserem letzten Telefonat so verblieben, dass ich in einer Woche mit dem neuen Mitarbeiter vorbeikommen würde. Passt es denn heute, wenn wir um 9:00 Uhr bei Ihnen sind?"

„Hallo Frau Lubinski, ich erinnere mich an unser Gespräch und der Chef ist um diese Zeit auch zu sprechen. Wir erwarten Sie beide um 9:00 Uhr. Auf Wiederhören."

Olga steigt mit Edi ein und sie fahren zur Firma New Plastic Ltd. Hier sieht Edi auch die Haltestelle des Nahverkehrs, weil er in Zukunft mit dem Bus in das Unternehmen fahren wird.

Pünktlich fünf Minuten vor neun Uhr klopft Olga an die Tür des Sekretariats und Frau Schönfeld ruft:

„Herein! Bitte treten Sie ein."

„Guten Tag Frau Schönfeld, hier ist Herr Eduard Klohn, der bei Ihnen tätig werden möchte."

„Guten Tag Frau Lubinski und Herr Klohn. Bitte warten Sie einen Moment, ich melde Sie bei Dr. Hannemann an.

Zuvor geben Sie mir bitte Ihren Bewerbungsbogen und Ihre ID-Karte, damit ich mir beides kopieren kann."

Da beide erwartet werden, öffnet Frau Schönfeld die Tür zum Chefbüro und lässt sie eintreten. Dr. Hannemann kommt auf sie zu:

„Guten Tag Frau Lubinski, ich bin Dr. Hannemann und Sie, junger Mann sind der angekündigte Eduard Klohn."

Edi tritt einen Schritt vor und sagt mit einem angedeuteten Kopfnicken:

„Ja, Edi Klohn"

Dr. Hannemann zeigt mit der Hand auf einen Herrn, der etwas abseits steht und erklärt:

„Das ist Herr König, unser Verantwortlicher für Sicherheit und Geheimhaltung. Ich habe ihn gebeten, bei diesem Vorstellungsgespräch anwesend zu sein.

Herr Klohn, Sie wissen, dass alles, was in diesem Unternehmen gesagt und getan wird, unter strenger Geheimhaltung steht. Das bedeutet für Sie, dass Sie Ihrer Arbeit nachgehen und nichts nach draußen tragen."

Nun muss sich natürlich auch der Verantwortliche, der diese Funktion bereits durch seine korrekte Körperhaltung erkennen lässt, zur Geheimhaltung äußern. Gerhard König geht und steht immer bewusst gerade und blickt gern von oben herab auf seine Gesprächspartner. Er ist wegen dieses Verhaltens bei den Mitarbeitern nicht sehr beliebt. Frauen gegenüber fühlt er sich noch immer in einer längst überholten Herrscherrolle. Jetzt spricht er Eduard Klohn direkt an:

„Edi, ich hoffe, du hast verstanden und vielleicht auch begriffen, was der Chef gesagt hat. Das heißt für dich, dass du mit niemandem darüber sprichst, was hier gemacht wird. Hast du mich verstanden?"

„Ja, Herr Verantwortlicher, ich habe dich verstanden!" Verdutzt erwidert der Verantwortliche:
„Also, für dich bin ich immer noch Herr König und Sie!"

Olga sagt kein Wort aber denkt sich ihr Teil. Schließlich wendet sich Herr König an sie und sagt etwas herablassend:
„Sie, die Dame vom Arbeitsamt, Sie können nun auch gehen. Danke, dass Sie gekommen sind. Auf Wiedersehen."

Frau Schönfeld kommt herein, holt Edi zurück in das Sekretariat und sagt:
„Es kommt gleich meine junge Kollegin Jutta Kluge, die zeigt Ihnen alles Weitere!"

In diesem Augenblick geht die Tür auf und eine junge Frau kommt herein, streckt dem Neuen die Hand entgegen und sagt:
„Hey, ich bin Jutta! Komm mit mir mit, ich zeige dir, wo du dich umziehen und aufhalten kannst."

„Hi, ich bin Edi!"

Vollkommen ungezwungen geht die 22-jährige Frau mit Edi in den Keller und führt ihn in einen kleinen Raum, in dem der Servicewagen steht und wo in den Regalen die verschiedenen Reinigungsutensilien untergebracht sind.

An der Wand befindet sich ein kleiner Tisch mit zwei Stühlen. Nun will Jutta ihm ausführlich erklären, was zu seinen Aufgaben gehört. Dazu möchte sie sich hinsetzen. Das merkt Edi und zieht ihr den Stuhl heraus und setzt sich dann auch hin. Das hätte sie nicht erwartet und sagt kurz: „Danke!"

Als Jutta wieder gegangen ist, schaut sich Edi in Ruhe den Servicewagen an: Ein Wischeimer, ein großer Müllbeutel für Altpapier, ein Behälter für sonstigen Müll und diverse Tücher, ferner verschiedene Flaschen mit flüssiger Seife, Fleckentferner, Poliermittel und allerhand anders Chemikalien.
Der nächste Gang führt ihn in die Toiletten, die ebenfalls im Keller untergebracht sind. Man kann sie vom Erd- und Obergeschoss über eine Treppe oder einen Fahrstuhl erreichen. Hier findet er eine große Damentoilette, eine Herrentoilette und eine geräumige Behindertentoilette. Alle mit einem gemeinsamen Vorraum mit Waschbecken und Händetrocknern. Für Edi ist es wichtig zu wissen, was er alles zu reinigen hat. Jutta hat ihm aber auch gesagt, dass genau um 16:00 Uhr Dienstschluss ist. Dann müssen alle das Gebäude verlassen haben.

Das bedeutet für ihn, dass er all seine Arbeiten während der Dienstzeit ausführen kann und muss. So kommt er mit den Kollegen in direkten Kontakt und weiß, dass er durch seine lockere Art schnell zu allen ein offenes Verhältnis aufbauen kann.

Nachdem er sich umgesehen und sich mit den Räumlichkeiten vertraut gemacht hat, nimmt er den Servicewagen und fährt mit dem Fahrstuhl in das Obergeschoss.

Hier erkennt er die besondere Raumaufteilung. In jedem Zimmer befinden sich drei Arbeitsplätze. Es sind drei solche Zimmer nebeneinander und dann folgt ein Zimmer mit nur einem Arbeitsplatz, dort arbeitet der Gruppenleiter. Diese Anordnung wiederholt sich und somit sind auf jeder Seite acht Zimmer, also arbeiten auf jeder Seite zwei Gruppen. Es ist also auch diesbezüglich alles klar gegliedert.

Edi klopft an jede Tür, tritt ein und stellt sich kurz vor:

„I'm Edi, your new Serviceman!"

So geht er von Tür zu Tür und wird teils lächelnd teils schmunzelnd wahrgenommen. Dabei sieht er sich genau um, wo er stehen muss, um freien Blick auf die Screens der PCs zu bekommen. Für seinen Beruf als Piloten ist das blitzschnelle Erfassen einer Situation oder Örtlichkeit von großer Bedeutung. Das kommt ihm hier zugute.

Als er auf diese Art und Weise das gesamte Obergeschoss kennen gelernt hat, nimmt der den Fahrstuhl und will sich nun im Erdgeschoss umsehen. Hier ist die Raumaufteilung etwas anders.

Wenn man das Gebäude betritt, steht man vor einer breiten Glastür, neben der auf der rechten Seite das Tableau der Gegensprechanlage angebracht ist und ein Sensor für die Gesichtserkennung der Mitarbeiter. Hinter der Tür ist ein geräumiger Flur und auf der gegenüber-liegenden Seite befindet sich das Sekretariat.

Links daneben ist das Büro des Chefs und auf der rechten Seite das des Verantwortlichen, des Gerhard König.

Auf der linken Seite sind Laborräume und auf der rechten Seite befinden sich die Räume für den Musterbau und die Kleinserienfertigung.

Edi verkneift es sich, in die geheiligten Büros der beiden Chefs zu gehen, da er sich dort nicht mehr vorstellen muss. Viel wichtiger ist es, die anderen Räume mit den Labors und Werkstätten kennen zu lernen. Auch dort stellt er sich in der gleichen netten Form vor und wird vielfach herzlich willkommen geheißen. Da er es für zweckmäßig erachtet, schiebt er seinen Servicewagen etwas weiter in die Räume hinein, und schaut nach unten, ob er etwas mitnehmen muss, oder ob der Abfallkorb zu entleeren ist. Allein bei diesem ersten Erkundungsgang hat seine Microcam viel aufzunehmen. Er lächelt die Kollegen an vergisst aber nicht, was er gelernt hat, um sich als Minderbemittelter zu zeigen. So zieht er öfter die Oberlippe hoch und bewegt seine Nase ganz unmotiviert. Er muss jedenfalls seinem Profil gerecht werden und das gelingt ihm ganz gut. So versteht er es auch, in den Augen derer zu lesen, die ihn anschauen. Auch das hatte ihm Jonny Depp beigebracht.

Auf diese Art ist er am ersten Arbeitstag mit seinem Servicewagen durch das gesamte Unternehmen gezogen und hat sich einen guten Überblick verschafft.

Um 16:05 Uhr verlässt er das Gebäude und geht zur Bushaltestelle, wie viele andere auch. Schnell ist er zu Hause und Olga freut sich, dass er wieder da ist.

„Na, wie hast du denn deinen ersten Arbeitstag überstanden? Es war ja kess, dass du den arroganten Schnösel von König auch geduzt hast. Aber mit solchen Leuten arbeiten und leben zu müssen, ist eine Herausforderung. Du hast doch auch die Jutta kennengelernt, sie ist ein kleiner und kecker Wirbelwind und alle mögen sie?"

„Olga, es war eigentlich ein schöner erster Arbeitstag. Ich habe zwar diesen eingebildeten Sicherheitskönig kennengelernt, aber auch die kleine reizende Jutta. In aller Ruhe konnte ich mir jeden Raum ansehen und mich als neuen Servicemann vorstellen. Das fanden die meisten recht lustig. Natürlich hatte ich meine kleine Begleiterin stets im Auge und habe ihr schon viel Futter gegeben, das ich heute Abend noch auf meinen Laptop überspielen werde. Morgen geht es weiter."

Nach dem Abendessen sitzen sie noch ein wenig zusammen, lassen aber bald den Tag ausklingen und mit einem „Gute Nacht" geht jeder in sein Schlafzimmer.

Am nächsten und am darauffolgenden Tag ist Edi wieder in der Firma tätig. Besondere Vorkommnisse gibt es bei ihm nicht. Aber Edi geht langsam voran, schmunzelt hin und wieder einen Kollegen an und schaut dabei auf den PC oder die Zeichnung, die der Mitarbeiter gerade vor sich liegen hat. Er hat sehr schnell eine Arbeitsweise gefunden, bei der er freundlich und scheinbar uninteressiert die

Ingenieure und Techniker ansieht und erfasst, womit sie sich momentan beschäftigen. So sammelt er eine ungeheure Datenmenge und fühlt sich bei seinem Vorgehen absolut sicher und unerkannt.

Allerdings klingelt am späten Vormittag in der Arbeitsagentur das Telefon und Olga nimmt ab:

„Agentur für Arbeit, Lubinski am Apparat."

„Schönfeld. Frau Lubinski, geben Sie mir bitte die Rufnummer der Firma in der Klohn zuvor tätig war. Unser Herr König bittet darum."

Selbstverständlich kommt Olga diesem Wunsch nach, sagt ihr die Telefonnummer und verabschiedet sich.

Doch unverzüglich ruft sie Georg an und bereitet ihn darauf vor, dass er bald einen Anruf von New Plastic Limited bekommen wird.

Bald darauf klingelt bei Georg ein zweites Mal das Telefon:

„Guten Tag, hier spricht Gerhard König von der New Plastic Limited. Ich hätte gern Herrn Schneider gesprochen."

„Hier ist Georg Schneider, was wünschen Sie?"

„Wir haben hier einen Hilfsarbeiter eingestellt, der angeblich zuvor bei Ihnen tätig war. Wenn das zutrifft, hätte ich gern von Ihnen etwas über diese Person erfahren. In unserem Unternehmen gilt strengste Geheimhaltung und so möchte ich wissen, ob wir mit der Einstellung dieses Menschen kein Risiko eingegangen sind."

Georg berichtet nun genau so, wie es abgesprochen war und kann damit den Skeptiker beruhigen.

König ist zunächst zufrieden, doch er hat ein komisches Gefühl, dass doch etwas mit diesem Eduard nicht stimmen kann. So nimmt er sich noch einmal seinen Bewerbungsbogen vor, der ihm von der Arbeitsagentur mitgegeben wurde. Mehrere Minuten sieht er auf das kleine Passbild, das auf dem Bogen aufgeklebt ist. Irgendetwas irritiert ihn. Mit einer Lupe blickt er noch einmal auf das Bild und betrachtet fast jeden Punkt, als würde es gerastert werden. Bei den Augen wird er stutzig. Das linke Auge hat eine kleinere Pupille als das rechte Auge. Wenn ein starkes Licht auf das Auge und damit auf die Pupille fällt, verkleinert sie ihren Durchmesser. Das ist zum Beispiel dann der Fall, wenn beim Fotografieren ein Spot verwendet wird, wie es hier wahrscheinlich auch gewesen ist.

Jetzt hat er eine Idee. Wenn das rechte Auge kein natürliches ist, sondern ein Glasauge, dann hat die Pupille immer den gleichen Durchmesser. Im selben Moment denkt König an sein Smartphone und die darin montierte winzige Kamera. Da müsste es doch möglich sein, in ein Kunstauge für Spionagezwecke eine solche kleine Kamera zu integrieren.

Von dieser Idee ist König dermaßen begeistert, dass er sofort Dr. Hannemann anruft und fragt, ob er gleich in einem dringenden Fall zu ihm kommen kann.

Hannemann stimmt zu und schon hocken beide nebeneinander auf der Couch im Chefbüro und betrachten mit einer Lupe das Passbild auf Edis Bewerbungsbogen.

Auch Dr. Hannemann erkennt einen Unterschied und bestärkt Königs Verdacht einer Mikrokamera in seinem Glasauge. Daraufhin meint König:

„Chef, wir lassen gleich Edi bei uns antreten und sehen ihm in die Augen!"

„Guter Gedanke Kollege König, doch Klohn ist längst zu Hause. Wir werden diese Untersuchung aber morgen erledigen."

Zu Hause erzählt Olga von einem Anruf der Schönfeld, dass König skeptisch ist und mit Georg sprechen wollte.

Edi lässt das kalt und er meint:

„Ich bin sauber und habe auch schon eine gute Ernte eingefahren. Soll er doch Georg fragen, wir kennen bereits die Antwort. - Nun lass uns von etwas anderem reden.

Olga, was ich hier mache, tue ich ja nicht zum Spaß, es soll schließlich ein bisschen Geld einbringen. Das „bisschen" wird aber so sein, dass es auf meinem Gehaltskonto ungewöhnlich wirkt. Das könnte auch anderen auffallen. Deshalb werde ich mir bald ein Konto in der Schweiz einrichten. Dorthin könnte ich von hier aus bequem fahren, wenn ich ein Auto hätte. Es wäre aber schön, wenn ich mir dein Auto ausleihen dürfte. Was hältst du davon?"

„Ewald, also damit habe ich gar kein Problem. Natürlich ist es besser, größere Summen nicht auf der Bank vor der Haustür anzuhäufen, sondern eher weit weg."

„Olga, noch ist es nicht soweit, doch es ist meine Art, gewisse Dinge schon im Voraus zu überdenken."

Am nächsten Tag fährt Edi wie immer pünktlich mit dem Bus in die Firma und zieht sich in seinem kleinen Kellerbüro für seinen täglichen Reinigungsdienst um. Da klopft Jutta an die Tür:

„Guten Morgen Edi, du möchtest bitte gleich zum Chef kommen!"

Edi geht sofort hin, klopft an und betritt das Büro. Dr. Hannemann erwartet ihn bereits und auch Herr König ist zugegen. Der Chef begrüßt ihn:

„Guten Morgen. Herr Klohn, wir haben erfahren, dass Sie ein künstliches Auge haben. Ist das wahr?"

„Ja."

Jetzt spricht ihn König an, indem er ihm einen leeren Aschenbecher hinhält:

„Los, nimm das Glasauge heraus und leg es in den Ascher!"

Edi:

„Nein"

König:

„Hörst du nicht? Nimm das Auge raus und tu es hier hinein!"

Edi:

„Nein!"

König:

„Los! Nimm es raus. Du bist nicht nur blöd, du bist auch taub!"

Edi:

„Nein!"

Dr. Hannemann:

„Herr Klohn, bitte nehmen Sie Ihr Glasauge heraus und legen es hier hinein! Bitte!"

Edi:

„Bitte! Danke! Nein!"

Nun wendet sich Dr. Hannemann an Gerhard König und versucht, ihm klarzumachen, dass sie dazu keine rechtliche Handhabe besitzen. Da sagt König in einem barschen Ton zu Dr. Hannemann:

„Dann rufen Sie oder die Schönfeld um Gottes willen einen Arzt oder Augenarzt an, dass er herkommen soll, weil wir einen Notfall haben.

Frau Schönfeld, rufen Sie den Augenarzt Dr. Rehbusch an, er möge sofort kommen, weil wir in der Firma einen Notfall haben! Aber bisschen schnell, wenn ich bitten darf!"

Leicht erschrocken über den Tonfall ruft sie diesen Augenarzt an und bittet ihn, möglichst schnell in die Firma zu kommen.

Wenige Augenblicke später kommt Dr. Rehbusch und meldet sich bei Frau Schönfeld. Sie nimmt ihn mit und führt ihn in das Chefbüro.

Dr. Hannemann spricht ihn an:
„Herr Rehbusch, wir haben Sie hergebeten, weil dieser junge Mann über Schmerzen in der rechten Augenhöhle klagt."

Dr. Rehbusch fragt Dr. Hannemann:
„Wie heißt der Patient?"

„Das ist Herr Eduard Klohn" erklärt Hannemann.

Dr. Rehbusch fragt nun seinen Patienten:
„Herr Klohn, wo genau haben Sie Schmerzen?"

Edi:
„Hab keine Schmerzen?"

Jetzt König:
„Herr Rehbusch, sie müssen wissen, Klohn ist nicht ganz normal, er ist blöd und weiß nicht, was er sagt!"

Dr. Rehbusch erkundigt sich:
„Verstehe ich es richtig, dass Sie Herr Doktor König sind?"

König antwortet kurz und knapp:
„Nein, ich bin kein Doktor, Herr König reicht!"

Dr. Rehbusch stellt klar:
„Es ist üblich, dass Promovierte untereinander den Titel entfallen lassen. Da dies nicht der Fall ist, bin ich für Sie demzufolge immer noch Dr. Rehbusch, Herr König.

Dieser Patient Klohn mag ein intellektuelles Defizit haben, aber er ist nicht blöd, wie Sie sich auszudrücken pflegen.
Ich wende mich an Sie, Herr Hannemann: Was soll ich eigentlich hier?"

„Herr Rehbusch, in unserem Unternehmen herrscht strengste Geheimhaltung. Herr König fürchtet, dass im Kunstauge des Herrn Eduard Klohn eine Mikrokamera für Spionagezwecke eingebaut ist. Das wollten wir herausfinden."

„Lieber Herr Hannemann, es besteht bei dem Patienten keine nachweisliche medizinische Indikation, das Auge herauszunehmen. Dafür fehlt demnach jede rechtliche Basis. Ich kann lediglich den Patienten fragen, ob er gestatten würde, dass ich zur Begutachtung sein Kunstauge für einen Moment entnehmen darf."

Dr. Hannemann zu Rehbusch:
„Bitte, tun Sie das!"

Nun fragt Dr. Rehbusch seinen Patienten:
„Herr Klohn, darf ich mir Ihr Kunststoffauge einmal kurz ansehen?"

Edi:
„Ja, bitte!"

Jetzt entnimmt Dr. Rehbusch das Auge, betrachtet es von allen Seiten und äußert sich dazu:
„Meine Herrn, wir haben es hier mit einem Kunststoffauge des Herstellers J&C zu tun. Es ist von hervorragender Qualität und besitzt eine für

238

Kunststoffaugen selten glatte Oberfläche. Eine Kamera ist darin mit Sicherheit nicht enthalten, auch wenn Ihnen, Herr König, mein Befund nicht passt."

„Herr Klohn, ich setze Ihnen das Auge wieder ein und entschuldige mich für diesen aus medizinischer Sicht nicht gerechtfertigten Eingriff. Ich wünsche Ihnen weiterhin alles Gute!"

Damit verlässt Dr. Rehbusch die Firma und Edi das Chefbüro.

Dr. Hannemann spricht König an:
„Sie verlassen sofort mein Büro, bevor ich mich vergesse."

Edi hat gestern schon gemerkt, dass König ihm gegenüber skeptisch ist. Deshalb hat er heute darauf verzichtet, sein Spezialauge einzusetzen. Diese Entscheidung war goldrichtig.

Der weitere Arbeitstag verläuft für Edi wie die Tage vorher. Ihm ist jetzt schon klar, dass es heute Abend mit Olga sehr interessante Gespräche geben wird.

Edi kann nicht ahnen, dass der morgige Tag zum Höhepunkt seiner Karriere bei New Plastic Limited wird.

Nachdem er mit dem Linienbus seine Arbeitsstelle erreicht hat, geht er wie jeden Tag in sein Kellerbüro. Dort macht er seinen Servicewagen fertig, denn heute sind die Werkstätten dran, kontrolliert und gereinigt zu werden. Diese Arbeit dauert etwa bis gegen 10:00 Uhr. Danach fährt er zurück in sein Büro und isst eine Schnitte zum zweiten Frühstück.

Nach dieser kleinen Pause widmet er sich dem Toilettentrakt. Zuerst nimmt er sich die Behindertentoilette vor, die natürlich mit einem Schild mit englischer Bezeichnung gekennzeichnet ist:

„WC for handicapped persons, only"

Während Edi alles säubert, hört er aus der Herrentoilette von nebenan jemanden sprechen. Als er genauer darauf achtet, ist es eine männliche und eine weibliche Stimme, es sind Geräusche und Laute. Edi denkt sich: da beginnt wohl bei einem Pärchen ein Liebesspiel. Doch dann ändert sich die Stimmlage und er hört deutliche Worte:

„Komm endlich!"

„Nein, lass das!"

„Hab dich nicht so, mach es, los!"

„Nein, ich mag das nicht so, das ist eklig!"

„Los, fang an, wozu gebe ich dir einen Hunderter, du blöde Kuh!"

Edi merkt, dass das Liebesspiel nun krasse Formen annimmt, öffnet die Tür und schiebt seinen Servicewagen hinaus in den Vorraum, wo die Waschbecken und Händetrockner sind. Im selben Moment geht die Tür nebenan auf und eine schwarzhaarige junge Frau stürzt heraus, ihre Bluse ist vorn aufgerissen und der BH hängt zur Hälfte heraus. Schon kommt ein großer Mann hinterher, sieht Edi an, blickt auf seine kleine Elektronik-Box, die die Videos von der Mikrokamera speichert.

Edi klickt die Box immer an seinen Hosenbund, wo sie normalerweise durch sein Hemd verdeckt wird. Weil er aber gerade von der Toilette hochgeschreckt ist, hat das Hemd sie nicht verdeckt. König sieht sie und schreit Edi an:

„Du spionierst also doch, du Schwein!"

Jetzt stehen sich alle im Vorraum gegenüber. In dem Moment greift die Frau nach dem schweren Aschenbecher, der neben den Waschbecken auf der Ablage steht und schlägt König damit auf den Kopf.

Er geht zu Boden und fällt Edi direkt vor die Füße. Erschreckt von dem, was sie eben getan hat, rennt die Frau zur Tür hinaus und schreit:

„Er hat mich vergewaltigt, der feine König, dieser Lump!"

Jetzt ist Edi mit dem am Boden liegenden König allein. Er nimmt den Ascher in die Hand und schlägt ihn König auf den Kopf. Dann steckt er sein Hemd wieder ordentlich in die Hose, ergreift ruhig seinen Servicewagen und verschwindet im Aufzug.

Vom Schrei der aufgeregten jungen Frau ist die Sekretärin aufgeschreckt und läuft die Treppe hinunter in den Toilettentrakt. Dort sieht sie König auf dem Rücken am Boden und seinen Kopf in einer Blutlache liegen. Sofort ruft sie die Polizei, während sie auf der Treppe nach oben rennt. Schönfeld pocht an die Tür des Chefs, reißt sie auf und ruft:

„König liegt in der Toilette im eigenen Blut!"

Der Chef springt hoch, drückt auf die Mikrofon-Notsignaltaste und sagt:

„An alle. Sofort alle PCs ausschalten, Schubfächer und Schreibtische schließen. Wir erwarten die Polizei!"

Mit dieser Anordnung will Dr. Hannemann verhindern, dass die eintreffende Polizei möglicherweise Fotoaufnahmen macht, die einer Geheimhaltung schaden könnten.

Nach wenigen Minuten kommt ein Notarzt hereingerannt, gefolgt von zwei Sanitätern. Frau Schönfeld hatte in kluger Voraussicht schon die Eingangstüren entriegelt und geöffnet. Sie zeigt ihnen den Weg in den Keller zu dem am Boden liegenden König.

Der Arzt beugt sich über den Patienten, will den Puls an seiner Halsschlagader fühlen, doch er ist nicht mehr wahrnehmbar. Der Doktor richtet sich auf, schaut Frau Schönfeld an und sagt:

„Wir können nichts mehr für ihn tun. Er ist tot."

In der Zwischenzeit trifft auch die Polizei ein und es erscheinen Mitarbeiter der KTU.

Zwei Kommissare betreten das Gebäude, laufen gerade dem Chef in die Arme und sagen:

„Wir wurden gerufen!"

„Ja, bitte, kommen Sie mit in das Kellergeschoss!"

Nun erst stellen sich die beiden Polizisten vor:

„Das ist meine Kollegin Clara Lange und ich bin Kommissar Fred Thale. Und wer sind Sie?"

„Mein Name ist Dr. Hannemann, ich bin Leiter des Unternehmens."

In der Zwischenzeit hat der Notarzt den Bestatter angerufen, der dafür sorgt, dass die Leiche in die Gerichtsmedizin gebracht wird.

Die Kommissarin Lange wendet sich an Dr. Hannemann:
„Wo können wir ungestört eine kurze Zeugenbefragung durchführen?"

Antwort von dem erschütterten Dr. Hannemann:
„In meinem Büro ist genügend Platz."

Inzwischen hat Kommissar Thale die Sekretärin angesprochen und gebeten:
„Bitte sorgen Sie dafür, dass niemand das Gebäude verlassen kann!"

Frau Schönfeld wartet vor der Tür noch auf den Bestatter. Als dieser mit seinem Helfer die Transportwanne mit der Leiche aus dem Gebäude zu seinem Auto gebracht hat, betätigt sie die Sicherheitstaste des Schließsystems.

Kommissarin Lange fragt in die Runde der Mitarbeiter, die sich mittlerweile im Foyer eingefunden haben:

„Wer von Ihnen hat das Vorkommnis an uns gemeldet?"

„Das war ich. Mein Name ist Herta Schönfeld."

„Bitte kommen Sie mit in das Büro und schildern Sie, was Sie gesehen haben!"

Herta Schönfeld beginnt:

„Ich saß in meinem Büro und hörte wegen der einen Spalt geöffneten Tür die Schreie von Felicia: ‚Er hat mich vergewaltigt, der feine König, dieser Lump!‘

Dann lief ich die Treppe hinunter und sah Herrn König auf dem Boden liegen, in einer Blutlache. Und dann habe ich die Polizei gerufen.“

Kommissarin Clara Lange:

„Danke Frau Schönfeld. Wo finden wir diese Frau Felicia.“

Schönfeld:

„Das weiß ich nicht, aber vielleicht ist sie zu ihrem Freund gelaufen, der arbeitet bei uns im Musterbau.“

Kommissar Fred Thale bittet:

„Frau Schönfeld, würden Sie Felicia herholen!“

Felicia Brinello kommt nun auch in das Büro und setzt sich neben Frau Schönfeld. Kommissarin Lange sagt aber:

„Frau Schönfeld, wir müssen Sie bitten, das Büro zu verlassen, während wir Felicia Brinello befragen!“

Herta Schönfeld verlässt das Chefbüro und geht zurück in ihr Sekretariat.

Kommissarin Lange beginnt die Befragung von Frau Brinello:

„Nennen Sie uns bitte Ihren Familiennamen und erzählen Sie die ganze Geschichte, aber von Anfang an!“

„Ich bin Felicia Brinello und bin zusammen mit meinem Freund Leon vor einem Jahr aus Genua in diese Firma gekommen, weil wir Geld verdienen wollten, denn wir waren beide arm. Als ich einmal mit Herrn König allein war, sagte er mir, dass er gern ein bisschen mit mir schmusen will und mir dafür hundert Euro gibt. Weil ich mir noch etwas dazu verdienen will, habe ich mir gedacht, dass das nicht schlimm ist und habe zugestimmt."

„Und wie ging es weiter, denn das ist ja nicht alles?"

„Frau Kommissarin, muss ich wirklich alles erzählen?"

„Ja, das müssen Sie schon, aber es bleibt ja unter uns."

„Gut. Wir haben uns in der Herrentoilette verabredet. Zuerst haben wir uns nur geküsst, doch dann wollte er mehr und mich zum Oralsex zwingen. Er hat mir gewaltsam den Kopf festgehalten, aber ich mag das nicht. Da bin ich herausgerannt. Gleichzeitig kam aus der Handicap-Toilette Edi mit dem Servicewagen heraus. Plötzlich kam auch König heraus, schrie Edi an und sagte: „Du willst spionieren, du Schwein". Da griff ich nach einem Aschenbecher, der neben dem Waschbecken stand und schlug ihm den von hinten auf den Kopf. Da fiel er um und ich rannte weg und schrie, dass er mich vergewaltigen wollte. Ich lief weinend zu Leon und erzählte ihm alles."

„Frau Brinello, sie geben zu, dass sie Herrn König mit dem Ascher auf den Kopf geschlagen haben?"

„Ich habe ihn mit dem Ascher geschlagen, aber ich weiß nicht, ob ich auf den Kopf geschlagen oder nur das

Genick getroffen habe. Vielleicht wäre ein Tritt in den Hintern besser gewesen für dieses alte geile Schwein!"

„Frau Felicia Brinello, ich nehme sie fest wegen des Verdachtes, Herrn König getötet zu haben. Kommissar Thale bringt Sie zu unserem Fahrzeug."

Nun verlässt kurz Kommissarin Lange das Büro und fragt Frau Schönfeld, wo dieser Herr Edi zu finden ist, denn er soll auch einige Fragen beantworten. Herta Schönfeld sagt zu, Edi in das Büro des Chefs zu bringen.

Einen Augenblick später kommt Edi in das Chefbüro und die Kommissarin Lange empfängt ihn:

„Ich bin Kommissarin Clara Lange und möchte Ihnen ein paar Fragen stellen. Bitte nennen Sie zuerst Ihren vollständigen Namen."

„Ich bin Eduard Klohn, alle sagen nur Edi zu mir."

„Herr Klohn, welchen Beruf üben Sie hier aus?"

„Habe kein Beruf, mache Service."

„Herr Klohn, stimmt es, dass Herr König zu Ihnen gesagt hat, dass Sie spionieren würden?"

„Ja, stimmt. Ist Quatsch! Wie und was spionieren?"

„Hat Sie der Vorwurf geärgert?"

„Nöööö! König ist Blödmann! Kein Ärger wegen Blödmann."

„Herr Klohn, haben Sie gesehen, dass Frau Brinello dem Gerhard König den Aschenbecher auf den Kopf geschlagen hat?"

246

„Ja, hab ich. War gut so für Blödmann!"

„Herr Klohn, Sie können gehen, aber halten Sie sich die nächsten Tage hier auf, falls wir noch Fragen haben. Danke!"

„Bitte. Tschüss!"

Das, was die Kommissare hier erfahren wollten, haben sie erreicht und können den Tatort wieder verlassen. Sie sagen Frau Schönfeld, dass sie sich in den kommenden Tagen noch einmal melden werden, um über den Fortgang der Ermittlungen zu berichten. Dazu gehört auch die Auswertung aller Spuren und die Ergebnisse der KTU.

Nachdem die Kommissare das Unternehmen wieder verlassen haben, erreicht die Mitarbeiter eine neue Meldung, dass die Computer wieder eingeschaltet und die Schreibtische geöffnet werden dürfen. Der normale Arbeitstag soll soweit wie möglich ungestört fortgeführt werden. Auch Edi macht weiter seine Runde. Er ist aber froh, wenn der Feierabend endlich erreicht ist.

Zu Hause angekommen, hat er Olga viel zu berichten. Trotz der Erlebnisse will er morgen wieder zum Dienst erscheinen. Noch immer kämpft er mit sich, ob er Olga gestehen soll, dass er König einen mächtigen Hieb verpasst hat. Schließlich wendet er sich an Olga und sagt:

„Bitte nimm es mir nicht übel, aber ich lege mich ein Stündchen hin, ich möchte allein sein!"

„Ewald tu das, ich habe Verständnis für dich und dein Handeln, denn inzwischen bist du mir nicht mehr fremd, sondern rückst meinem Herzen langsam immer näher!"

Ewald hat sich hingelegt, was er zuvor bei Olga noch nie getan hat. Aber ihn plagen Gedanken, wie sich sein Leben gewandelt hat.

Er hat eine liebe Frau, die ihn umsorgt, eine großartige Tochter, die ihren Eltern Freude bereitet und er hat mit seiner Familie ein prächtiges Haus. Dieser Neubau allerdings trägt zu seinem Gram bei. Mit seinem Unfall geriet sein Leben in Schieflage. Es ist fraglich, ob er das Darlehen für das Haus abbezahlen kann und die versprochene Auslandsreise seiner Tochter noch finanzierbar ist. Wo er hinsieht, fehlt es an Geld. Plötzlich wendet sich das Blatt. Der Unfall, der ihn in ein tiefes finanzielles Loch fallen ließ, wurde über Nacht zu einer Geldquelle. Nun ist sein Tun nur noch darauf ausgerichtet, Geld zu bekommen. Seine Moral leidet darunter und er kümmert sich immer weniger um jene Dinge, die um ihn herum geschehen.

Heute hat er keine Skrupel mehr,ein Ehepaar in deren Auto sterben zu lassen, einen Mann zu erschlagen und duldet, dass eine junge Frau unter Mordverdacht verhaftet wird. Ewald, wer bist du heute eigentlich?

Er ist ein anderer Mensch geworden und es gibt kein Zurück mehr. Es lockt nur noch das große Geld und ein Leben ohne finanzielle Nöte.

Ewald steht auf, geht zu Olga und erzählt ihr, dass er heute in eine Situation kam, in der er entscheiden musste, seine Deckung aufzugeben oder einen Menschen zu töten. Er entschied sich für den Tod des anderen. Olga weiß es aus eigenem Erleben, dass es für einen Agenten Augenblicke gibt, in denen man sich abrupt entscheiden muss.

Der nächste Tag ist ein Freitag und er fährt wie immer in die Firma. Im Foyer steht auf einem Sockel das Foto von König mit einem Trauerflor. Ewald fährt mit dem Fahrstuhl nach unten und geht in sein Kellerbüro. Er verrichtet seinen Dienst wie an jedem anderen Tag. Zur Frühstückszeit klopft Jutta an seine Tür und tritt ein:

„Hei Edi, ich soll dir sagen, dass du in das Sekretariat kommen möchtest, weil dort zwei Kommissare auf dich warten. Sag mal, ist etwas Schlimmes zu befürchten, dass ich mich sorgen muss?"

Edi betritt das Sekretariat und wird von Kommissarin Lange und Kommissar Thale begrüßt:

„Herr Klohn, wir hatten Sie gestern gebeten, nicht zu verreisen, falls wir noch Fragen hätten. Das ist nicht der Fall und Sie dürfen sich wieder frei bewegen. Der anfängliche Tatverdacht gegen Sie konnte fallen gelassen werden, da auf dem Aschenbecher, also dem Tatwerkzeug, von Ihnen keine Fingerabdrücke gefunden wurden. Ihnen weiterhin alles Gute."

Die Kommissare verabschieden sich und Frau Schönfeld muss eines unbedingt loswerden:

„Herr Klohn, ich freue mich für Sie. Ich kann es mir auch nicht vorstellen, dass Sie etwas mit dem Tod von König zu tun haben können."

Edi ergänzt etwas wortreich:

„Komme nächste Woche nicht mehr. Klima ist schlecht, nur Jutta ist lieb und gut. Auf Wiedersehen!"

Er verlässt das Büro und geht die Treppe nach unten.

Um 16:05 Uhr verlässt Edi die Firma und geht zur Haltestelle, um nach Hause zu fahren.

Bei Olga angekommen, erzählt er ihr, dass es sein letzter Arbeitstag bei New Plastic Limited war. Noch heute will er das gesamte Material sichten und auf einen Stick kopieren. Olga fragt daraufhin:

„Ewald, ist es dir recht, wenn ich D47.0 informiere, dass das Päckchen schon gepackt ist und per Kurier abgeholt werden kann? Ich schlage vor, nächste Woche Dienstag am Airport in Genf. Ist das O. K. für dich?"

Ewald sagt :

„Danke Olga, dass du das für mich erledigst."

Ewald beendet damit erfolgreich den Auftrag D47. Die von ihm zusammengetragenen Informationen sind auf einem Stick gespeichert und werden in Shenzhen an D47.0 übergebe. Der leitet sie weiter an den Auftraggeber, der damit in die Lage versetzt wird, als erster weltweit und zu günstigen Preisen einen neuen Werkstoff mit besten Eigenschaften anzubieten.

Der Zyklop hat erneut seine Macht bewiesen, indem es ihm gelungen ist, die Firma New Plastic Ltd. vom -Weltmarkt zu verdrängen.

Kapitel 15

Gleich nach einem kräftigen Frühstück begibt sich Ewald mit Olgas Auto auf die Reise. Von Ober-Ramstadt aus fährt er in südwestliche Richtung, um bei Eberstadt auf die A5 zu kommen. Es geht weiter an Heidelberg und Karlsruhe vorbei nach Freiburg im Breisgau.

Hier will er in einem landestypischen Restaurant sein Mittagessen einnehmen. Vorher möchte er sich aber noch ein bisschen die Stadt ansehen. Der Breisgau ist eine Region im Südwesten Baden-Württembergs und grenzt im Osten an das französische Elsass und im Westen an den Schwarzwald. Ebendarum besucht er auch das Restaurant ‚Paradies‘, um dort den typischen Schwarzwälder Schinken zu probieren. Bei seinem kleinen Stadtbummel geht er zuerst in das bekannte Freiburger Münster. Dann führt ihn sein Weg am Schwabentor vorbei zum Neuen Museum.

Damit hat er einen Überblick und freut sich jetzt auf das Mittagessen.

Nach diesem kulinarischen Zwischenstopp legt er in gemütlicher Fahrt die letzten 70 Kilometer bis nach Basel zurück.

Dort hat Ewald im Voraus im zentral gelegenen Hotel ‚Teufelhof‘ eine Übernachtung gebucht.

Er will den ganzen Sonntag hier in Basel verbringen, bevor er am Montagmorgen bei der CIC Bank ein Konto eröffnet. Das Bankgebäude liegt in geringer Entfernung vom Hotel ebenfalls im Zentrum von Basel.

Als Ewald diesen wichtigen Schritt getan hat, sich in der Schweiz ein Bankkonto einzurichten, setzt er seine Fahrt in südliche Richtung fort.

Nun beginnt eine landschaftlich interessante Tour von Basel in das südliche Genf. Für die 260 Kilometer hat er bei gemäßigter Reisegeschwindigkeit 3 bis 4 Stunden eingeplant. Mindestens ein Zwischenstopp muss aber darin enthalten sein.

Seine Reiseroute führt über die Uferstraße am Neuenburger See entlang. Bald hat er Lausanne erreicht, bleibt auf der Hauptstraße, fährt geradeaus am Château vorbei und wählt einen Parkplatz aus, der nahe dem kleinen Café ‚The Lacustre' liegt. Er lässt sich einen Cappuccino und ein Hörnchen bringen und erfreut sich am Anblick des Genfer Sees, der sich hier vor ihm ausbreitet.

Eine Stunde später erreicht Ewald Genf und steuert auf das Hôtel Métropole Genève zu, wo er bereits ein Appartement gebucht hat. Vom Zimmer aus blickt man auf die Südspitze des Genfer Sees.

Nach dem Abendessen schaltet er noch einmal seinen Laptop ein und speichert seine Kontodaten von der CIC Bank in Genf auf seinem PC und kopiert sie auf den USB-Stick, damit D47.0 auch weiß, wohin das Geld überwiesen werden soll.

*

Am nächsten Morgen fährt er zu dem etwas außerhalb liegenden Airport, um dem Kurier zu begegnen. Es ist D47.5. Seine Maschine soll gegen 10:00 Uhr landen. Alles

252

ist alles im Vorfeld gut abgesprochen, so dass die Übergabe des USB-Sticks schnell erfolgt und D47.5 schon mit der nächsten Maschine zurück in die Heimat fliegen kann. Da der Flughafen in nordwestlicher Richtung unmittelbar an der Autobahn A1 liegt, befindet Ewald sich schon auf der richtigen Spur, die ihn zurück nach Deutschland führen wird.

Spät am Abend erreicht er, ohne einen Zwischenstopp eingelegt zu haben, Ober-Ramstadt.

Am nächsten Tag ist Ewalds Abreise geplant.

„Liebe Olga, ich verabschiede mich und danke dir für alles, was du für mich getan hast. Ich habe diesen Auftrag, nicht zuletzt mit deiner Hilfe erfüllt und bin gespannt, was mich als nächstes erwartet. Mach's gut!"

Olga sagt leicht scherzhaft:
„Ich fahre dich noch zum Bahnhof, da bin ich sicher, dass du auch abgefahren bist!"

Die Bahnfahrt nach Wunstorf dauert lange und vom Bahnhof hat er sich ein Taxi genommen.

Von Rosa und auch von seiner Tochter wird er schon freudig erwartet und mit Fragen überhäuft. Ewald sagt nur kurz, dass es sehr anstrengend war in Ramstein und er bestimmt noch einmal für zwei oder drei Wochen zu dieser umfangreichen Schulung und Ausbildung fahren muss.

***

Wie es nicht anders zu erwarten ist, weiß inzwischen D47.0, dass Ewald, alias Zyklop, von seinem Chef beauftragt wurde, für eine kurze Zeit in der ‚Military Air Base Ramstein' tätig zu sein. Es ist für diese Agentur wie ein Fünfer im Lotto, dass einem seiner ‚Mitarbeiter' eine Arbeitsstelle an einem militärpolitischem Drehkreuz zugewiesen wurde. Allein dieser Umstand rechtfertigt eine Sondersitzung.

Im Xiangmi-Park in Shenzhen hat D47.0 sein Team zu einem Gespräch gebeten. Nachdem der Leiter die Genossen begrüßt hat, wendet er sich an sie und erklärt:

„Sie alle haben bis jetzt eine sehr gute Arbeit geleistet, was sich in bestimmten Kreisen bereits herumgesprochen hat. So verwundert es mich nicht, dass wir schon wieder einen neuen Auftrag bekommen haben. Es geht dieses Mal um eine militärische Aufgabe. Unser Auftraggeber möchte ein System zur Fernsteuerung von Kampfflugzeugen entwickeln. Es soll speziell bei dem neuen USA-Tarnkappenbomber F35 zum Einsatz kommen. Dazu benötigt der Auftraggeber detaillierte Informationen über die in dieser Maschine eingesetzte Software. Ich finde, dass dieser Auftrag auf unseren Zyklopen förmlich zugeschnitten ist, da er lange Jahre als Pilot ähnliche Maschinen geflogen hat.
Das neue Projekt hat den Code D35.

D47.2 Sie bleiben hier, die anderen Genossen dürfen die Versammlung verlassen und weiter ihrer Arbeit nachgehen!"

D47.0 ist nun mit D47.2 allein und befiehlt ihm Folgendes: „D47.2 mir ist der Tagesablauf der Familie Jansenbekannt, so dass ich Sie anweisen kann, am Montagmorgen um 8:15 Uhr in der Wohnung von Ewald Jansenzu sein. Dann ist er allein, weil seine Frau bereits um 7:45 Uhr in der Kita sein muss und seine Tochter schon um 7:30 Uhr zu ihrer Arbeitsstelle im Hotel unterwegs ist. Sie lesen sich hier die Aufgabenstellung unseres Auftraggebers genau durch und prägen sich diese ein. Dann bereiten Sie für sich einen Flug vor, mit allem, was dazu gehört. Weil es für Sie nicht das erste Mal ist, wissen Sie bestens Bescheid.

Das Zusammentreffen mit dem Zyklopen ist beschränkt auf maximal eine Stunde. In dieser Zeit erklären Sie ihm seine Aufgabe im Projeket D35 im Detail, verlassen anschließend wieder sein Haus und kommen zurück in die Volksrepublik.

Bitte danken Sie dem Zyklopen für seine Arbeit. Den USB-Stick habe ich erhalten und dem Auftraggeber die Informationen zukommen lassen. Gleichzeitig habe ich auf das Schweizer Konto des Ewald Jansen einen Betrag von 500.000 EUR überwiesen.

Habe ich mich klar ausgedrückt?"

„Ja, D47.2 hat es verstanden. Auf Wiedersehen!"

***

255

Am Montagmorgen klingelt es um 8:15 Uhr bei Jansenan der Tür. Ewald öffnet und wundert sich, dass er plötzlich und gänzlich unerwartet ein bekanntes Gesicht sieht:

„Hallo Mike, das ist ja eine Überraschung. Komm herein, wir gehen gleich in mein Büro."

„Ewald, wir haben erfahren, dass du demnächst in Ramstein tätig sein wirst. Das ist natürlich für unsere Agentur ein unbeschreiblicher Glücksfall. Daher bekommst du einen Auftrag mit auf deinen Weg. Wir lesen ihn gleich gemeinsam durch. Damit dir das Lesen aber eine Freude sein soll, darf ich dir mitteilen, dass auf deinem CIC-Konto ein Zugang von 500.000 EUR zu verzeichnen ist."

Ewald atmet tief durch und freut sich riesig, denn dadurch wird er in die Lage versetzt, dem Bauunternehmen die restliche Auftragssumme zu überweisen. Damit wird die Familie endlich wieder schuldenfrei.

Zusammen mit Mike studieren sie den Arbeitsauftrag D35 und besprechen einige Details. Pünktlich um 9:30 Uhr verabschiedet sich Mike, denn sein bestelltes Taxi steht schon vor der Tür, das ihn zum Flughafen bringt.

Als Rosa kurz nach 14:00 Uhr nach Haus kommt, wird sie von Ewald freudig begrüßt, was sie ein wenig verwundert:

„Das ist ja ein unerwartet liebevoller Empfang, gibt es dafür einen Grund, Ewald?"

„Ja, ich habe gleich zwei Überraschungen parat: Eine gute und eine schlechte. Welche willst du zuerst hören?"

„Liebe Rosa, ich muss schon morgen in aller Frühe aufbrechen und nach Ramstein fahren."

Rosa meint:

„Nun ja, wenn es so schnell sein muss, dann gibt es keine Diskussion. Und wie ist die schöne Nachricht?"

„Wir haben seit heute unser Haus komplett bezahlt, denn ich habe vor einer Stunde an das Bauunternehmen den Restbetrag überwiesen."

„Das ist ja ein Wahnsinn, wie konntest du das schaffen?"

„Rosa, ich habe durch eine außergewöhnliche Zusatzleistung eine sehr hohe Prämie erhalten, doch mehr darf ich nicht sagen. Wir wollen uns darüber freuen, ohne Fragen zu stellen!"

Sie verbringen noch einen schönen Tag und am Abend stoßen sie gemeinsam mit einem Glas Sekt auf ein schuldenfreies Leben an, auch Heike ist dabei.

Doch bald verschwindet Heike, weil sie sich an diesem Freitagabend lieber mit Freunden trifft. Ewald und Rosa sind inzwischen allein, aber es vergehen Minuten, ohne dass ein Wort gesprochen wird. Rosa kann einen solchen Zustand nicht ertragen und so sagt sie:

„Ewald, du warst nun so lange weg und hast kein einziges Mal angerufen. Hast du denn nicht an mich gedacht und dich gefragt, wie es mir geht?"

„Du weißt doch, dass es nicht gestattet ist, dass ich bei einer solchen militärischen Operation telefonieren darf!"

257

„Also Ewald, nun mal ehrlich. Du warst bei einer Schulung und das ist keine militärische Operation. Diese Ausrede ist dreist und beleidigend, wenn du mir so eine Entschuldigung anbietest. Sei wenigstens so viel Mann, dass du zugibst, dass dein Interesse an mir geschwunden ist. Dann kann ich mich darauf einstellen und entsprechend verhalten."

„Liebe Rosa, es ist schwierig geworden. Ich weiß, dass ich mich verändert habe und ein anderes Leben anstrebe!"

„Ewald, was erwartest du denn in einem anderen Leben. Uns geht es doch gut. Du hast fleißig gearbeitet und das Haus abbezahlt. Heike bereitet uns jeden Tag Freude und auch mir macht meine Arbeit Spaß, den Kleinen in der Kita immer ein gutes Essen zuzubereiten. Wir sollten beide dankbar und glücklich sein, dass wir ein solches Leben führen können!"

„Rosa, dir mag es genügen, so zu leben, dass es morgen genau so ist wie gestern. Ich arbeite gern und möchte aber die Früchte meiner Arbeit in einem außergewöhnlichen Leben genießen. Freude, Ausgelassenheit und abwechslungsreiche Sexualität. Das alles finde ich bei dir nicht. Und genau das ist es auch, weshalb ich unsere Ehe als ein tristes Zusammenleben empfinde, das ich nicht weiter fortsetzen will. Es ist nicht zu leugnen, dass wir uns auseinandergelebt haben. Wenn ich dich berühre, empfinde ich nichts mehr, als einen bloßen Kontakt mit einem anderen Menschen.

Ich möchte, dass es dir gut geht und werde die materiellen Voraussetzungen dazu schaffen. Leider fühle ich mich nicht mehr in der Lage, unbeschwert verliebt zu sein. Das geht mir nicht nur bei dir so, sondern auch bei anderen Frauen. Immer mehr fühle ich, dass meine Empfindungen und Empathie anderen gegenüber durch eine Sucht nach persönlichem Reichtum und Wohlstand verdrängt werden.

Lass uns in Frieden und weiterhin gegenseitigem Respekt einen Schlussstrich ziehen."

***

Am nächsten Tag bricht Ewald in aller Frühe auf, da er eine weite Reise vor sich hat. Nach sieben Stunden hat er sein Ziel erreicht. Noch am selben Abend sucht er sich eine Ferienwohnung.
Ewald fährt nach Kaiserslautern und findet in der Alex-Müller-Straße 117 am Stadtrand eine passende Ferienwohnung mit einem Balkon und der Möglichkeit, den Garten zu benutzen. Er darf auch auf dem Grundstück einen Stellplatz für sein Auto in Anspruch nehmen.

Ewald ruft kurz bei Rosa an und teilt ihr mit, dass er gut angekommen ist und sich schon eine Bleibe gesucht hat.

Am Dienstagvormittag steht Oberleutnant Jansenvor dem Pförtner im ‚Versuchs- und Testlabor Luftfahrt‘ in Ramstein. Ewald wird in das Sekretariat geschickt und dort von Frau Sommer empfangen:

„Guten Tag Herr Oberleutnant, zu wem möchten Sie denn?"

„Ich bin Ewald Jansenund werde im Testlabor von Oberstleutnant Schäfer bereits erwartet."

„In Ordnung, ich melde Sie gleich an."

Einen Moment später erscheint dieser Herr Schäfer und begrüßt Ewald:

„Schön dass Sie hier sind und den weiten Weg aus dem hohen Norden gut zu uns geschafft haben. Mir wurde mitgeteilt, aus welchem tragischen Grund Sie bei uns tätig sein werden, aber es wird Ihnen gewiss gefallen. Wir von der Testtruppe sind ein freundlicher Haufen. Neudeutsch würden wir sagen: ein cooles Team.

Haben Sie sich schon ein Hotel ausgesucht, wo Sie unterkommen?"

„Nein, das habe ich noch nicht, doch ich nehme immer dann eine Ferienwohnung, wenn ich längere Zeit bleibe. Die habe ich bereits gefunden."

„Gut, Herr Kollege, dann zeige ich Ihnen Ihren zukünftigen Arbeitsplatz.

Wir sehen uns dann morgen früh um 8:00 Uhr." Ewald sieht sich heute noch ein bisschen in Kaiserslautern um und fährt anschließend in seine FeWo.

Am Abend ruft er Olga an:

„Hallo Olga, hier ist Ewald. Ich bin gut in Ramstein angekommen, habe schon meinen Arbeitsplatz gesehen und mir in Kaiserslautern eine schöne Ferienwohnung ausgesucht. Die wird dir bestimmt auch gefallen. Und wie geht es dir?"

„Hallo Ewald, ich freue mich, deine Stimme zu hören. Mir geht es gut und ich habe heute oft und viel an dich gedacht, denn es fand auf die Schnelle die Gerichtsverhandlung im Mordfall ‚König' statt. Der Anwalt von Felicia hat sich große Mühe gegeben, die Tat als Verteidigung gegen eine Vergewaltigung darzustellen, doch der Staatsanwalt warf ihr sogar Heimtücke vor, indem sie den König von hinten erschlagen hat. Das Urteil lautet auf 15 Jahre Gefängnis. Sie tut mir leid. Ich war noch einmal bei New Plastic Limited. Auch dort sind viele Frauen betroffen von dem harten Urteil. Man hörte heraus, dass schon einige, besonders junge und gut aussehende Frauen ähnliches erdulden mussten, oft nur, um den Arbeitsplatz zu behalten. Ich bin noch immer sehr gerührt und habe mir fest vorgenommen, Felicia im Gefängnis zu besuchen. Mehr gibt es hier nicht zu berichten und ich wünsche dir eine schöne Woche. Übrigens habe ich heute auf meine Erfolgsmeldung hin ein großes Dankeschön von D47.0 erhalten. Er hat mich gebeten, dich bei dem nächsten Auftrag weiter zu betreuen. Ehrlich gesagt, weiß ich nicht, ob ich mich darüber freuen soll. Gute Nacht, Ewald."

In Ober-Ramstadt klingelt am nächsten Tag ein junger Mann an der Tür des Rechtsanwalts Dr. Höhne.

Eine Sekretärin öffnet, bittet ihn herein und fragt gleich nach dem Grund seines Besuches. Er antwortet:

„Mein Name ist Leon Cosata. Ich bin der Freund von Felicia Brinello, die Dr. Höhne bei der Gerichtsverhandlung vertreten hat. Zu dem Urteil habe ich noch eine Frage, die ich gern mit dem Rechtsanwalt besprechen würde."

„Es ist schön, dass Sie den Weg zu uns gefunden haben, doch brauchen Sie leider einen Termin! Momentan ist Dr. Höhne ohnehin in einem Gespräch."

„Ach, das ist unsagbar schade, denn es gibt neue Aspekte, dass die Verurteilung ungerecht ist. Kann ich nicht solange hier bleiben, bis Dr. Höhne frei ist. Ich warte gern, auch wenn es lange dauert."

„Nun gut, dann nehmen Sie dort in der Ecke Platz, ich will sehen, was ich für Sie tun kann."

Leon wartet geduldig eine Stunde, dann kommt Dr. Höhne auf ihn zu und sagt:

„Wenn es etwas Neues gibt, bin ich ganz Ohr. Kommen Sie!"

Nun beginnt Leon:

„Bei der Verhandlung begründete der Staatsanwalt das Urteil „Mord" damit, dass Felicia den Herrn König von hinten auf den Kopf geschlagen hat und dass das Heimtücke sei."

Dr. Höhne:

„Leider hat der Staatsanwalt damit recht, denn so schreibt es auch das Strafgesetz vor."

Leon:

„Herr Dr. Höhne, das weiß ich, aber wie kann es sein, wenn man von hinten erschlagen wird, dass damit der vordere Schädel zertrümmert ist. Da hätte er sich ja umdrehen müssen und dann ist es keine Heimtücke mehr. Wie soll ich das verstehen?"

Dr. Höhne:

„Herr Cosata, da haben Sie recht. Ich muss mir dazu noch einmal die Gerichtsakten kommen lassen und mir den Obduktionsbericht genau anschauen. Sobald ich das getan habe, melde ich mich bei Ihnen. Hinterlegen Sie bitte ihre Anschrift und Telefonnummer bei meiner Sekretärin. Damit machen wir für heute erste einmal Schluss. Auf Wiedersehen Herr Cosata, geben Sie nicht auf!"

Leon lässt seine Kontaktdaten hier, atmet tief durch und geht. Vielleicht wendet sich das Blatt noch?

Bei seinem nächsten Besuch im Gefängnis will er Felicia berichten, dass er einen neuen Anlauf beim Anwalt unternommen hat.

Am Morgen fährt Ewald pünktlich zu seiner neuen Arbeitsstelle. Zu seinem unmittelbaren Team gehören drei junge Männer und eine ebenfalls junge Diplom-Ingenieurin. Sie hat sich schnell bereit erklärt, den neuen ‚Gast-Mitarbeiter' zu betreuen und ihm bei allen Fragen zur Seite zu stehen.

Oberleutnant Jansenhat inzwischen im ‚coolen Team' sicher Fuß gefasst und wird, mehr als ihm lieb ist, von Lilly Baumann betreut. Ewald studiert gemeinsam mit ihr und anderen Kollegen etliche Zeichnungen, die den neuen USA-Kampfjet F35 betreffen. Zurzeit beschäftigen sie sich mit der Antriebssteuerung beim Start.

Der Arbeitsablauf ist immer so, dass zuerst die zu untersuchende Funktion in verschiedenen Zeichnungen betrachtet wird und verschiedene Szenarien durchgespielt werden, was alles passieren kann. Der nächste Schritt, diese Funktion zu testen, besteht in der Praxis. Das gesamte Team geht in die Halle, wo die betreffende Maschine steht und führt diverse Tests aus.

Diese Methodik hat sich seit Jahren bewährt und sich als zielorientiert erwiesen. Es ist alles genau so, wie sich Ewald das auch vorgestellt hat. Einerseits lernt er die neue Maschine gründlich kennen, was für die Ausübung seiner Tätigkeit in Wunstorf sehr wichtig ist. Aber auf der anderen Seite, hat er einen Auftrag zu erfüllen, der ihn vor eine wahnsinnig große Herausforderung stellt. Die Auftraggeber möchten Details aus der Software des Flight Management Systems, also für die Kurssteuerung bekommen, weil sie erreichen wollen, dieses Softwarepaket zu hacken. Damit erfahren sie den eingegebenen Kurs. Im nächsten Schritt wollen sie von Ewald wissen, wie der Kurs durch den Hacker verändert werden kann. In der Kampfsituation sieht es dann so aus:

Der Pilot startet seinen Flieger und gibt den genauen Kurs ein, der ihn zum feindlichen Ziel führt, das er durch Raketenbeschuss oder Bomben zerstören soll. Aber der Feind ist im Besitz des Hackprogramms und dieses verändert den Kurs so, dass die Maschine umkehrt und wieder zurück zum Ausgangspunkt fliegt. Der Pilot kann nicht eingreifen, da die Hackersoftware jede Eingriffs- möglichkeit total blockiert. Er ist in seiner eigenen Maschine gefangen und muss erleben, dass er kurz vor dem Ausgangspunkt, wo er gestartet ist, abstürzt. Er hat nur noch eine Möglichkeit zu überleben, indem er rechtzeitig den Schleudersitz auslöst.

Selbst wenn Ewald diese schwierige Aufgabe gelingen sollte, hat er nur die Hälfte seines Auftrages erfüllt. Damit die Hacker auf den Zentralcomputer im Flugzeug zugreifen können, benötigen sie einen Zugang. Bei üblichen Hackerangriffen erfolgt dieser über das Internet. Doch diese Möglichkeit entfällt, weil ja der Kampfjet aus Sicherheitsgründen keine Onlineanbindung besitzt. Auch das trägt dazu bei, dass die F 35 als Tarnkappenbomber bezeichnet wird. Nun ist zusätzlich zu seiner Agententätigkeit noch sein Fachwissen als Elektronikingenieur gefragt. Er schlägt vor, den Zugang über die vorhandene Sprechverbindung herzustellen, die über Funk und Satellit erfolgt. Diesen hörbaren Signalen wird ein zusätzliches Trägersignal hinzugefügt, was mit dem menschlichen Gehör nicht wahrgenommen werden kann. Die technische Realisierung will er selbst ausarbeiten und als eine zusätzliche Leistung an die chinesischen Auftraggeber verkaufen. Mit all dem, was Ewald sich vorgenommen hat, steht er vor der schwierigsten Aufgabe, die er je zu bewältigen hatte.

Inzwischen arbeitet Ewald schon fast eine Woche an diesem Auftrag, doch so richtig weitergekommen ist er noch nicht. Aber immer wieder und sogar hartnäckig versucht Lilly, mit ihm in näheren Kontakt zu kommen. Er aber blockt ab.

***

In Ober-Ramstadt kommt Bewegung in das Verfahren in Sachen König. Leon erhält heute von seinem Anwalt eine Nachricht, dass das Verfahren bereits übermorgen wieder aufgenommen wird. Sie gehen damit in Revision.
Leon nimmt selbstverständlich daran teil und hat neben seinem Anwalt Platz genommen.
Der Richter eröffnet die Verhandlung und bittet sogleich Herrn Dr. Höhne die neue Beweislage zu erklären:

„Hohes Gericht! Gemäß Aktenlage und dem Bericht der Kommissarin Clara Lange hatte diese der Angeklagten folgende Frage gestellt:
„Frau Brinello, Sie geben zu, dass Sie Herrn König mit dem Ascher auf den Kopf geschlagen haben?"

Darauf hat die Angeklagte geantwortet:

„Ich habe ihn mit dem Ascher geschlagen, aber ich weiß nicht, ob ich ihn auf den Kopf geschlagen oder nur das Genick getroffen habe."

Damit hat die Angeklagte den Mord nicht zugegeben, sondern nur einen Schlag.

In der Urteilsbegründung steht, dass die Angeklagt den Betroffenen von hinten erschlagen hat. Im Obduktionsbericht ist aber zu lesen, dass der tödliche Schlag eine Fraktur des vorderen, linken Scheitelbeins zur Folge hatte. Nun frage ich Sie, wie das die Täterin angestellt haben soll, von hinten den Kopf auf der Vorderseite zu zertrümmern?"

Nun wird diskutiert, wie der Ablauf der Tat wirklich gewesen sein kann. Der Anwalt Höhne verweist auf den Obduktionsbericht:

„Außerdem wird im Obduktionsbericht erwähnt, dass ein Dorn eines Halswirbels abgebrochen ist, was eine Ohnmacht ausgelöst haben kann.

Das bedeutet, dass die Angeklagte den Beklagten mit einem Aschenbecher zwar geschlagen, ihn aber nicht getötet hat. Sie hat ihm einen Halswirbel gebrochen, wodurch eine Ohnmacht ausgelöst wurde. Den Mord hat ein anderer begangen."

Staatsanwalt:

„Herr Dr. Höhne, wer soll denn der Andere gewesen sein, den Sie da plötzlich hervorzaubern?"

Dr. Höhne:

„Herr Staatsanwalt, den brauch ich nicht hervorzuzaubern, der ist in der Akte bereits erwähnt. Es war nämlich noch ein gewisser Edi zugegen, der Servicemann.

Weil hiermit erwiesen ist, dass Frau Felicia Brinello nicht den tödliche Schlag ausgeführt hat, bitte ich das Hohe Gericht das gegen sie verhängte Urteil aufzuheben."

Der Richter verkündet, dass die Polizei den erwähnten Zeugen ausfindig machen muss und bis dahin die Verhandlung vertagt wird.

Leon tritt zu Dr. Höhne und dankt ihm, für das, was er bis jetzt erreicht hat.

Am nächsten Morgen stehen wieder die beiden Kommissare Lange und Thale auf der Matte bei Frau Schönfeld in der Firma New Plastic Ltd.:

„Guten Tag Frau Schönfeld, wir hätten gern von Ihnen die Wohnanschrift von Herrn Eduard Klohn."

„Ja, einen Moment bitte. - PAUSE - Hier habe ich sie aufgeschrieben. Ich gebe Ihnen auch noch die Kopie des Personalausweises dazu, heute heißt es ja ID-Karte. Da müssen Sie nicht noch ein zweites Mal kommen, denn das haben wir nicht so gern! "

„Wir auch nicht! Auf Wiedersehen!"

Auf der Regionalen Kriminalinspektion Darmstadt-Dieburg wird nun die Suche nach dem Eduard Klohn eingeleitet. Der Oberkommissar überträgt diese Aufgabe an die Kommissare Lange und Thale, da diese bereits in diesen Fall tätig waren.

Mit Hilfe der ID-Nummer, die sie aus der Kopie seiner ID-Karte entnehmen, beginnt die Suche im internen Netz der Polizei. Bereits nach wenigen Minuten wir Ihnen als Inhaber ein Herr Alber Richter genannt, der aber bereits im Jahr 2012 verstorben ist. Damit ist sofort klar, dass die ID-Karte von Eduard Klohn eine Fälschung ist.

Leider sehen sie keine Möglichkeit, den Radius der Suche zu begrenzen, da diese Person an einem beliebigem Ort in ganz Deutschland Unterschlupf gefunden haben kann. Daher bitten sie ihren Oberkommissar um Zustimmung, mit dem Passbild der ID-Karte über das Fernsehen eine Suchmeldung zu veröffentlichen.

Jetzt haben sie alles getan und sie müssen warten und hoffen, dass sich jemand meldet.

***

Indessen geht Ewald in Ramstein seiner interessanten Arbeit nach und wird unterstützt von Lilly. Mitten in der Analyse des wichtigen Unterprogramms der Software spricht sie ihn an:

„Ewald, du bist doch hier in Ramstein und Kaiserslautern doch so richtig allein. Möchtest du mich nicht einmal abends besuchen, dann könnten wir gemeinsam fernsehen und dabei ein Gläschen Wein trinken?"

„Ja, das stimmt, dass ich hier allein bin, aber ich komme damit gut zurecht und möchte nichts anfangen, was ich in zwei oder drei Wochen beenden muss!"

„Aber Ewi, wer sagt denn, dass du das dann beenden musst. Du weißt doch noch gar nicht wie schön es mit uns beiden werden kann."

Die Sympathie zu Lilly ist von Ewalds Seite ohnehin gering und wenn, dann bezieht sie sich ausschließlich auf das Fachliche. Aber ihn mit ‚Ewi' anzusprechen, ist der größte Fehler, den die liebeshungrige Lilly begehen kann. Ewald findet die Verniedlichung so, als würde sie einen Hund rufen, der auch Waldi heißen könnte.
Als Ewald nun gar nicht auf das Angebot eingeht, kehrt Lilly ihre Taktik um und lässt beiläufig verlauten:
„Ich habe übrigens gestern ein Bild von dir im Fernsehen gesehen. Es wurde gleich nach der Tagesschau gesendet, weil dringend Personen gesucht werden, die den abgebildeten Mann kennen. Eigentlich Pech für dich, Ewald, dass ich diesen Mann schon ein wenig kenne. Aber er möchte ja nicht zulassen, dass ich ihn noch besser kennen lernen könnte. Dann würde ich bestimmt vergessen, dass ich den schon einmal gesehen habe."

„Wie schön für dich, dass du auch ohne mich einen abwechslungsreichen Abend haben kannst!"

Ewald tut so, als wäre ihm das egal. Doch er hört zum ersten Mal, dass man in einem öffentlichen Aufruf nach ihm fahndet. Er verlässt kurz seinen Arbeitsplatz, geht vor die Tür und ruft Olga an:

„Hallo Olga, hier ist Ewald. Sag mal, mir hat eben eine Kollegin berichtet, dass im Fernsehen das Foto von einem Edi gezeigt wird, der mir ähnlich sieht. Hast du diese Suchmeldung auch gesehen?"

Da Ewald nicht sicher ist, ob jemand mithört, hat er die Frage absichtlich etwas allgemein formuliert. Seine Vermutung richtet sich in erster Linie auf die überaus aufdringliche Lilly, die alles wissen will.

Olga weiß Ewalds indirekte Information zu deuten und reagiert entsprechend:

„Hallo Ewald! Ja, ich habe den Aufruf auch gesehen, aber wer glaubt, dass du das sein könntest, der hat dir noch nie richtig in die Augen gesehen. Ich wünsche dir weiterhin viel Freude bei deiner Arbeit und lass dich nicht verführen!"

Es war kein Versehen, dass Ewald sein Smartphone auf ‚Mithören' gestellt hatte. Er kann das Gefühl nicht loswerden, dass diese Lilly ihm misstraut. Und daher soll sie auch mitbekommen, was er denkt und von anderen Menschen hält. Aber dennoch war die Sache mit dem Aufruf für ihn nicht aus der Welt. Er kehrt wieder zurück an seinen Arbeitsplatz und durchforstet die vermutlichen Passagen der Software. So nähert sich der Feierabend und bevor er sich von seinem Team verabschiedet kommt noch einmal Lilly an seine Seite und fragt:

„Na, was ist? Sehen wir uns bei mir zum gemeinsamen Fernsehen?"

Ewald:

„Tschüß Lilly und grüß deinen Fernseher von mir!"

Am nächsten Tag ist Ewald recht früh an seinem Arbeitsplatz, denn er glaubt, die richtigen Details in der Software gefunden zu haben, die ihn persönlich interessieren. Unerwartet kommt die Sekretärin zu ihm und sagt:

„ Herr Oberleutnant, könnten Sie bitte kurz mitkommen, da ist jemand, der Sie sprechen möchte."

Ewald geht mit in das Sekretariat und wird von zwei Kommissaren begrüßt:

„Guten Tag, Herr Janssen. Wir haben einen Hinweis erhalten, dass Sie die Person sind, die gemäß eines Fahndungsaufrufs gesucht wird. Die Sekretärin hat uns bereits ihren Namen und ihre Wohnanschrift gegeben, doch wir würden gern noch einen Blick auf Ihre ID-Karte werfen."

Ewald greift in seine Brieftasche, zieht die ID-Card heraus und reicht sie dem einen Kommissar:

„Bitte, hier ist meine ID-Card.

Die Kommissare schauen sich sein Ausweisdokument genau an, holen dann aus ihrer Tasche die Kopie der ID-Karte von diesem Edi und sagen schließlich:

„Nun ja, eine gewisse Ähnlichkeit ist schon vorhanden. Um es aber genau sagen zu können, ob Sie die gesuchte Person sind oder nicht, möchten wir selbst von Ihnen ein Foto machen. Dann kann man anhand der biometrischen Daten sicher feststellen, ob eine Übereinstimmung besteht. Gestatten Sie uns, jetzt von Ihnen ein Foto zu machen?"

„Aber natürlich, ich möchte Ihre Arbeit ja nicht behindern. Gehen wir dazu vor die Tür?"

Gemeinsam mit den beiden Kommissaren geht Ewald vor die Tür. Er ist sicher, wer die Polizei auf ihn aufmerksam gemacht hat. Allerdings hat er nicht geglaubt, dass Lilly durch sein abweisendes Verhalten so gekränkt ist und die Dreistigkeit besitzt, ihn anzuzeigen.

Ewald stellt sich draußen so hin, dass ihm die Sonne nicht direkt in das Gesicht scheint, denn es sollen ja beide Pupillen gleich groß abgebildet werden. Bei direktem Sonnenlicht würde sich die Pupille des gesunden Auges schnell verkleinern und ein Unterschied wäre erkennbar, wie es bei Edis Foto der Fall ist.

Die beiden Kommissare verabschieden sich mit der Bemerkung, dass sie sich wieder melden werden.

Zurück auf ihrer Kriminalinspektion Darmstadt-Dieburg übergeben sie das Foto einem Kollegen, der sich mit der biometrischen Gesichtserkennung bereits gut auskennt. Er ist der Lichtbildexperte. In das entsprechende GES - Computerprogramm wird das Fotos eingefügt und mit den gespeicherten Fotos verglichen.

Das GES codiert die anatomischen Merkmale eines Gesichts und bildet sie im sogenannten Template ab. Diese Templates sind maschinell miteinander vergleichbar. Ein Suchlauf gegen eine Datenbank mit einer Million Einträgen dauert weniger als eine Sekunde.

Um ein Gesicht eindeutig zu bestimmen, genügt die Position von 31 verschiedenen Punkten. Fälschungen an Fotos werden mittels des Spoofing-Moduls erkannt.

Der Lichtbildexperte hat den Test durchgeführt und bestätigt, dass es keine ausreichende Übereinstimmung gibt. Diese wesentliche Erkenntnis wird telefonisch an Ewald Jansenweitergeleitet.
Er ist erleichtert und wird diese ,selbstverständliche Verwechslung mit einem Edi' Olga demnächst mitteilen.

***

Auch bei dem Gericht in Ober-Ramstadt kommt dieses Ergebnis an, doch der Staatsanwalt hofft immer noch, dass irgendwo dieser Edi gefunden wird. Allerdings wird es nun eng, denn man kann eine irrtümlich des Mordes beschuldigte Person nicht länger in Haft behalten. Daher entscheidet das Gericht, das gegen Felicia Brinello verhängte Urteil aufzuheben. Als Dr. Höhne diese Gerichtsentscheidung mitgeteilt wird, ruft er sofort Frau Schönfeld an:

„Hier ist New Plastic Limited, Herta Schönfeld am Apparat, was kann ich für Sie tun?"

„Hier ist Rechtsanwalt Dr. Höhne und ich hätte gern den Herrn Cosata gesprochen."

„Hören Sie, Herr Cosata ist telefonisch nicht direkt zu erreichen, aber ich kann ihn in wenigen Sekunden an den Apparat holen!"

„Ja bitte, tun Sie das, ich warte!"

Schnell läuft Herta Schönfeld den Gang entlang und sagt Leon, dass er mit in das Sekretariat kommen möchte. Er rennt natürlich los, denn er ist gespannt, was er erfahren wird und greift zum Hörer:

„Hallo Herr Cosata. Hier ist Ihr Anwalt Dr. Höhne. Ich habe heute vom Gericht erfahren, dass auf Grund des Aufrufs im Fernsehen der vermutliche Edi gefunden wurde. Doch die dortige Polizei musste feststellen, dass es sich um eine ganz andere Person gehandelt hat. Obwohl man keinen Mörder gefunden hat, musste das Gericht das falsche Urteil aufheben. Frau Brinello wird noch heute entlassen!"

Cosata kann die Tränen nicht zurückhalten, umarmt Herta und sagt nur:

„Meine Felicia ist wieder frei!"

Dieses Ereignis geht wie ein Lauffeuer durch das ganze Unternehmen und löst überall eine riesengroße Freude aus. Ewald erhält einen Anruf von Olga:

„Hallo Ewald, du wirst dich wundern, von mir einen Anruf zu bekommen doch ich habe dafür einen wirklich guten Grund. Da die Polizei diesen Edi bis jetzt nicht finden konnte, musste das Urteil gegen Felicia revidiert werden und sie ist freigesprochen. Ich freue mich riesig, denn sie hat sich ein freies Leben wahrlich verdient. Mehr wollte ich dir gar nicht sagen. Ich hoffe, dass es auch dir gut geht und du mit deiner Arbeit zufrieden sein kannst. Mach's gut!"

Ewald ist erleichtert, denn was da schiefgelaufen ist, hat ihn sehr bedrückt. Nun kann er aufatmen und mit neuer Kraft weiter daran gehen, seine schwierigen technischen Aufgaben zu lösen.

Kapitel 16

Im Xiangmi-Park in Shenzhen hat D47.0 sein Team zu einem Gespräch gebeten. Nachdem der Leiter die Genossen begrüßt hat, wendet er sich an sie und erklärt:

„Sie alle haben bis jetzt eine sehr gute Arbeit geleistet, was sich in bestimmten Kreisen bereits herumgesprochen hat. So verwundert es mich nicht, dass wir schon wieder einen neuen Auftrag bekommen haben. Es geht dieses Mal darum, Informationen bei einer bestimmten deutschen Firma einzuholen, die dabei ist, einen Hochleistungsakku mit dem entsprechenden Ladesystem zu entwickeln, das bei Elektroautos weltweit eingesetzt werden kann. Ich habe vor, diesen Auftrag wieder an den Zyklopen zu geben, da er bis jetzt alle Hürden genommen hat."

Diesem neuen Projekt hat der Leiter den Code D60 gegeben. Er beabsichtigt, dieses hochaktuelle Projekt wieder von dem Zyklopen ausführen zu lassen. Die Verbindung zu dem Agenten obliegt zuvor dem ehemaligen D 47.2, der jetzt den Personencode D60.2 erhalten hat. Weil der Standort des betreffenden kleinen Unternehmens in Münster, nordöstlich von Darmstadt liegt, ist es beinahe zwingend, dass als Verbindungsperson wieder Olga benannt wird. D60.2 hat bereits den Auftrag erhalten, sich mit ihr persönlich in Verbindung zu setzen.

Telefonisch kündigt er Olga seinen Besuch an und wird an einem der nächsten Tage bei ihr sein. Sie ist zwar verblüfft, doch sie freut sich trotzdem. Olga hat in der zurückliegenden Zeit versucht, zu Ewald eine Abstand aufzubauen, weil sie fühlte, dass er ihrem Herz gefährlich werden kann.

Im Testzentrum in Ramstein gehen die Schulungen weiter. Ewald bemüht sich, seiner Kollegin Lilly nichts anmerken zu lassen, dass er weiß, dass sie ihn angezeigt hat. Aber inzwischen hat sie einsehen müssen, dass Ewald für sie unerreichbar bleibt. Damit hat sich Lilly abgefunden und verhält sich jetzt so wie jeder andere Kollege.

In der Bearbeitung seiner ,Spezialaufgabe' ist er sehr erfolgreich. Nach Dienstschluss und am Wochenende sitzt er im Garten seiner Ferienwohnung und schreibt Zusatzmodule für die Software. Er hat elegante Wege gefunden und ist stolz, dass er auch als Ingenieur raffinierte Lösungsansätze zustande bringt.
Schließlich endet sein Aufenthalt hier in Ramstein in drei Tagen. Dann weiß er alles über die F35, was er zu Hause im Fliegerhorst Wunstorf anwenden wird.

***

In Ober-Ramstadt wird Olga durch das Klingeln ihres Telefons aus dem kurzen Mittagsschlaf gerissen. Sie hat es zu ihrer Gewohnheit werden lassen, dass sie nach Dienstschluss sich zu Hause für zehn Minuten aufs Ohr legt. Jetzt aber will sie wissen, wer der Störer ist:

„Hallo, hier ist Olga, deren Mittagsruhe Sie eben gestört haben. Was gibt es denn?"

277

„Hallo Olga, hier ist Mike und du kannst gleich weiter schlafen, sobald ich dir gesagt habe, dass ich Freitag gegen 16:00 Uhr bei dir in der Ammerbachstraße aufschlagen werde. Schlaf gut weiter!"

„Hallo Mike, nun mal langsam. Ich freue mich, wenn du kommst, aber dennoch hätte ich gern den Grund erfahren. Verrätst du ihn mir?"

„Es geht um einen neuen Job für den Zyklopen, den er in deiner Nähe ausüben wird. Seine Schulung ist übermorgen zu Ende und so finde ich es gut, wenn wir zu dritt bei dir das neuen Vorhaben durchsprechen."

„Hast du denn Ewald schon informiert oder soll ich das erledigen?"

„Olga, ich ahne, dass du es gern tun würdest, also mach es auch. Dann bis bald!"

*

Kurz vor 16 Uhr erscheint Mike bei Olga und umarmt sie zur Begrüßung:

„Schön, dich wieder zu sehen. Ist Ewald auch schon da?" Ein Taxi hält vor ihrer Haustür und Ewald steigt aus, während der Fahrer aus dem Kofferraum einen mittelgroßen Seesack herausholt und ihn Ewald in die Hand gibt. Die Tür wird von innen geöffnet und beide sagen wie im Chor:

„Herzlich willkommen im Club!"

Im Wohnzimmer hat Olga schon die Kaffeetassen bereitgestellt und einen Teller mit verschiedenen Kuchenstücken.

Zu Beginn halten sie fast immer einen Smalltalk ab, wobei die Angereisten von Flugzeug- und Eisenbahnproblemen zu berichten haben. Dann aber kommen sie schnell zur Sache mit dem Namen D60. Dieses neue Projekt hat die Erkundung der Fertigungstechnologie für einen neuartigen Akku für Elektrofahrzeuge zum Inhalt. In einer kleinen hessischen Firma in Dieburg arbeitet eine Gruppe überaus fähiger Mitarbeiter an der Entwicklung dieses neuen Akkus. Die Eckdaten sind so bestechend, dass dieser Typ wahrscheinlich alle bereits bestehenden Modelle in den Schatten stellt. Natürlich haben pfiffige chinesische Kollegen von dieser Neuheit Wind bekommen und möchten gern parallel das Gleiche tun wie die Deutschen. Deshalb brauchen sie möglichst viele Informationen. Hier erkennt Ewald seine neue Aufgabe.

Dazu möchte sich Olga gleich äußern:

„Mir wurde ja schon angedeutet, dass du, Ewald, diese Herausforderung meistern sollst. Aber, obwohl Dieburg nicht weit von Ober-Ramstadt entfernt liegt, halte ich es für absolut unmöglich, dass du hier wieder Quartier beziehst. Die Gefahr, als ehemaliger ‚Edi' erkannt zu werden, ist einfach zu groß. Ich bin gern bereit, dir zu Seite zu stehen, doch müssten alle Gespräche in deiner Ferienwohnung stattfinden."

„Olga, das ist mir auch klar. Ich habe schon sicherheitshalber meine Pilotenbrille aufgesetzt und mich mit dem Taxi bis vor deine Haustür bringen lassen, nur um nicht gesehen zu werden. Ich glaube schon, dass ich in Dieburg eine Ferienwohnung finden werde."

Jetzt kommt Mike auf das andere, noch wichtigere Problem zu sprechen:

„Es ist gewiss wieder so, dass dieses Unternehmen strenge Geheimhaltungsregeln aufgestellt hat und auf deren Einhaltung achtet.

Olga:

„Das ist mir bewusst, doch wir können Ewald nicht ein zweites Mal zu einem döschigen Hausmeister machen. Hier müssen wir uns eine andere Variante überlegen. Wer hat einen Vorschlag?"

Wieder wird es still und alle grübeln nach einer Möglichkeit, Ewald dort einzuschleusen. Ein Brainstorming bringt auch dieses Mal verrückte Vorstellungen und irre Varianten hervor, doch praktikabel ist keine davon.

Da meint Mike:

„Werden wir konkret und spielen einige Möglichkeiten durch:

Was wäre, wenn Ewald als verantwortlicher, staatlicher Kontrolleur für Datenschutz auftauchen würde. Er könnte alle persönlichen und kritische Firmendaten einsehen und bewerten, ob sie den nötigen Schutz haben."

Ewald ist nicht überzeugt:

„Damit bin ich in einem Tag durch und was habe ich für meinen Auftrag herausgefunden? Nichts!"

Olga kommt mit dem nächsten Vorschlag:

„Er kommt von einer staatlichen Behörde und prüft den Sicherheitszustand aller elektrischen Geräte, indem er die Schutzkontakte überprüft und den Isolationwiderstand misst."

Mike:

„Na gut, wenn er früh anfängt ist er zu Mittag fertig und geht wieder! Ist auch nicht das Wahre!"

Nun hat Ewald eine neue Idee:

„Ich komme von irgendeiner Behörde und prüfe, ob alle Chemikalien sicher und sortengerecht verwahrt sind."

Olga:

„Da kannst du auch noch gleichzeitig Brandschutz und Datenschutz kontrollieren. Das ist auch nicht der Hammer."

Mike hat eine ganz ausgefallene Idee:

„Ewald kommt im Auftrag einer Patentanwaltskanzlei und hat zu prüfen, ob bei den Neuerungen, die die Firma entwickelt hat, vorhandene Patente ihrer Klienten verletzt werden. So kann er alles durchforsten und lernt den Superakku richtig kennen."

Alle nicken und finden diesen Vorschlag am effektivsten, den Erkundungsauftrag durchzuführen. Allerdings kommt Ewald nicht umhin, sich in das Patentwesen einzuarbeiten. Und das ist noch nicht alles. Er muss sein vorhandenes Wissen über Speicherung elektrischer Energie noch vertiefen und sich mit einem Bündel technischer Fragen zur Elektromobilität beschäftigen.

Erst wenn er in diesen Themen einigermaßen sattelfest ist, kann er sich in die Firma wagen und als sachkundiger Patentanwalt auftreten. Mike fragt:

„Ewald, was hältst du von diesem neuen Persönlichkeitsprofil?"

„Also, die Idee finde ich gut und dass ich für eine solche Tätigkeit eine gute Portion Fachwissen parat haben muss, leuchtet mir ein. Das bedeutet aber im Klartext, dass ich erst einmal eine Woche ‚Heimarbeit' zu absolvieren habe, doch die Sache ist gebongt."

Nachdem inzwischen die neue Strategie gefunden wurde, geht die kleine Gruppe zum gemütlichen Teil über.

Ewald hält sich aber nicht mehr lange auf, da er sich noch in Dieburg nach einer Ferienwohnung umsehen muss.

Er verabschiedet sich, wünscht Mike noch einen guten Rückflug und begibt sich auf den Weg nach Dieburg.

Dieses Städtchen in Hessens Mitte hat lediglich 15.000 Einwohner ist aber dennoch eine Stadt. Hier findet man neben schönen und gut gepflegten Fachwerkhäusern auch moderne Neubauten. Ewald hat Glück und hat im Außenbereich in der Fröbelstraße 88 eine passende Ferienwohnung gefunden. Von hier aus hat er es auch nicht weit zu dem Unternehmen, in dem er in absehbarer Zeit aktiv werden muss. Ewald hat insofern auch einen guten Griff getan, dass er sein Auto auf dem Grundstück parken darf.

Nachdem er sich dem Vermieter vorgestellt hat, geht er noch einmal zu Fuß in Richtung Stadtmitte, damit er weiß, wo er einkaufen und gegebenenfalls ein Restaurant finden kann.

Er fühlt sich schon nach kurzer Zeit hier wohl und sieht der ersten Woche Heimarbeit und Selbststudium mit Zuversicht entgegen. Weil er dabei viel das Internet nutzen wird, ist es von Vorteil, dass ihm der Vermieter angeboten hat, sich in sein WLAN einzuloggen.

Schon am nächsten Tag beginnt Ewald nach dem Frühstück, das er sich selbst bereitet, im Internet die Seite des deutschen Patentamtes zu durchforsten. Da er selbst weder ein Gebrauchsmuster noch ein Patent angemeldet hat, ist ihm die Vorgehensweise noch fremd wie ein Buch mit sieben Siegeln. Aber er kämpft sich durch und weiß am Ende des ersten Tages ziemlich sicher, in welchen Patentklassen er recherchieren muss. Bei der Suche nach möglichen Patenten über Akkus und Ladetechniken sieht er sich einer Flut von Anmeldungen gegenüber, in denen er ständig hin und her blättern muss. Leider geschieht dieses ,Blättern' im PC, wo er ständig zwischen den Seiten hin- und herspringt und das nervt. Schnell wird ihm klar, dass es für diesen Einsatzfall nicht ausreicht, einen guten Laptop zu besitzen, sondern man braucht auch einen Drucker. Damit kann er die gefundenen Dokumente in

Papierform bringen und abheften. Schließlich will Ewald bei der Firma nicht mit leeren Händen dastehen. Da wirkt es schon authentischer, wenn man einen Ordner mit jeder Menge Dokumenten und Patentschriften zur Hand hat. Letztlich kommt er von einer Anwaltskanzlei, in der die Arbeit mit Akten das tägliche Brot ist.

Ewald geht also gleich los, um ein Geschäft zu finden, in dem er einen Drucker kaufen kann. Es genügt ihm ein einfaches Modell, da er nur schwarz-weiß drucken muss.

Nach einem ausgedehnten Stadtbummel hat er einen PC-Laden gefunden und erwirbt einen handlichen Drucker, der speziell für den mobilen Einsatz konzipiert ist. Zufrieden geht er mit dem Neuerwerb nach Hause und kann damit sein Homeoffice komplettieren.

Dieser und der nächste Tag gehören allein dem Patentwesen. Doch am Abend kann er sich zufrieden zurücklehnen, weil er sich jetzt das nötige Wissen angeeignet hat. Zumindest, was die betreffenden Schutzrechte angeht. Ab morgen will er in die Technik der Akkumulatoren und Ladesysteme einsteigen.

Er ist weiterhin sehr fleißig und wundert sich selbst, dass er sich in seinem Alter in so kurzer Zeit so viel neues Fachwissen aneignen kann.

Am kommenden Montag steht er vor dem Gebäude der Firma ‚Dr. Brenner & Sohn' und klopft kurz vor neun Uhr an die Tür mit dem Schild: „Chefsekretariat."

284

Nach einem kurzen „Ja, bitte!" betritt er ein akkurat eingerichtetes Büro, was er so nicht erwartet hat und stellt sich vor:

„Guten Morgen, ich bin Dr. Johann Waldhausen und komme von der Anwaltskanzlei ‚Dr. Brenner & Sohn. Ich hätte gern den Leiter des Unternehmens gesprochen."

„Einen schönen Guten Morgen auch von mir. Ich bin die Frau Beate Müller und werde Sie beim Chef, unserem Dr. Schiller anmelden. In welcher Angelegenheit kommen Sie, wenn ich fragen darf?"

„In Sachen ‚Schutzrechte."

Frau Müller klingelt durch und sagt:

„Chef, da ist ein Herr von einer Anwaltskanzlei, der möchte Sie sprechen. Ich schicke ihn mal zu Ihnen rein?!"

Es öffnet sich die Verbindungstür zum Chefbüro und ein junger Mann tritt ihm gegenüber:

„Guten Tag, Dr. Oliver Schiller, was führt Sie zu uns?"

„Ich bin Dr. Johann Waldhausen und komme von der Anwaltskanzlei ‚Dr. Brenner & Sohn. Uns ist bekannt, mit welchen Themenschwerpunkten Sie sich in Ihrem Unternehmen beschäftigen. Das sind höchst interessante Projekte, die genau in die heutige Zeit und die gesellschaftlichen Anforderungen passen. Doch damit liegt es auch nahe, dass sich viele andere Wissenschaftler und Techniker mit dieser Thematik auseinandersetzen.

285

Fast immer werden bei einem erfolgreichem Abschluss einer Entwicklung Gebrauchsmuster oder Patente angemeldet. Viele unserer Klienten treten an uns heran, zu prüfen, ob für ein bestimmtes Gebrauchsmuster oder Patent eine Schutzrechtsverletzung vorliegt. Wir müssen daraufhin tätig werden und gegebenenfalls eine Abmahnung aussprechen.

Im akuten Fall haben sich unabhängig voneinander drei Klienten gemeldet, die bereits Inhaber von Schutzrechten sind, die eine ähnliche Problematik betreffen, die auch bei Ihnen bearbeitet wird. Mein Auftrag ist es, in Ihrem Hause zu recherchieren. Wenn nichts zu beanstanden ist, erhalten Sie von unserer Kanzlei ein anerkanntes Zertifikat, welches anwaltlich bestätigt, dass durch Sie keine Schutzrechtsverletzung vorliegt. Damit sind Sie vor möglichen Anschuldigungen geschützt. Der Vorteil für Sie ergibt sich auch dadurch, dass für Sie die Recherche, die ich durchführen werde, nicht mit Kosten verbunden ist, weil diese durch die drei Auftraggeber beglichen werden."

„Herr Waldhausen, das ist ja sehr interessant, was Sie mir da erzählen. Natürlich arbeiten bei uns engagierte und schöpferische Mitarbeiter, die schon ungeahnte Neuentwicklungen entstehen ließen. Aber aus mehreren Gründen sind noch nicht alle Erfindungen mit einem Schutzrecht versehen, da wir uns noch Verbesserungen vorbehalten. Da kann es durchaus sein, dass dabei ein schon bestehender Schutz übersehen wird."

„Herr Schiller, da gebe ich Ihnen vollinhaltlich recht, dass man in eine solche Situation gerät, die große Kosten verursachen kann oder man feststellen muss, dass eine durchgeführte Entwicklung schon vorhanden ist. Wenn ich so etwas aber bei der Recherche feststelle, haben Sie die Möglichkeit, das bestehende Patent geschickt zu umgehen."

„Herr Waldhausen, Sie haben mich überzeugt. Ich werde Sie mit unserer Dipl.-Ing. Gabriella Freyer bekannt machen, die sich bei uns um die Schutzrechte kümmert. Einen Moment bitte!"

Durch die angelehnte Tür ruft er:
„Frau Müller, bitte sagen Sie Gabi, dass sie sofort in mein Büro kommen möchte! Danke!"

Nicht lange darauf betritt eine große schwarzhaarige Frau das Büro und reicht dem Unbekannten die Hand entgegen:
„Gabriella Freyer, ich bin für alles zuständig, was hier im Hause zu schützen ist. Ich meine natürlich nur das gedankliche Gut!"

„Gabriella, dieser Herr wird die nächsten Tage bei uns sein und sich um Schutzrechte kümmern. Bitte stehen Sie Dr. Waldhausen zur Seite! In Ihrem Büro ist gewiss noch ein Schreibtisch frei für den Doktor."

Damit verabschiedet sich Ewald, alias Dr. Waldhausen und sagt, dass er morgen Punkt neun Uhr bei Gabriella sein wird.

287

Wie verabredet, klopft Ewald am folgenden Tag bei Frau Freyer an die Tür und öffnet sie, als er ihre Stimme hört:

„Guten Morgen, hier bin ich und freue mich auf einen Arbeitstag mit Ihnen."

„Hallo Dr. Waldhausen, ich freue mich auch und bin mächtig gespannt, wie diese spezielle Zusammenarbeit aussehen wird."

„Ach, Frau Freyer, das ist wie mit den meisten Dingen im Leben, es kommt immer darauf an, was man daraus macht."

„Wenn Sie es so sehen, dann kann es ja lustig werden, weil ich von Hause aus mit italienischem Temperament und Heiterkeit ausgestattet bin!"

„Nun ja, dann legen wir mal los. Ich glaube, es ist am besten, wenn Sie mir kurz den grundlegenden Gedanken beschreiben, der diesen neuen Akku bestimmt."

„Ich habe da, wie ein Anwalt es ausdrücken würde, eine Verfahrensfrage: Wollen wir uns nicht duzen? Ich bin kurz und schmerzlos einfach Gabi."

„O. K.! Die Gegenpartei stimmt zu und ich bin noch kürzer ganz simpel ‚Jo'. Das heißt aber nicht, dass ich kurz angebunden bin!"

Nach diesem anfänglichen aber wichtigen Geplänkel beschreibt Gabi, wie es zu der Erfindung dieses Superakkus gekommen ist. Jo stellt ein paar Zwischenfragen, womit er andeuten will, dass er alles begriffen hat. Dieses wissenschaftliche Gespräch zieht sich

288

den ganzen Vormittag hin und als es kurz vor zwölf ist meint Gabi:

„So, Jo, jetzt haben wir uns ein gutes Mittagessen verdient. Komm mit mir, ich führe dich direkt in die Kantine."

Nach dem Essen gönnen sie sich an der frischen Luft im angrenzenden Garten eine Verschnaufpause. Dann aber geht es weiter mit dem Gespräch über die Erfindung und über vorhandene Schutzrechte, die Jo ins Spiel bringt.
Als der erste Arbeitstag vorüber ist, verabschieden sie sich und wünschen einander einen schönen Abend.

Am nächsten Tag setzen sie die Erörterung zur Patentwürdigkeit ihrer Erfindung fort. Schnell wird es Mittag und es wiederholt sich der Ablauf vom Vortag, lediglich, dass heute etwas anderes auf dem Teller liegt.

Mitten in ihre Beratung am Nachmittag klingelt das Telefon und Gabi wird zum Chef gebeten.

Er bietet ihr einen Platz neben ihm im bequemen Couchsessel an und beginnt:

„Nun Gabi, erzähle mir, wie läuft es mit euch beiden?"

„Oliver, es funktioniert ausgezeichnet. Wir verstanden uns eigentlich gleich von der ersten Minute an und er hat zu meiner Freude auch eine gute Portion Humor im Gepäck. Wir beleuchten kritisch den Grundgedanken unseres Akkus in Hinsicht auf eine Patentverletzung oder eine Patentwürdigkeit."

„Gabi, du machst es gut so in deiner netten Art, denn du sollst wissen, dass er von einer bedeutenden Berliner Anwaltskanzlei kommt. Gewiss werden auch wir in Situationen kommen, in denen ein guter Rechtsbeistand von Nutzen ist. Lass ruhig deinen Charme spielen und vielleicht auch noch mehr, denn ich weiß gut, dass du es kannst. Mir ist aufgefallen, dass er keinen Ehering trägt. Das könnte bedeuten, dass du eine gute Ausgangsbasis besitzt. Nutze sie!

Ich glaube, dass wir uns verstanden haben. - So, mehr wollte ich nicht gesagt haben. Mach weiter so!"

Nach diesem kurzen Gespräch auf Direktionsebene hat Dr. Schiller Gabi die Richtung vorgegeben und erklärt, dass und wie sie die Lenkung dieser Zusammenarbeit übernehmen soll. Schiller hat Dollarzeichen in den Augen und schreckt nicht einmal davor zurück, seine hoch qualifizierte Mitarbeiterin zur Prostitution zu animieren, nur um seine Ziele zu erfüllen.

So, zwischendurch macht Gabi in der Beratung mit Jo eine Pause. Sie lehnt sich auf ihrem Bürostuhl bequem zurück und spricht ihn an:

„Sag mal Jo, was machst du hier so nach Feierabend? Gehst du zu deiner Freundin oder hast du etwa hier noch keine?"

„Also, ich mache nichts Bestimmtes und eine Freundin habe ich nicht, weder hier noch woanders. Ich lese oder schau, was das Fernsehen zu bieten hat."

„Ich würde es nicht aushalten, nur so dazusitzen und auf den Bildschirm zu sehen!"

„Gabi, dein nicht gerade Italienisch klingender Familienname lässt mich vermuten, dass du einen Mann hast oder zumindest einmal hattest."

„Hattest, ist richtig. Ich war noch nicht lange in Deutschland, da wurde mir bei einer Party dieser Heinrich Freyer vorgestellt. Anfangs fand ich ihn nett und er mich auch, vielleicht sogar noch netter, weil ihm mein Temperament gefiel. Schnell wurde geheiratet und genauso schnell stellte ich fest, dass dieser Mann seine zaghafte Zügellosigkeit am Anfang nur gespielt hatte. Plötzlich verwandelte er sich in einen langweiligen Heinrich, der zum Lachen in den Keller gehen musste und Sex gab es nur zu unchristlichen Feiertagen. Mir fiel nichts anderes ein als ein abruptes Finale. - Aus und vorbei."

„Aber eine aparte und lebenslustige Frau wie du ist doch gewiss nicht lange Zeit solo. Oder etwa doch?"

„Jo, du triffst es auf den Punkt: Momentan bin ich solo, aber nicht fanatisch, wenn du verstehst, was ich meine."

„Ich habe verstanden. Und wann soll ich heute Abend bei dir sein?"

„Wenn du um sieben Uhr bei mir in der Berliner Straße 41 bist, können wir zusammen Abendbrot essen."

Damit ist eine rein persönliche Grundsatzfrage geklärt und die geschäftliche Arbeit kann mit frischem Elan fortgesetzt werden. Um 16:00 Uhr ist Feierabend und schnell sind alle vom Betriebsgelände verschwunden. Während Gabi auf den öffentlichen Nahverkehr angewiesen ist, fährt Jo mit seinem Auto nach Hause. Allerdings nimmt er einen Umweg, weil er für den heutigen Abend mit Gabi eine Flasche Rotwein und einen feurigen Venezianer einkaufen muss. Er hat in kurzer Zeit seine Ferienwohnung erreicht und überlegt, was er anziehen soll. Wichtig aber ist, dass er einen ‚Augenwechsel' vornehmen muss. Auch die kleine Box will er heute nicht dabei haben. Ewald möchte heute Abend wirklich ganz privat sein und keinen Gedanken an seinen Nebenjob verschwenden.

Um kurz vor sieben Uhr abends klopft er im Dachgeschoss an Gabis Wohnungstür.

„Hallo Jo, schön dass du gekommen bist. Hast du denn problemlos den Weg hierher gefunden oder musstest du dich durchfragen?"

„Nein, ich habe alles ohne Problem gefunden und jetzt suche ich den Kühlschrank, damit der ‚Feurige Venezianer' die richtige Temperatur annimmt."

„Komm Jo, setz dich bitte gleich an den Tisch, damit wir gemeinsam unser Abendbrot in den Magen bekommen!"

Danach wechseln sie die Plätze auf die Couch. Beide schauen sich zuerst einen Film an und dann beginnen sie, frei von der Leber weg aus ihrem Leben zu erzählen. Als es kurz nach 23 Uhr ist, blickt Jo auf seine Armbanduhr und meint, dass es ein schöner Abend war und er nun nach Hause fahren möchte. Als er das sagt, schaut ihn Gabi mit fragenden Augen an:

„Jo, es war und ist immer noch ein wunderschöner Abend mit dir. Willst du wirklich nicht hier bleiben und allein in deiner Ferienwohnung den Rest der Nacht verbringen?"

„Ja Gabi, es ist besser so, doch es muss ja nicht der letzte gemeinsame Abend gewesen sein."

Sie geben sich einen Abschiedskuss und wünschen sich eine gute Nacht.

Der nächste Tag ist wieder straff gefüllt mit Recherchen, gemeinsamen Fachgesprächen und kleinen Liebesandeutungen so zwischendurch. Sie verabreden sich, den heutigen Abend wieder zusammen zu verbringen.

Um die gleiche Zeit wie gestern klopft Jo an Gabis Tür. Sofort wird sie von innen geöffnet und Gabi kann nicht anders. Sie gibt Jo einen Kuss und zieht ihn förmlich in ihre Wohnung.

Nach dem Abendbrot zu zweit wechseln sie wieder auf die Couch, doch der gegenseitige Abstand wird immer enger. Sie erzählen wieder viel von verschiedenen Interessen, Hobbys und welche Musik sie lieben. Aber doch gleitet das Gespräch ein wenig in das berufliche Feld ab. Gabi will viel von Jo wissen, auf welchen technischen Fachgebieten er schon tätig war.

Jo erzählt hemmungslos, doch achtet immer darauf, dass er auf keinen Fall seine wahre Identität durchschimmern lässt. Gabi hört sich alles sehr aufmerksam an und sagt schließlich ganz direkt:

„Sag mal, Jo, willst du das wirklich alles wegen der Schutzrechte wissen oder interessierst du dich persönlich für die tollen Entwicklungen in unserer Firma? Dann musst du es sagen. Ich bin nicht mit dem Unternehmen verheiratet und werde auch nicht ewig hier sein, aber zurzeit lebe ich ärmlich und habe auch zu wenig Geld. Ich möchte mich elegant kleiden können, ein prächtiges Haus haben und mit einem ehrlichen und fantastischen Mann an meiner Seite das Glück finden. Das ist mein Ziel und du bist der erste Mann seit Heinrich, dem ich meine Sehnsüchte anvertraue."

„Gabi, ich beginne, dich zu verstehen. Auch ich habe Wünsche und Idealvorstellungen, die ich mir nur erfüllen kann, wenn ich finanziell dazu in der Lage bin."

„Jo, wir sind allein, keiner hört uns und ich vertraue dir. Darum frage ich dich ganz konkret: Wenn ich dir die gesamten Unterlagen zu der Neuentwicklung des Superakkus auf einem USB-Stick geben würde, wäre dir das eine Summe von 100.000 Euro wert?"

„Gabi, das überrascht mich aber doch. Wie stellst du dir den Deal denn vor. Ich habe in meinem Reisegepäck keine 100.000 Euro. Mein Geld liegt auf einer Bank in der Schweiz. Und um deine Frage genau so konkret zu beantworten, wie es deine Frage war: Ja, das wäre es mir wert."

„Jo, ich träume schon seit Monaten von dieser Chance, einem Interessenten diese Neuerung zu verkaufen. Natürlich muss ich dann verschwinden, sonst komme ich ins Gefängnis. Aber ich habe mir auch schon überlegt, wie es geht: Du kommst abends zu mir, ich bringe den USB-Stick mit und zeige dir zum Beweis an meinem Laptop, was darauf abgespeichert ist. Wenn dir das zusagt, fahren wir am nächsten Tag in die Schweiz. Du gehst zu deiner Bank, überweist mir auf mein Schweizer Bankkonto 90.000 Euro und hebst noch 10.000 Euro bar ab, die du mir gibst. Dann trennen sich unsere Wege, denn ich verschwinde nach Italien. Du wirst selbst wissen, wohin du willst, aber zur Sicherheit tauschen wir die Handynummern, falls einen von uns beiden die Sehnsucht plagt."

„Gabi, Respekt für deinen detaillierten Plan. So könnte es klappen. Ich denke ein bisschen nach, doch bis zum nächsten Morgen, den ich gern hier mit dir erleben würde, werde ich mich entschieden haben."

Nach einer Nacht, die so verläuft, wie sie sich Ewald erträumt hat, stimmt er dem Deal zu. Beide fahren, nachdem sie gemeinsam gefrühstückt haben, in Jos Auto zur Firma. Hier beginnt für sie der Arbeitstag, wie die Tage zuvor. Jo wird weiter und tiefer in die Raffinessen des Superakkus und der superschnellen Ladestation eingeweiht.

Am Ende des Tages kann Jo zur Zufriedenheit von Dr. Schiller bestätigen, dass keine Erfindungen, die ihm vorgestellt beziehungsweise beschrieben wurden, ein bestehendes Patent verletzen. Damit verabschiedet sich Dr. Johann Waldeshausen von Dr. Schiller und verspricht ihm, dass er die Unbedenklichkeitsbescheinigung in schriftlicher Form in Kürze von der Anwaltskanzlei direkt erhalten wird.

Dieses Mal verlassen Gabi und Jo gemeinsam die Firma, denn Jo bringt sie erst zu ihrer Wohnung und fährt dann zu seinem vorübergehenden Zuhause. Hier packt er alles zusammen, was er für die nächsten beiden Tage für die Reise in die Schweiz mit Gabi braucht. Auf sein spezielles Auge verzichtet er, weil die Gefahr zu groß ist, sich zu enttarnen.

Wie die beiden Abende davor steht Jo vor Gabis Tür und klopft dreimal an:

„Hallo Jo, schön dass du schon hier bist. Wir können gleich essen und auch der Rotwein steht schon bereit. Lass es dir gut schmecken!"

Gleich als sie damit fertig sind, fragt Jo schon neugierig nach:

„Hast du den Stick fertigmachen können? Dann bin ich schon mächtig gespannt, was ich da alles bekommen kann."

„Ja, du begieriger Jo, ich hole gleich meinen Laptop her und dann wird deine Neugierde gestillt, aber erst räume ich noch den Tisch ab. Dann können wir uns in Ruhe und ordentlicher Umgebung die Geheimnisse ansehen."

Sie sitzen nun beide voller Spannung auf der Couch und Gabi schaltet den PC ein. Sie kennt zwar alles, was sie zu sehen bekommen, doch sie ist neugierig, wie Jo es aufnehmen wird und blickt erwartungsvoll in seine Augen.

296

Wie sie es vermutet hat, ist Jo vollkommen begeistert, denn dass er solches Glück hat, einen Auftrag zu erfüllen, konnte er sich nicht vorstellen. Mehr geht nicht! Mit einer Selbstverständlichkeit sagt er zu Gabi:

„Das ist genau das, was ich möchte und es ist mir auch das Geld wert, was du morgen dafür bekommst.

Gabi erwidert:

„Es freut mich, dass ich damit deine Wünsche erfüllen kann. Doch den Stick bekommst du erst, wenn du in meiner Gegenwart die Überweisung unterschrieben und mir den Restbetrag bar in meine Hand gegeben hast. Ich finde, das ist dann ein fairer Deal."

„Ich bin einverstanden und dann erst richtig zufrieden, wenn du deinen Laptop wieder ausgeschaltet hast und wir uns höchst persönlichen Dingen zuwenden."

Was nun passiert, braucht nicht erwähnt zu werden und jedes Detail würde das ersehnte Vergnügen stören.

Am nächsten Tag summt der Wecker schon um sechs Uhr, denn bei allem Temperament, was sie gemeinsam entwickeln, hassen sie Hektik. Unüberlegtes Handeln ist beiden fremd.

Die aufgehende Sonne lässt erahnen, dass es heute für beide ein angenehmer Reisetag wird. Die Strecke ist mit reichlich 300 km in vier Stunden gut zu schaffen, so dass sie noch kurz vor zwölf Uhr in der CIC Bank in Basel am Schalter stehen werden.

Jo kennt den Großteil der Strecke, doch er lässt das nicht verlauten, um unnötigen Fragen vorzubeugen.

Von Dieburg fährt Jo auf der Bundesstraße 26 in Richtung Darmstadt und erreicht etwas südlich die Autobahn A 5. Das Wetter meint es gut und das Verkehrsaufkommen ist gering, sodass sie sich ungestört unterhalten können. Es bleibt aber nur bei kleinen privaten Geschichten, wobei jeder peinlich darauf achtet, dass bloß nichts gesagt wird, was das persönliche Profil ins Wanken kommen lassen könnte.

Gabi hatte Jo bereits erzählt, dass sie mit dem Miesepeter Heinrich Freyer unglücklich war und sich schnell von ihm wieder getrennt hat. Kinder hat sie mit Freyer nicht, aber ob sie tatsächlich auch kinderlos ist, hat Gabi noch nicht erwähnt. Jo interessiert es aber doch, weil er aus verschiedenen Gründen noch mehr aus ihr herauslocken möchte. Für ihn ist besonders bei der Agententätigkeit wichtig, inwieweit er sich auf einen Partner oder Geschäftsfreund verlassen kann. In diesem Punkt ist er bei Gabi auf einer Vertrauensskala von 1 bis 10 erst bei 4 oder höchstens 5 angelangt. Also muss er ihr weiter in den Ohren liegen:

„Hast du denn in deiner Studienzeit keinen Freund oder Partner gehabt und wo hast du eigentlich studiert? Darüber haben wir noch gar nicht gesprochen."

„Jo, ist das denn so wichtig. Jetzt bin ich hier bei dir und glücklich obendrein."

„Aber ja doch. Gerade weil wir uns beide auf einem ‚Glückspfad' bewegen, möchte ich mehr von dem Menschen wissen, der an meiner Seite ist!"

„Du hast ja recht, aber ich werfe gern ab, was hinter mir liegt und für mein Leben unbedeutend geworden ist.

Aber damit in dir kein negatives Bild von mir entsteht, will ich es gern erzählen.

Mit 17 Jahren habe ich in Padua mein Abitur abgelegt und mich dann auf der Technischen Hochschule in Darmstadt für das Studium der Elektrotechnik beworben. Mutter und Vater waren zwar nicht begeistert, dass ich so schnell das Elternhaus verlassen habe, doch sie freuten sich immer über meinen Hang nach Selbständigkeit.

Nach erfolgreichem Abschluss des Studiums ging ich wieder zurück nach Italien, habe dort in einer kleinen Firma gearbeitet und bin aber nach vier Jahren wieder zurück nach Deutschland. Mir gefiel die italienische Mentalität plötzlich nicht mehr, nachdem ich die Deutschen kennen gelernt hatte. Ich begann bei der Firma von Dr. Schiller zu arbeiten und lernte bald auf einer Party den Heinrich kennen. Den Rest der Geschichte habe ich dir schon erzählt. Kinder habe ich noch keine und meine Eltern leben beide noch. Wir pflegen ein sehr gutes Verhältnis."

Nun kann Jo erst einmal die ganze Geschichte ihres Werdeganges verdauen. Das hört sich alles äußerst authentisch an und absolut glaubwürdig. Aber im nächsten Moment kommt natürlich die Gegenfrage von Gabi:

„So, Jo, jetzt bist du dran, dein Sündenregister vor mir auszubreiten. Los geht's!"

Für ihn wird die Situation kritisch, denn noch nie hatte jemand nach seinem Vorleben gefragt, als er den Nebenjob als Agent aufgenommen hat. Er darf nicht seinen richtigen Namen nennen und auch nicht seinen regulären Wohnsitz. Jo darf auch nicht erzählen, dass er für eine fernöstliche Agentur die Spionagearbeit macht. Er ist gezwungen, sich eine Geschichte für sein Vorleben auszudenken, wobei er sich alles merken muss, was er Gabi erzählt. Dass er sich selbst in eine solche Lage bringt, hat er nicht geahnt. Jetzt aber ist es geschehen und jetzt muss er durch!

„Ich bin in einem kleinen Dorf in Mecklenburg aufgewachsen. Mein Vater war Arzt und meine Mutter Köchin in einem Kindergarten. Nach der Grundschule kam ich gleich auf ein Gymnasium.

Meine Eltern sind später umgezogen nach Hannover, weil mein Vater dort in der Medizinischen Hochschule eine Anstellung bekam. Er arbeitete vorrangig auf dem Gebiet der Neurologie und qualifizierte sich zum Facharzt für dieses Spezialgebiet.

Schon immer interessierte ich mich für Basteleien und vorwiegend um Versuche mit elektrischem Strom. So begann ich an Hannover eine Lehre als Elektromechaniker. Dabei wuchs mein Interesse an der Elektrotechnik und so kam es, dass ich mich für das Fach Elektrotechnik und Maschinenbau eingeschrieben habe.

Nach dem erfolgreichen Abschluss erhielt ich eine Anstellung in einer mittelgroßen Firma. Aber ich wollte schon seit jeher unabhängig sein und daher suchte ich nach einer Möglichkeit, mich selbständig zu machen.

Seit vier Jahren habe ich indessen eine kleine Firma und halte mich mit kleinen Aufträgen über Wasser. Eine Frau habe ich nicht, weil ich schlechte Erfahrungen sammeln musste. Also bin ich noch immer solo."

An seinem Lebenslauf, wie er ihn Gabi erzählt hat, stimmt fast alles bis auf die verschwiegene Ehefrau und die unerwähnte Tochter Heike. Die Schilderung mit den ‚schlechten Erfahrungen mit Frauen' weckt in Gabi ein gesteigertes Interesse an diesem Teil seines Vorlebens:

„Jo, die fragwürdige Geschichte mit den Frauen musst du mir aber unbedingt noch erzählen. Nicht dass ich den gleichen Fehler mache und plötzlich nur noch deine Rücklichter sehe!"

„Ach, so wichtig ist das auch nicht. Vielleicht war ich damals zu zaghaft und als ich mich durchgerungen hatte, war mir schon ein Anderer zuvorgekommen und ich musste mir nur noch blöde Sprüche anhören, von wegen Schlafmütze und Erbsenzähler!"

„Aber dass das inzwischen vorbei ist, kann ich Gott sei Dank, bestätigen!"

Bei dieser Plauderei ist ihnen gar nicht aufgefallen, dass sie schon längst an Karlsruhe und Freiburg im Breisgau vorbei sind und stellen erst bei Neuenburg fest, dass neben ihnen der Rhein fließt. Aber sie finden diese gemütliche Fahrt als sehr angenehm und ein Blick auf das Navi verrät, dass es nur noch 40 Kilometer sind, bis sie Basel erreichen. Die deutschen Kunden werden in der Bank freundlich begrüßt:

„Guten Tag, meine Herrschaften, was kann ich für Sie tun?"

„Meine Wünsche habe ich auf diesem Papier festgehalten. Ich möchte gern von dem Konto, dessen Nummer hier unter Punkt 1 vermerkt ist, eine Überweisung auf das unter Punkt 2 angeführte Konto vornehmen in Höhe von 90.000 EUR.

Weiter bitte ich um eine Barauszahlung in Höhe von 10.000 EUR von dem oben genannten Konto. Danke!"

„Danke mein Herr, das werde ich sogleich für Sie erledigen."

Er füllt den Beleg aus, reicht ihn Jo hin zur Unterschrift und legt ihn in sein Ablagefach.

Gabi steht diskret etwas abseits, erst als Jo ihr einen kleinen Wink gibt, tritt sie näher, weil Jo nun seine Barauszahlung vorgelegt wird. Dann tritt der Bankangestellte wieder an Jo heran und beginnt damit, ihm den gewünschten Betrag vorzuzählen.

Gabi zählt mit. Jo nimmt das Geld in Empfang und beide nehmen Platz auf einer Couch, vor der ein kleiner Tisch steht. Jo gibt Gabi das Geld, während sie ihm den Stick, den er an dem Label wiedererkennt, in die Hand legt. Sie stehen auf, verlassen die CIC Bank und Jo fragt:

„Und was möchtest du jetzt tun?"

Gabi antwortet:

„Ich möchte, dass wir die Handy-Nummern austauschen und du mich dann zum Bahnhof bringst, denn ich reise jetzt nach Padua. Meine Zeit in Deutschland ist fürs Erste vorbei. Hier hast du meinen Schlüssel. Wenn du willst, kannst du die Wohnung noch bis zum Monatsende nutzen. Wenn du sie für immer verlässt, lege den Schlüssel in den Briefkasten. Ich kündige den Mietvertrag dann online."

„Gabi, es war eine kurze aber wunderschöne Zeit mit dir. Ich hoffe, dass wir uns irgendwann einmal wiedersehen. Mach's gut!"

Kapitel 17

Jo verlässt den Bahnsteig, ohne sich noch einmal umzudrehen, geht zu seinem geparkten Auto und startet gen Norden. Auf der Heimfahrt überlegt Jo, ob er das Angebot von Gabi annimmt und in ihrer bezahlten Wohnung bleibt oder ob er zu seiner Ferienwohnung fahren soll.

Nachdem Jo die Ländergrenze hinter sich gelassen hat, ist er entschlossen, in seine Ferienwohnung zu fahren, seine Sachen zusammenzupacken und dann den Aufenthalt dort zu beenden. Jo bezahlt die Abschlussrechnung für seine Ferienwohnung und fährt in die Berliner Straße 41.

Im Treppenhaus begegnet ihm eine Frau, die ihn anspricht:
„Guten Tag, ich kenne Sie gar nicht. Wohnen Sie jetzt auch hier?"

Jo antwortet höflich, wie es seine Art ist:
„Ja und nein. Ich bin Dr. Johann Waldeshausen und wohne vorübergehend in der Wohnung meiner Freundin, der Frau Freyer. Guten Tag!"

Ewald lässt sich in der Wohnung von Gabi häuslich nieder. Ihm ist noch nicht klar, wie seine nächsten Tage aussehen werden. Doch zuerst muss er seinen Auftrag zu Ende bringen und die erstellten Unterlagen wieder auf einem USB-Stick speichern. Vielleicht ist auf dem Stick, den er von Gabi bekommen hat, noch Speicherplatz für seine Videos frei, dann benötigt er keinen zweiten Speicherstick.

Inzwischen hat Ewald gelernt, sich allein zu versorgen, da er fern von seiner Frau lebt, die sich früher um die Dinge des täglichen Lebens gekümmert hat. Dass er diese Aufgaben von jetzt an selbst erledigen muss, ist die Kehrseite der Medaille.

Er schaut in Gabis Kühlschrank und entdeckt, dass plötzlich ausreichend Stauraum vorhanden ist, anders gesagt: Der Kühlschrank ist leergeräumt.

Gabis Abschied war nachhaltig geplant. Jo, wie er sich hier immer noch nennen muss, geht noch schnell kurz vor Ladenschluss in den Supermarkt, um sich mit Nahrungs- und Genussmitteln einzudecken. Letztere sind lediglich Bier, Wein und Schokolade.

In seiner Ausbildung zum Piloten wurde ihm nahegelegt, dass er immer ein Stück Schokolade bei sich haben muss. Es kann unerwartet ein Defekt an dem Flugzeug auftreten, so dass sich der Pilot über den Schleudersitz retten muss oder dass es zu einem Absturz kommt. Wenn er dann in einer Einöde landet, kann es lange dauern, bis Rettung kommt. In diesem Fall hilft ein Stück Schokolade, um zu überleben.

Das ist heute zwar nicht der Fall, aber Schokolade isst der Pilot Ewald zu jeder Tageszeit gern.

Nach einem kurzen Abendbrot möchte sich Jo noch einmal in Ruhe ansehen, was alles auf dem Stick gespeichert ist, den er Gabi für viel Geld abgekauft hat. Er schaltet seinen Laptop ein, wartet ab, bis er gebootet hat und schließt jetzt den Stick an. Aber er sieht nichts. Da öffnet er den Explorer und stellt fest, dass einige Dateien abgelegt sind und der

Stick fast voll ist. Doch wenn er eine dieser Dateien öffnet, erscheinen auf dem Bildschirm nur diverse Zeichen, die aber weder einen Text noch den Teil einer Zeichnung darstellen. Jo versucht das mit jeder der gespeicherten Dateien und den Ordnern, doch ohne Erfolg. Was soll das bedeuten?

Obwohl es schon Abend ist, greift er zu seinem Smartphone und wählt Gabis Nummer. Da hört er nur den Text:
„Der gewählte Teilnehmer ist zurzeit nicht erreichbar. Bitte versuchen Sie es zu einem späteren Zeitpunkt!"

Jo ist fassungslos. Was hat Gabi ihm da verkauft? Und wie kann es sein, dass er auf ihrem Laptop alles klar und deutlich vor Augen hatte? Hat Gabi ihm vielleicht versehentlich einen falschen Stick gegeben? Oder hat sie ihn möglicherweise sogar absichtlich gelinkt? Er ist bestürzt und wütend zugleich.

Wieder versucht er, sie telefonisch zu erreichen, doch er bekommt nur dieselbe Antwort zu hören, die er längst kennt.
Wie steht er jetzt vor seinem Auftraggeber da? Ist er plötzlich der spitzfindige Agent, der von einer gerissenen jungen Frau vorgeführt wird?
Noch diese Nacht versucht er es immer wieder, eine Verbindung zu ihr zu bekommen, doch Fehlanzeige. Er hat ihr geglaubt und auf gegenseitige Ehrlichkeit vertraut. Und dann das!
Am nächsten Morgen sitzt er gleich nach einem kurzen Frühstück am Laptop und sucht im Internet, nach einem Software-Spezi hier in der Nähe. Er findet eine große Zahl

von meist selbsternannten Spezialisten, doch nach welchem Kriterium soll er einen auswählen? Er muss immerhin bedenken, dass er die Dateien zwar gekauft hat, sie aber dennoch illegaler Natur sind. Es muss also schon ein vertrauenswürdiger Informatiker sein, von dem er sich Hilfe erhofft. Da findet er eine Firma, die nach Kundenwunsch Software entwickelt. Sie hat ihren Sitz am südlichen Rand von Frankfurt am Main, in Niederad.

Kurz entschlossen packt er seinen Laptop und den Stick ein und fährt zu dem gefundenen Softwareentwickler.

Er findet ihn in einem einstöckigen Bürogebäude. Einen Pförtner entdeckt er nicht und und so meldet er sich in dem Sekretariat:

„Guten Tag, mein Name ist Waldeshausen und ich habe ein Problem mit einer gekauften Software. Wer kann mir da bei Ihnen weiterhelfen?"

„Einen Moment bitte, ich melde Sie beim Chef an, der ist der richtige Ansprechpartner für Problemfälle."

Kurz darauf öffnet sich die Tür, ein junger Mann schaut herein, bittet Jo in das Besucherzimmer und stellt sich vor:

„Ich bin Peter Brinkmann und leite unser kleines Unternehmen für kundenspezifische Softwareentwicklungen. Welches ist denn Ihr Problem?"

„Mein Name ist Johann Waldeshausen und ich habe kürzlich eine Patentlizenz erworben, wobei mir die entsprechenden Dokumente in digitaler Form auf einem USB-Stick übergeben wurden. Leider ist es mir nicht möglich, die Dateien zu lesen."

„Haben Sie den Stick dabei?"

307

Jo reicht den Stick an Brinkmann, der ihn sofort in den PC einsteckt, der sich im Besucherzimmer befindet.

Nach einem Moment erscheinen die verschiedenen Dateien und Ordner auf dem Explorer. Aber der nächste Schritt misslingt, wenn Brinkmann versucht, eine dieser Dateien zu öffnen. Da wendet er sich an Jo:

„Das ist recht eigenartig, denn im Explorer sind etliche Ordner vorhanden und Dateien im PDF-Format aufgelistet. Doch nach dem Öffnen sind zwar alphanumerische Zeichen zu sehen, die aber keinen Sinn erkennen lassen. Es sieht aus, als sei der gesamte Inhalt codiert, um ihn gegen Fremdzugriff zu schützen.

Es ist bei einem solchen Kauf immer gut, wenn man sich den Inhalt eines Speichersticks auf einem Laptop zeigen lässt."

„Herr Brinkmann, da haben Sie vollkommen recht, deshalb habe ich mir auch vor dem Kauf alles zeigen lassen. Allerdings geschah das auf dem Laptop des Verkäufers."

„Herr Waldeshausen, das war zwar gut, doch es wäre besser gewesen, wenn er Ihnen den Speicherinhalt des Sticks auch auf Ihrem Laptop gezeigt hätte. Ich vermute, wie ich bereits sagte, dass der Inhalt zwar verschlüsselt ist, jedoch Software zum Dekodieren auf dem Laptop des Verkäufers schon vorhanden war. Daher konnten Sie alles sehen, weil jede Datei sofort entschlüsselt wurde. Weil Sie aber die Dekodier-Software nicht auf ihrem Laptop und auch nicht hier auf meinem PC installiert haben, können wir nichts lesen."

308

„Und was kann ich jetzt mit diesen Dateien anfangen, Herr Brinkmann?"

„Herr Waldeshausen, ehrlich gesagt sind Sie gelinkt worden. Es gibt etliche Verfahren zum Verschlüsseln und da wir nicht wissen und nicht erkennen können, welche Kodiersoftware hier eingesetzt wurde, kann ich Ihnen leider nicht helfen. Wenn wir alle bei uns vorhandenen Kodierer ausprobieren wollten, würde es gewiss mehrere Wochen dauern und das entfällt. Es tut mir leid, das Ihnen sagen zu müssen, aber ich kann Ihnen nicht helfen und muss mich verabschieden. Wir wünschen Ihnen bei anderer Stelle etwas mehr Glück."

Mit diesem Misserfolg zieht Jo wieder ab. Zu Hause versucht er mehrmals, Gabi telefonisch zu erwischen, doch es kommt immer wieder die gleiche Ansage.

Unverdrossen sucht Jo weiter im Internet, doch jetzt nach einem Spezialisten für Kodiertechnik. Das ist nicht so einfach, denn wer sich auf diesem weiten Feld gut auskennt, ist meist schon fest an einen Auftraggeber gebunden und darf aus Gründen der Geheimhaltung nicht für andere Kunden tätig werden.

Es wäre auch keine Lösung nach einem Hacker zu suchen, da diese nur spezielle Fähigkeiten entwickelt haben, um in gesicherte Systeme einzudringen.

Schließlich findet er ein Ein-Mann-Unternehmen und führt mit diesem Techniker ein Telefonat, das ihm ein wenig Hoffnung macht. Fatalerweise sitzt dieser Spezi sehr weit östlich, nahe der tschechischen Grenze in Bärenstein. Er

309

verabredet sich aber trotzdem mit diesem Karel und verspricht, morgen schon gegen 10:00 Uhr bei ihm zu sein, wenn er die 430 km in dieser Zeit bewältigt.

Am nächsten Tag frühstückt Jo bereits um 5:00 Uhr, weil er sich vorgenommen hat, um 5:30 Uhr das Haus zu verlassen und die Reise quer durch das halbe Deutschland anzutreten.

Es verspricht, ein schöner Tag zu werden und Jo findet es interessant, die Übergänge verschiedener Landschaften zu erleben. Große Waldgebiete wechseln mit Seenlandschaften. Weiter östlich beginnt das Land bergig zu werden und umso näher er dem Erzgebirge kommt, um so heftiger werden auch die Steigungen, die er auf der Landstraße zu überwinden hat. Nach reichlichen vier Stunden erreicht er den kleinen Erzgebirgsort Bärenstein. Der Ort liegt direkt an, besser gesagt auf der Grenze zur Tschechoslowakei, denn beide Ortsteile werden durch den Pöhlbach getrennt, in einen deutschen und einen tschechischen Ortsteil.

Jo weiß, wohin er fahren muss und bleibt deshalb auf der deutschen Seite. Weit am westlichen Ortsrand findet er ein Häuschen, das Karel allein bewohnt. Er hat und hatte nie eine Frau und versorgt sich selbst. Vor Jahren hat er noch auf der tschechischen Seite gewohnt, ist aber dann hierher umgezogen, weil ihm ein kleines, verfallenes Haus zum Kauf für 1 Euro angeboten wurde. Da er ein praktischer Mensch ist, hat er sich in Eigenarbeit das Haus wieder hergerichtet und innen mit dem heute üblichen Komfort ausgestattet.

Gleich bei der ersten Begegnung zwischen ihnen fühlt es sich an, als würden sie sich schon lange kennen. Neben einem modern möblierten Wohnzimmer hat Karel sich ein ‚technisches' Arbeitszimmer eingerichtet. Hier überrascht er Jo mit einer Fülle elektronischer Geräte und Apparate. Natürlich hat er im Garten großflächige Solarkollektoren installiert und sagt zu Jo:

„Willst du dir meine Anlage zur nachhaltigen Energieversorgung ansehen? Dann begleite mich in den Garten."

Jo geht mit, weil er gespannt ist, was ihn da erwartet. Karel schaut auf Jos fragende Augen und meint:

„Jo, das hast du noch nicht gesehen, denn es ist meine Idee. Auf der einen Seite habe ich Solarelemente aufgebaut, die mir elektrischen Strom liefern, wenn das Sonnenlicht ausreicht. Da aber solche Elemente sich auf der Rückseite erhitzen, habe ich dort Warmwasserkollektoren daran montiert. So habe ich doppelten Nutzen: Ich bekomme von der Vorderseite den Strom und von der Rückseite das heiße Wasser. Mir ist einfach nicht klar, warum noch keine Firma dieses System anbietet."

„Karel, ich muss zugeben, dass ich begeistert bin, was du dir hier geschaffen hast. Einfach phänomenal!"

„Jo, du bist aber gewiss nicht gekommen, um dir meine technischen Spielereien anzusehen. Du bringst bestimmt ein Problem mit und jetzt bin ich gespannt, was es damit auf sich hat. Komm rein!"

Nun schildert Jo ausführlich, wie er zu dieser Software gekommen ist und dass er sie unbedingt nutzen beziehungsweise verkaufen möchte. Aber sie lässt sich nicht entziffern.

Karel nimmt den Stick und schließt ihn an seinen PC an. Mit dem eingebauten Standard-Explorer ist nichts zu erkennen, außer wirrer Zeichen. Schnell kommt Karel zu dem Schluss:

„Jo, was du da hast sind einige Dateien, die aber in verschlüsselter Form vorliegen. Wir wollen sie uns aber mit einem anderen Programm etwas näher ansehen."

Jetzt wählt Karel ein eigenes Programm aus, um Details zu erkennen. Dazu ruft er verschiedene Dateien auf, die er auf Jos USB-Stick findet. Ziemlich schnell stellt er fest:

„Mein lieber Jo, da war ein Techno-Fuchs am Werk, der dir jede Datei unterschiedlich kodiert hat. Dafür sind die Erfolgsaussichten nicht nur trübe, sondern tief-schwarz. Wenn du nicht die unterschiedlichsten Codes kennst, ist es aussichtslos, das ganze Gewusel zu entschlüsseln. Es tut mir leid, aber so eine saubere Kodierung habe ich in meinen vielen Jahren noch nicht gesehen. Aber schön, dass wir uns kennen gelernt haben."

Das war ein schwerer Schlag für Jo. Was soll er jetzt machen? Die Video- und Tonaufnahmen, die er mit seiner ‚Augen-Technik' hergestellt hat, sind zwar schön und gut, leisten aber bei Weitem nicht das, was den Kunden in die Lage versetzt, das hocheffiziente System nachbauen zu können. Es fehlen etliche Details sowohl für die Produktion des Akkus als auch der Schnell-Ladetechnik.

Jo verabschiedet sich von Karel, so wie es gute Freunde tun, steigt wieder in sein Auto und dampft ab. Er hat kaum 50 km der Strecke hinter sich gebracht, da schaltet das Radio auf Telefon um und er vernimmt das Klingeln seines Smartphones. Jo drückt die Fon-Taste und hört:

„Hallo Jo, hier ist Gabi. Ich habe gerade gesehen, dass du schon mehrfach versucht hast, mich zu erreichen. Aber mein Akku im Smartphone hatte einen Hitzeschock bekommen und war geplatzt. Deshalb brachte ich es zur Reparatur und war nicht erreichbar. Nun, wo erwische ich dich gerade und wie geht es dir?"

„Hallo Gabi, ich habe schon gedacht, du hast mich arg überlistet. Als ich mir auf meinem Laptop die Dateien von dem Stick ansehen wollte, sah ich nur ein Gewirr von unsinnigen Zeichen."

„Oh, entschuldige bitte, das ist meine Schuld. Als wir uns getrennt hatten, fiel mir ein, dass du auf deinem Laptop nicht die Verschlüsselungssoftware installiert hast. Aber als ich dich anrufen wollte, funktionierte das Telefon nicht mehr, auch WhatsApp ging nicht. Aber wenn du noch meinen Zimmerschlüssel hast, so ist es kein Problem. Auf der Couch liegt ein Kissen, mit einem Anker darauf. Wenn du den Reißverschluss auf der Rückseite öffnest, findest du einen Chip, auf dem das Programm des Kodierers abgelegt ist. Das Programm zur Ver- und Entschlüsselung ist darauf abgespeichert. Du solltest es auf deinen PC übertragen und speichern. Auf dem Chip sind auch die erforderlichen Codes vorhanden, um die Dateien zu entschlüsseln. Wenn du das auf deinem Laptop installiert hast, kannst du alles im Klartext lesen. Die Zeichnungen habe ich mit hoher Auflösung gespeichert, sodass der Kunde es leicht hat, sie umzusetzen."

„Danke Gabi, dass du mir das alles so ausführlich erklärt hast, doch ich hätte viel Zeit und Mühe gespart, wenn dir das einen Tag früher eingefallen wäre. Es gibt bestimmt in Italien auch die Möglichkeit, ein Telefon zu benutzen, wenn das Smartphone defekt ist. Diesen Vorwurf kann ich dir nicht ersparen. Aber vielleicht sehen wir uns irgendwann noch einmal, dann kannst du alles wieder gutmachen. Leb wohl, Gabi!"

Jo beendet das Telefonat und beschleunigt seine Fahrt, denn hier hält ihn nichts mehr. Selbst die abwechslungsreiche Landschaft kann seine Stimmung nicht verbessern.

In Dieburg angekommen, schließt er die Wohnungstür auf und geht direkt auf die Couch zu, fasst nach dem Kissen mit dem Anker, öffnet den Reißverschluss und findet eine Mikro-Speicherkarte. Nun erst kommt er richtig an, packt seine Sachen aus und setzt sich an den Tisch, auf den er seinen Laptop gestellt hat. Es geht ihm alles schnell von der Hand und im Nu sieht er auch alle Dateien in klarer Schrift ebenso die dazugehörenden Zeichnungen.

Im nächsten Schritt entfernt er Gabis Stick und setzt einen anderen ein, den er mitgebracht hat. Darauf speichert er sowohl die gekauften Dateien als auch seine Video- und Tonaufzeichnungen. Damit ist der Stick jetzt randvoll und Jo kann sich entspannt zurücklehnen. Das wäre geschafft.

Bevor er zu Bett geht, verfasst er noch eine Erfolgsmitteilung an Mike mit folgendem Text:

„Hallo Mike, bitte lass mich wissen, wann deine Maschine in Frankfurt am Main landet, wenn du zu meinem Geburtstag kommst."

Diese Info sendet er über den chinesischen Dienst „LINE" direkt an das Büro in Shenzhen. Dann geht er zu Bett und schläft sofort ein, was nach diesen turbulenten Stunden gut zu verstehen ist.

Jo hat zum Glück noch nicht die Tiefschlaf-Phase erreicht, da signalisiert sein Smartphone mit einem Klick, dass Mike die Antwort schickt:

„Ankomme morgen 15:40 in FRA! - Schlaf gut!"

Am nächsten Morgen und nach dem Frühstück ist auch seine Zeit in Dieburg zu Ende. Er packt alles ein, schließt ab und wirft den Schlüssel in den Briefkasten, so wie es Gabi gewünscht hat.

Nach einer kurzen Fahrt ist er schon sehr früh in Frankfurt, so dass er noch genügend Zeit findet, ein zweites Frühstück einzunehmen.

Bereits kurz nach 14:00 Uhr steht er in der Empfangshalle des Flughafens Frankfurt. Die Maschine landet pünktlich und schon kommt ihm D60.2 mit dem Klarnamen „Mike", entgegen. Sie umarmen sich wie gute, alte Freunde und gehen gleich in das Restaurant im Flughafen. Dort erzählt Jo, der sich nun wieder Ewald nennen darf, wie sich die Auftragsabwicklung gestaltet hat.

Damit kann der Zyklop das Projekt D60 beenden. Auf seinem Konto werden in Kürze 750.000 Euro gutgeschrieben. Das setzt voraus, dass D60.0 mit der übergebenen Dokumentation zufrieden ist.

Schnell vergeht die Zeit und Mike muss wieder in die Abflughalle, da in Kürze seine Rückreise beginnt. Er war nur gekommen, um persönlich die wertvollen Unterlagen in Form eines USB-Sticks abzuholen. Beide Freunde verabschieden sich mit den Worten:

„Alles Gute, wer weiß, ob und wann wir uns wiedersehen!"

Ewald verlässt den Abflugterminal und geht zu seinem Auto. Bevor er den Motor startet, führt er noch ein Telefonat:

„Hallo Rosa, hier ist Ewald. Ich begebe mich nun endlich auf meine Rückreise gen Norden und hoffe, am späten Abend anzukommen!"

Diesen Text konnte er nicht persönlich übermitteln, da Rosa nicht zu Hause, sondern in der Kita ist. So hat er eben alles auf den AB gesprochen.

Ewalds Rückfahrt verläuft ruhig und vollkommen emotionslos. Die verflossenen Tage und Stunden waren prall gefüllt mit Ereignissen, dass ihm jetzt jeder Gedanke überflüssig scheint. Ohne Nachzudenken lenkt er sein Auto nach Wunstorf.

Hier soll ab morgen ein neues, anderes und hoffentlich natürlicheres Leben beginnen.

Aber dennoch lässt ihm sein Gewissen keine Ruhe und wider Willen gehen ihm Gedanken durch den Kopf. Das monotone Motorengeräusch und das Fahren auf der Autobahn, ohne lenken zu müssen entspannen zwar Körper und Geist, aber immer wieder denkt er ungewollt an die vergangene Zeit und er fragt sich:

„Habe ich mich richtig entschieden, diese riskanten Aufträge zu übernehmen und auszuführen?

Ich habe immerhin viel Geld verdient, doch macht es mich glücklich? Gewiss war es hilfreich, damit ich unser Haus abbezahlen konnte. Und was mache ich mit dem Rest?

Ist es wirklich die Erfüllung, reich zu sein und mit einer bezaubernden Frau ein paar außergewöhnlich schöne Nächte zu verbringen und dann ist sie fort und alles ist abrupt zu Ende?

Oder ist es besser, mit ein und derselben Frau viele, aber normal schöne Nächte zu erleben und danach ist es nicht aus und sie ist immer noch da?

Auf welche Art und Weise soll mein Leben weiter gehen? Ich habe genug Geld, aber was hilft es mir?

Liegt die Lebensweisheit tatsächlich in dem banalen Satz: Glück kann man nicht kaufen?

Viele Fragen und nicht eine Antwort.

Um 23:00 Uhr steht er in Wunstorf vor einer verschlossenen Tür, doch noch hat er den Schlüssel und kann sie öffnen.

Kapitel 18

Am nächsten Morgen erwacht er auf der Couch, die in seinem Arbeitszimmer steht. Er steht auf, macht sich im Bad fertig und betritt die Küche, in der sie immer ihr Frühstück einnehmen. Rosa sitzt allein am Tisch, denn Heike frühstückt am anderen Ende der Welt. Durch die üppige Überweisung von Ewald konnte nicht nur das Haus abbezahlt werden, sondern auch ihr zwölfwöchiger Aufenthalt auf Neuseeland.

Ewald kommt herein und sagt:
  „Guten Morgen Rosa!"

  „Guten Morgen Ewald!"

Wortlos frühstücken sie beide und als Rosa fertig ist, steht sie auf und sagt zu Ewald:
  „Ewald, ich gehe jetzt zum Dienst. Bist du noch hier, wenn ich wieder komme oder schon wieder auf und davon?"

Ohne eine Antwort abzuwarten, verschwindet sie wortlos und verlässt das Haus.

Ewald beendet jetzt ebenfalls sein Frühstück, räumt den Tisch ab, stellt das benützte Geschirr in die Spülmaschine und geht in sein Büro. Hier packt er erst einmal seine Sachen aus, stellt den Laptop auf den übliche Platz auf dem Schreibtisch und macht sein Bett. Dann ruft er im Fliegerhorst an und meldet sich zurück.

Sein Chef freut sich ihn morgen in aller Frische im Testlabor im Fliegerhorst begrüßen zu können.

Jetzt hat er Zeit, nach langer Pause sich wieder in seinem Büro zurechtzufinden. Er liest die inzwischen eingegangene Post und dabei rückt auch die Mittagszeit heran. Er geht in die Küche und sucht im Kühlschrank nach einem Fertiggericht, das er sich in der Mikrowelle aufwärmt. In der Zwischenzeit deckt er für sich den Tisch und nimmt dann in aller Ruhe sein Essen ein. Danach räumt er wieder ab, so dass die Küche ordentlich aussieht. Aber er hat noch eine kleine Aufgabe vor sich. Aus seinem Reisegepäck nimmt er die benützte Wäsche heraus, geht damit in den Keller, gibt sie in die Waschmaschine und drückt auf den Startknopf. Dann geht er wieder zurück in sein Büro, holt ein Buch und setzt sich ins Wohnzimmer.

Kurz nach 15:00 Uhr kommt Rosa nach Hause und sagt:
„Hallo Ewald, ich bin wieder da. Ich habe gehört, dass im Keller die Waschmaschine läuft. Wäschst du deine Reisewäsche?"

„Hallo Rosa. Die Waschmaschine habe ich angestellt. Ich werde die Wäsche anschließend trocknen und bügeln. Übrigens bin ich ab morgen wieder im Fliegerhorst tätig. Meine Schulungen sind abgeschlossen, deshalb kann ich hier mit meinem Team die Tests durchführen."

„Ewald, wer ist das Team?"

„Rosa, das sind meine Mitarbeiter, denn ich bin ab morgen Leiter der Testabteilung im Fliegerhorst."

„Gratuliere! Dann haben diese Schulungen ja doch etwas gebracht!"

„Ja, das haben sie. Ich habe viel gelernt."

„Schön für dich, vielleicht war es auch notwendig!"

„Mag sein, Rosa. Es gibt auch Schulungen für Frauen, wo man viel lernen kann."

„Vielleicht."

Auf diese Art wird die einsilbige Konversation fortgesetzt, bis Ewald sich in seine Lektüre vertieft. Er liest in einem Buch von seinem Vater über Neurologie.

Ewald denkt zurück an verschiedene Gespräche, die er vor Jahren mit seinem Vater geführt hat, als dieser sich auf seine Facharztprüfung für „Neurologie" vorbereitet hatte. Ewald fand schon damals, dass dieses Fachgebiet noch einen breiten Raum an unerforschtem Neuland in sich birgt.

Die Arbeiten in Ramstein, bei denen Ewald sich intensiv mit der Software des F35 beschäftigen musste, stehen in gewisser Weise mit neurologischen Prozessen im Gehirn des Piloten in Verbindung. Nun will er mehr dazu erfahren und spielt mit dem Gedanken, wieder einmal ein Gespräch mit seinem Vater zu führen.

Rosa kommt ins Wohnzimmer, setzt sich in einen Sessel und beginnt, die Tageszeitung zu lesen. Nach einer Weile des Schweigens fragt sie:

„Ist es recht, wenn wir schon um sechs Uhr Abendbrot essen, weil ich noch etwas vorhabe."

Ewald antwortet kurz und knapp:
„Okay, ist mir recht"!"

Nach dem Abendbrot verabschiedet sich Rosa mit:
„Tschüß"!"

Und Ewald sagt ebenfalls:
„Tschüß."

Er vermeidet es aber wohlweislich zu fragen, wohin sie geht oder wann sie wiederkommt. Ewald liest noch ein bisschen und geht danach in sein Büro, um sich schlafen zu legen.

Nach dem gemeinsamen, aber wortkargen Frühstück verlassen beide das Haus. Ewald fährt zum Fliegerhorst, wo er bereits erwartet und freudig begrüßt wird:
„Ewald, wir freuen uns, dich wieder in unserer Mitte zu haben und hoffen, dass du dich erstens gut erholt und zweitens in Ramstein viel gelernt hast."

„Liebe Kollegen, ich danke euch und freue mich darauf, mit euch zusammen neue interessante Aufgaben zu lösen!"

Gegen 17:00 Uhr kommt er nach Hause, öffnet die Tür und begrüßt Rosa:
„Hallo, da bin ich wieder!"

Rosa antwortet:
„Schön, möchtest du auch eine Tasse Kaffee haben, dann geh schon mal vor ins Wohnzimmer!"

Nachdem sie in Ruhe und Stille ihren Kaffee getrunken haben, ergreift Ewald das Wort:

„Was hältst du davon, wenn wir am Wochenende einmal kurz meine Eltern besuchen, wir haben uns lange nicht gesehen?"

„Natürlich können wir das tun, aber wie kommst du denn plötzlich darauf?"

„Ganz einfach deshalb, weil ich an meinen Vater einige medizinische Fragen habe, die sein Fachgebiet der Neurologie betreffen."

„Gut, dann frage du bitte deine Eltern, ob es ihnen recht ist, dass wir kommen und ob ihnen auch der Termin passt!"

„Ja, das werde ich erledigen."

Nach dem Abendbrot fragt Ewald kurz an:
„Bleibst du denn heute hier?"

„Ja!"

Ewald geht ins Wohnzimmer, setzt sich auf seinen Stammplatz und schaltet das Fernsehgerät ein. Rosa kommt dazu und stellt zwei Weingläser auf den Tisch.
Ewald fragt:
„Weiß oder Rot?"

Rosa kurz:
„Egal!"

Jetzt geht Ewald in den Keller und kommt mit einer Flasche Riesling von der Mosel zurück. Er öffnet sie, gießt ein und sagt:
„Zum Wohl!" und Rosa erwidert das Gleiche.

Am nächsten Tag ruft Ewald gleich nach Dienstschluss seinen Vater in Hannover an:

„Hallo Papa, hier ist Ewald. Ich rufe von zu Hause aus Wunstorf an."

„Hallo Ewald! Das ist ja eine Überraschung, von dir angerufen zu werden. Wie geht es dir oder was brauchst du?"

„Mir geht es gut und ich brauche auch nichts von dir, höchstens eine Antwort. Wir möchten euch gern am Wochenende einmal für ein Stündchen besuchen, weil wir uns lange nicht gesehen haben und ich gern etwas Medizinisches von dir erfahren würde. Passt es euch, wenn wir am Sonntag gegen 14:30 Uhr bei euch sind?"

„Ewald, mir passt es und ich glaube auch Mutter hat nichts Besonderes vor und würde sich über einen Besuch freuen!"

„Gut, Papa, dann will ich nicht weiter stören und verabschiede mich bis Sonntag. Tschüß!"

Sobald Rosa zu Hause ankommt, erzählt er ihr von dem Telefongespräch und dass seine Eltern sich freuen, sie nach langer Zeit einmal wiederzusehen.
Die restlichen Tage der Woche vergehen ohne nennenswerte Ereignisse, doch das kühle Klima zwischen den Eheleuten Jansen besteht weiter.

Keiner von beiden fühlt sich veranlasst, ein klärendes Gespräch zu beginnen. Rosa steht auf dem Standpunkt, vor zwei Wochen schon alles klar gesagt zu haben, wie sie sich ihre Ehe vorstellt. Da sich ihre Meinung nicht geändert hat, braucht sie kein weiteres Gespräch zu führen.

Ewald hätte zwar einen Grund, doch die angeborene Mecklenburger Sturheit hält ihn davon ab, eine Unterhaltung zu beginnen. Er wartet ab. Vielleicht ergibt sich von selbst eine Situation, die ein Gespräch erfordert.

So vergehen die restlichen Tage der Woche und der Sonntag rückt näher. Ewald hält sein Büro weiterhin unter Verschluss und verwahrt seine technischen Spionagehilfsmittel an einem gut gesicherten Ort.

Nach dem gemeinsamen Mittagessen starten sie in Richtung Hannover-Garbsen zur Wohnung von Ewalds Eltern. Er hatte zuvor noch aus dem Garten ein paar Blumen geholt, die dann Rosa zu einem Strauß zusammengestellt hat.

Genau um 14:30 Uhr klingelt Ewald an der Haustür. Auf dem Klingelschild ist der Name: ‚Dr. Ernst Jansen' zu lesen ist. Die Tür geht auf und Vater Jansen steht ihnen gegenüber und sagt:

„Seid herzlich willkommen seit langer Zeit. Doch wo habt Ihr Heike gelassen?"

Jetzt kommt noch Mama dazu:

„Wie schön, dass es endlich einmal geklappt hat. Kommt rein!"

Rosa beantwortet die Frage seines Vaters:

„Die Frage nach Heike stellt Ihr zu Recht. Sie ist für 12 Wochen außer Landes und genießt einen Bildungsaufenthalt in einem Restaurant auf

324

Neuseeland. Sie hat die riesengroße Chance, dass in ihrem Hotel, in dem sie in Wunstorf ihre Ausbildung gemacht hat, ein Azubi aus Queenstown auf Neuseeland war. Durch ihn ist sie an die exklusive Matakauri Lodge gekommen. Sie liegt nur wenige Minuten von Queenstown entfernt und direkt am Wakatipu-See. Die Anlage wurde im Jahr 2000 im zeitgenössischen, neuseeländischen Design erbaut und wird umgeben von einer spektakulären Kulisse, bestehend aus einem Pinienwald, Bergen und dem tiefblauen Wasser des Sees. Ihr könnt euch vorstellen, wie glücklich sie ist, dass es endlich doch möglich war."

Papa fragt:
„Rosa, du sagst, dass es ‚endlich doch möglich war'. Was bedeutet das nun wieder?"

Nun fällt ihm seine Frau ins Wort:
„Ernsti, nun lass die doch erst einmal reinkommen und ins Wohnzimmer gehen. Bei einer Tasse Kaffee erzählt es sich besser!"

Gesagt, getan. Sie nehmen an der gedeckten Kaffeetafel Platz und Jette, so wird Henriette von Ernst genannt, hat den mitgebrachten Blumenstrauß in eine Vase aus weißem Porzellan auf die Mitte des Tisches gestellt. Der Kaffee wird eingeschenkt und ein Stück Torte gereicht. Ernst erklärt:
„Jette hat diese Himbeertorte extra wegen Eures Besuches gebacken. Das schmeckt man bestimmt heraus!"

Nachdem jetzt alle die erste Tasse Kaffee getrunken und die ‚Welcome-Torte' probiert haben, kann Ernst endlich die kritische Frage wiederholen:

„Nun frage ich noch einmal hartnäckig nach, warum es ‚endlich möglich' war, Heike ins Ausland fahren zu lassen?"

Kurz wendet sich Rosa zu Ewald:

„Dazu kannst du ruhig etwas sagen!"

Und Ewald erwidert:

„Rosa, das kannst du genauso!"

Die Klügere gibt nach und erzählt:

„Als Ewald durch den dummen Unfall ins Krankenhaus kam und ihm sein rechtes Auge entfernt werden musste, geriete unser Leben in finanzielle Schieflage, weil es ein privater Unfall war. Dadurch fehlten die ansonsten guten Einnahmen durch sein Gehalt. Wir konnten das Hausdarlehen nicht mehr bedienen und die Auslandsreise für Heike fiel natürlich auch ins Wasser."

Jetzt ergänzt Ewald:

„Leider teilte mir mein Abteilungsleiter bei meinem ersten Besuch nach meiner Genesung mit, dass ich nicht mehr als Pilot eingesetzt werden kann. Ich würde aber als Leiter eines neuen Testlabors eingesetzt werden, sobald die technische Ausstattung dafür geliefert worden ist. Solange bekam ich nur ein vermindertes Gehalt ohne Kampfpiloten-Zuschlag."

Rosa:

„Da hat sich mein werter Gatte einen Nebenjob gesucht, um eine zusätzliche Einnahme zu bekommen. Allerdings hat er mir verschwiegen, was er da gemacht hat."

Ewald:

„Du stellst es als eine Böswilligkeit dar, doch mir war untersagt, darüber zu sprechen. Schließlich habe ich gut verdient, sodass wir die Restschuld des Hausdarlehens tilgen und den Auslandsaufenthalt von Heike finanzieren konnten."

Rosa kann es nicht lassen und ergänzt:

„Über typisch männliche Randerscheinungen bei solchen verschwiegenen Geschäften möchte ich mich zurückhalten."

Ewald:

„Rosa, das sind letztlich familieninterne Angelegenheiten, die in unserem Hause bleiben und ausgetragen werden sollten. Damit ist es nun gut!"

Mama sagt:

„Ewald, du hast zwar recht, doch nach einem friedlichen Zusammenleben hört es sich nicht an, eher nach einem aufziehenden Gewitter."

Rosa:

„Mama, das ist kein aufziehendes Gewitter, es donnert bereits! Natürlich ist eine junge Frau attraktiver als eine berufstätige Ehefrau im mittleren Lebensalter!"

Ernst versucht zu beruhigen:

„Ewald, ich höre da etwas heraus, was mich befremdet. Aber damit habe ich in meinem Beruf immer wieder zu tun. Ich stelle dir eine andere Frage: Habt Ihr in Eurem Haus einen Kamin, Ewald?"

Ewald antwortet verdutzt:

„Ja, haben wir."

„Und womit heizt du, Ewald?"

„Was soll die Frage. Ich nehme abgelagertes Eichenholz!"

„Ewald, warum nimmst du zum Anheizen kein Stroh, das brennt schneller und gibt ein schönes Feuer?"

„Entschuldige Papa, das ist eine dumme Frage. Natürlich ist ein Strohfeuer schneller entfacht, doch es ist aber auch schnell zu Ende. Das Eichenholz brennt deutlich länger, wenngleich mit nicht so heller Flamme!"

„Ewald, du hast es erkannt und genauso ist es mit der Liebe!"

Dazu Ewald:

„Papa, wahrscheinlich hast du recht."

Es war vorherzusehen, dass jetzt erst einmal Ruhe eingekehrt ist. Jeder denkt nach, wie diese Metapher ihn trifft und was man daraus lernen kann.

Ewald ergreift das Wort und möchte auf die sachliche Ebene zurückkommen:

„Aber ich habe auch eine Frage. Sie ist der eigentliche Grund, meines Wunsches, dich zu sprechen, Papa."

Ernst fragt gezielt:
„Was ist dein medizinisches Problem?"

Ewald kommt auf den Punkt:
„Es geht mir um verschiedene Prozesse im Gehirn und speziell um die Funktion und Bedeutung der Gamma-Wellen. Ich habe dazu schon einiges gelesen, doch so ganz verstanden habe ich es noch nicht. Bitte hilf mir!"

Ernst:
„Ewald, das tue ich gern. - Im Gehirn laufen die unterschiedlichsten Vorgänge ab, die von fünf verschiedenen Wellenarten begleitet werden. Man gab ihnen zur Kennzeichnung griechische Buchstaben: Alpha-, Beta-, Delta-. Theta- und Gammawellen."

Ewald:
„Ja, bis hierhin war ich auch gekommen, doch was bewirken dieses ominösen Gamma-Wellen denn?"

Papa erklärt es ausführlich:
„Die Gamma-Wellen werden gebildet bei der Verbindung verschiedener Informationen. Das klingt für einen Laien ziemlich unverständlich. Damit du aber verstehst, was da im Gehirn tatsächlich passiert, gebe ich dir ein Beispiel: Du sitzt im Garten und hörst ein Motorengeräusch. Das könnte von einer Maschine, einem Auto oder einem Flugzeug kommen. Dein Gehirn bekommt über deine Ohren eine Information. Jetzt siehst du auf der Straße einen großen blauen

329

Gegenstand. Die Farbe, die du siehst ist ebenfalls eine Information, die von deinen Augen ins Gehirn geht. Zusätzlich nimmst du mit deiner Nase einen unangenehmen Geruch wahr. Dieser Gestank liefert über die Nase ebenfalls eine Information ins Gehirn. Jetzt erkennst du, dass der blaue Gegenstand aussieht wie ein Auto. Es kann ein großes Plakat oder ein Werbemodell sein. Wieder geht über die Augen ein Signal an dein Gehirn. Aber plötzlich bewegt sich dieses Gebilde und wieder liefern die Augen Informationen an das Gehirn. Die verschiedenen Informationen, die aus den entsprechenden Gehirngebieten kommen werden miteinander verknüpft und bilden Gamma-Wellen. Jetzt weißt du:

An dir ist ein blaues Auto mit einem Verbrennungsmotor vorbeigefahren.

Eine einzige Information allein, hätte dir das nicht sagen können.

Wenn das Gehirn nicht richtig funktioniert; falsche oder gar keine Gamma-Wellen gebildet werden oder entstehende durcheinandergeraten, reagiert der Mensch abnormal. Die Neurologen kennen dieses Verhalten und nennen es Schizophrenie.

Versteht du jetzt, was diese Gamma-Wellen für einen Menschen bedeuten?

Ewald, noch beeindruckt von dem blauen Auto, sagt:
„Ja, danke, das war einprägsam. Aber welche Frequenz haben diese Wellen und kann man sie auch unterdrücken?"

Ernst, der Neurologe antwortet:

„Der Frequenzbereich liegt zwischen 30 und 100 Hertz. Und zu deiner zweiten Frage kann ich dir nur sagen: Nein, das will auch keiner. Der Neurologe freut sich über deren Existenz. Man kann aber zusätzliche Wellen in das Gehirn einfließen lassen, um bestimmte Effekte zu erzielen. Doch dazu ist genaues, neurologisches Wissen nötig, sonst verwirrt man den Patienten total, als würde er gleichzeitig drei Orchester spielen hören und jedes mit einem anderen Stück.
Warum stellst du mir aber diese Frage, die keine positive Auswirkung im Sinne des Patientenwohls besitzt?"

Ewald versucht, sich herauszuwinden:

„Ist schon gut Papa, das ist eine andere Sache, die mit meinem Beruf in Zusammenhang steht. Da geht es nicht um Patienten, sondern lediglich um Technik. Danke, dass du mir das alles so verständlich erklärt hast."

Die beiden Frauen, haben nur halb zugehört, denn es ist für sie nicht von Interesse, wie jemand Schizophrenie bekommt und dass er dann wirres Zeug redet. Aber Jette kennt solche Gespräche, die sie von Ernst zu hören bekommt, wenn er bei seinem Lieblingsthema ins Schwärmen gerät. Da strömen gedankliche Ergüsse auf sie ein, die sie sich nur anhört, weil sie ihn unsagbar liebt. Dann tut man das eben.

Die Männer sprechen noch viel über verschiedene Gebiete und es ist ihnen anzumerken, dass es beiden Freude bereitet.

Jetzt ist es aber schon sechs Uhr abends und Zeit für Rosa und Ewald sich auf die Heimreise zu begeben.

Gleich als sie in Wunstorf ankommen, macht Rosa ein kleines Abendbrot, das sie im Wohnzimmer einnehmen, um gleichzeitig das Neueste vom Tage im NDR-Fernsehen zu erfahren. Nebenbei sprechen sie noch von dem Besuch bei seinen Eltern und stellen fest, dass es auch an der Zeit wäre, Rosas Eltern einen Besuch abzustatten, obwohl der Weg etwas länger ist.

Bein Sender ‚arte' sehen sie sich noch eine Komödie an. Dann aber soll der Tag zu Ende sein.

Rosa hat sich durchgerungen und fragt Ewald:
    „Willst du weiter in deinem Büro schlafen oder hältst du
    es auch an der Seite einer ‚abgelagerten Eiche' aus?"

Beide lachen, geben sich einen Kuss und schlafen ruhig bis zum nächsten Morgen.

Kapitel 19

Nach dem Wochenende geht Ewald seiner neuen Pflicht nach und bespricht mit seinem Team den Wochenplan. Er macht es gewissenhaft und jeder bekommt seine klar umrissene Aufgabe zugeteilt.

In diesem Stil verläuft der Arbeitstag und Ewald merkt, dass er ein Gefühl für eine erfolgreiche Teamarbeit besitzt. Das bestätigt ihm auch sein Chef. Kurz vor Dienstende spricht er seinen Mitarbeiter Fred Schüler an:

„Fred, ich merke, dass dir die Arbeit Spaß macht, auf dem Prüfstand eine Maschine zu testen und nach möglichen Schwachstellen zu suchen. Hast du vielleicht ein Hobby, das dich an ähnliche Herausforderung führt?"

„Ja, so ist es, denn ich bin begeisterter Funkamateur und baue mir viele meiner Apparate selbst. Da gibt es so manches Problem, das es zu lösen gilt. Aber genau das gefällt mir!"

„Fred, auch ich habe in meinem Haus eine Bastelecke, in die ich mich hin und wieder verkrieche, um spezielle Programme mit dem Mikroprozessor zu lösen."

„Oh, ich wusste gar nicht, dass dich so etwas interessiert. Hast du denn vor deiner Ausbildung zum Piloten ein entsprechendes Studium absolviert?"

„Ja, das habe ich und wir hätten bestimmt beide viel zu erzählen.Was hältst du davon, wenn du mit deiner Frau einmal zu uns in den Garten kommst, da können wir grillen und ein bisschen über Technik plaudern?"

„Danke Ewald für die Einladung. Ich werde mit meiner Frau sprechen und gebe dir morgen Bescheid."

Sie verabschieden sich und fahren nach Hause. Während Ewald von seiner Rosa in einem Einfamilienhaus mit Garten erwartet wird, fährt Fred zu seiner Inge, mit der er eine Wohnung in einem Mehrfamilienhaus gemietet hat. Gleich berichtet er ihr, dass er von seinem Teamleiter eingeladen wurde:

„Stell dir vor, Inge, Ewald, unser neuer Teamleader hat uns beide zu sich und seiner Frau eingeladen. Wir könnten zu ihnen in den Garten kommen und gemeinsam grillen. Wir Männer würden fachsimpeln und ihr Frauen fändet gewiss genügend Gesprächsstoff. Was hältst du davon?"

„Na klar, das machen wir gern. Endlich kommen wir einmal heraus aus dem monotonen Wohnblock und können uns in einem Garten frei bewegen. Das sind doch gewiss auch nette und aufgeschlossene Menschen, oder?"

Fred ist 32 Jahre und hatte sich in Hannover für das Studium in der Kombination Elektronik/Informatik eingeschrieben. Dort lernte er auch seine heutige Frau Inge kennen, die in der Hochschulbibliothek angestellt war. Sie ist eine temperamentvolle Frau von 30 Jahren und besitzt viel Sinn für ein modernes und gepflegtes Zuhause. Zum Leidwesen beider haben sie noch keinen Nachwuchs. Doch Inge weiß, dass der Fehler bei ihr liegt und ist daher in ärztlicher Behandlung. Sie ist berufstätig in der Stadtverwaltung von Wunstorf.

Ewald schätzt seinen jungen Kollegen in besonderem Maße, weil er neben seiner Fachkompetenz ein kameradschaftliches Verhalten zeigt und somit der ideale Teamplayer ist.
Fred dankt Ewald noch einmal für die Einladung, die sie gern annehmen und am kommenden Sonnabend gegen 18:00 Uhr bei den Gastgebern eintreffen werden.

Diese Woche vergeht schnell und das Team um Ewald hat die gesteckten Ziele erreicht. Nun kann das Wochenende beginnen.

Es ist Samstag, 17:30 Uhr und Ewald hat schon im Garten den Grill aufgestellt und ist gerade dabei, mit einer Heißluftpistole die Grillkohle zu entzünden. Rosa hat bereits Würstchen auf eine Platte gelegt und daneben vier Steaks, die sie schon am Tag vorher eingelegt hatte. Dazu hat sie frischen Eisbergsalat mit Tomaten und Paprika veredelt und in eine große Salatschüssel gegeben.

Damit ist alles vorbereitet und die Gäste können kommen. Rosa übernimmt gern die Rolle einer Gastgeberin und freut sich, wenn sie Erwachsene bewirten darf. Dass sie es gut kann, erlebt sie jeden Tag in der Kita, wenn sie die Kleinen essen sieht und ihr Schmatzen verrät, dass Rosa es wieder gut hinbekommen hat.

Es klingelt und das Ehepaar Schüler steht an der Gartentür und wird von Ewald begrüßt:

335

„Seid herzlich willkommen! Ich bin Ewald und dort am Tisch steht meine Frau Rosa, die gleich hier sein wird."

„Guten Abend, ich bin Rosa und ihr seid Inge und Fred? Herzlich willkommen in unserem Garten und ein Haus haben wir auch, aber das zeigen wir euch noch!"

Sie nehmen am Tisch Platz und es beginnt, wie üblich, ein Smalltalk, um einander zu beschnuppern. In die fröhliche Stimmung hinein fragt Ewald die Getränkewünsche ab und beginnt bei Bier und endet bei Zitronenlimonade. Damit hat er natürlich das gewollte Lachen ausgelöst und Inge fragt:

„Meinst du vielleicht: Sauer macht lustig?"

und Rosa ergänzt:

„Aber erst am dritten Tag! Solange brauchen wir nicht."

Damit ist das Eis gebrochen, was jedoch eh nicht da ist. Ewald bietet jetzt die gegrillten Würstchen oder die leckeren Steaks an und bringt in seiner oft humorvollen Art Stimmung in die Gartenrunde. Es wird gegessen, getrunken und erzählt von diesem und jenem. Natürlich erzählen die stolzen Eltern von ihrer Heike, die derweilen ihre Hotelgäste auf Neuseeland verwöhnt. Ewald hatte vorsorglich Rosa davon berichtet, dass das junge Paar gern Nachwuchs hätte, doch es gibt ein medizinisches Problem. Deswegen ist Inge inzwischen bei einem Arzt in Behandlung.

Heute Abend achte beide pietätvoll darauf, dass das Thema Kinder möglichst nicht in der Unterhaltung erwähnt wird.

Für die Gespräche, die beim Essen geführt werden, gibt es reichlich Stoff. Während sich die Frauen gern über Modetrends, Musik und das örtliche Geschehen unterhalten, stehen bei den Männern technische Themen im Vordergrund. Ewald erzählt Fred von seinen verschiedenen Basteleien, die er ungestört in seiner Garage ausführen kann und meint:

„So einen Platz braucht ein Mann einfach, sofern er handwerkliches Geschick besitzt und gern tätig ist."

Fred holt tief Luft und sagt:

„Ewald, du hast es gut. Aber wenn man nur eine Mietwohnung besitzt mit einem kleinen Abstellkeller, da muss ich schon zufrieden sein, wenn ich in meinem kleinen Bürozimmer auf einer Wandkonsole meinen Apparat für den Amateurfunk aufstellen kann."

Ewald fragt Fred leicht provozierend:

„Und warum habt ihr kein Haus oder wollt ihr es nicht?"

Fred lächelt verhalten und antwortet:

„Von Nichtwollen kann keine Rede sein, aber soviel Geld haben wir nicht ansammeln können. Natürlich würde ich ein Darlehn bekommen, doch bei meinem Einkommen verlangt die Bank ein nicht unwesentliches Eigenkapital. Das ist aber noch nicht da."

„Fred, bei mir war die Situation ähnlich, doch ich bekam als Pilot immerhin ein solches Gehalt, dass ich das geforderte Eigenkapital hatte. Aber als ich vor einem Vierteljahr diesen Unfall hatte, wurde mein Gehalt reduziert, weil ich nicht mehr fliegen darf. Da hatten wir plötzlich ein großes finanzielles Problem. Wir konnten

337

den Kapitaldienst nicht mehr erbringen und mussten uns sehr einschränken."

„Ewald, da bist du ja auch in ein schwarzes Loch gefallen. Wie hast du es denn geschafft, wieder aus der Misere herauszukommen?"

„Fred, ich hatte einfach Glück, denn ich lernte jemanden kennen, der mir zu einem Nebenjob verholfen hat. Es war zwar eine heikle Sache, über die ich nicht sprechen möchte und es auch nicht darf, doch ich konnte auf einen Schlag mein Hausdarlehen ablösen. Nun sind wir fein heraus und unsere Tochter Heike ist für 12 Wochen in einem Luxusrestaurant auf Neuseeland tätig."

„Ewald, da hattest du wirklich Glück. Ich würde auch gern jemanden finden, der mir zu so einer Chance verhilft!"

„Fred, vielleicht hast du ihn schon gefunden, aber du weißt es noch nicht!"

„Kann es sein, dass dieser Glücksbringer sogar in der Nähe ist?"

„Fred, lass uns den Abend zusammen mit unseren Frauen verbringen und denke darüber nach, was ich dir erzählt habe. Am Montag können wir ja nach Dienstschluss beide ein Feierabendbier trinken gehen und ein bisschen mehr über Möglichkeiten sinnieren, wie man zu Geld kommen kann."

Nun wenden sie sich beide wieder ihren Frauen zu und es werden ganz allgemeine Dinge besprochen. Weil Inge die Toilette aufsuchen will, bietet ihr Rosa an, bei dieser

Gelegenheit sich im Haus umzusehen. Fred ist auch neugierig und schließt sich an.

Dieser entspannte Grillabend geht erst gegen Mitternacht zu Ende und die Gäste treten den Heimweg an.

***

Am Montag bespricht Ewald mit seinem Team die Aufgaben dieser Woche. Das erste Mal soll Fred im Rahmen des Testprogramms auf dem Platz des Piloten sitzen. Für die Untersuchungen an der F35 ist das interaktive Cockpit, das heißt die komplette Kanzel mit allen Instrumenten aufgebaut. Vor der Verglasung befindet sich ein sehr großer Screen, auf dem verschiedene Videos ablaufen, die den Eindruck verschaffen, als wäre die Maschine tatsächlich in der Luft. Die Steuerbefehle, die der Pilot ausführt, verändern dann das Bild, so dass der Pilot genau nachempfinden kann, wie die F35 auf dessen Befehle reagiert. Es ist so, wie in einer modernen Fahrschule für PKWs.

Für Fred ist es ein besonderes Erlebnis, einmal als Pilot eine Maschine zu steuern und nicht nur die Wartung auszuführen. Ewald hat einen Grund dafür, dass er Fred als Testpiloten ausgewählt hat, denn er soll das gleiche Gefühl bekommen wie ein Pilot dessen Maschine sich in der Luft bewegt und auf Steuerbefehle reagiert.

Er stellt mit Genugtuung fest, dass sich Fred schnell in seine neuen Aufgaben hineingefunden hat.

Als der Dienstschluss naht, spricht Ewald Fred an und lädt ihn ein, mit ihm in das kleine Restaurant zu kommen, das sich unweit vom Fliegerhorst etwas abseits von der Hauptstraße befindet.

Da sie beide heute noch ihr Auto benutzen müssen, trinken sie anstelle eines Bieres lieber einen Cappuccino.

Fred ist voller Erwartung, was ihm Ewald nun erzählen wird. Ewald beginnt, nachdem er den ersten Schluck Cappuccino probiert hat:

„Fred, wir sind jetzt ja nicht mehr im Dienst doch möchte ich dich bitten, dass dennoch alles, was wir jetzt besprechen, streng geheim ist und bleiben muss. Du darfst zwar Inge erzählen, dass wir uns über verschiedene Probleme unterhalten haben, für die im Dienst keine Zeit ist, doch kein Wörtchen über den Gesprächsinhalt. Fühlst du dich in der Lage, dieses Schweigen einzuhalten?

„Ja, das kann ich dir mit ruhigem Gewissen versprechen!"

„Ich möchte dich mit einer Neuheit oder Erfindung vertraut machen, über die ich schon eine Weile nachdenke. Es geht um eine militärische Waffe, mit der der Besitzer in der Lage ist, einen Piloten handlungsunfähig zu machen, sodass er nicht mehr fähig ist, seine Maschine zu steuern.

Du kannst dir sicher vorstellen, welchen Wert eine solche Waffe in einem Krieg hätte. Das bedeutet, dass der Verkauf dieser Erfindung viel Geld einbringen könnte. Doch dabei gibt es ein Problem."

„Ewald, ich begreife sofort, dass eine solche Waffe die Flugzeugflotte des Gegners außer Gefecht setzen könnte.

340

Daher hat sie einen immensen Wert. Doch wo ist das Problem, von dem du sprichst?"

„Das ist sehr einfach gesagt: Eine Erfindung zu machen ist eine geniale Leistung, aber sie zahlt sich erst dann aus, wenn du jemanden hast, der sie dir abkauft. Sonst kannst du dir das Patent sauber einrahmen und dir über dein Bett hängen."

„Ewald, wo könnten wir denn denjenigen finden, der uns diese geniale Idee abkauft?"

„Fred, den brauchen wir nicht zu suchen, denn ich kenne ihn bereits sehr gut. Von ihm habe ich schon einen siebenstelligen Betrag erhalten für meine Arbeit."
„Wenn ich mir einen siebenstelligen Betrag vorstelle, dann sehe ich mindestens eine Million. Das reicht, um mit einem kühlen Lächeln ein Hausdarlehn abzubezahlen und alle anderen Schulden zu tilgen!"

„Ja, so war es auch!"

„Jetzt hast du mich aber richtig angeheizt."

„Fred, überlege es dir gut, ob du einsteigen willst, um mit mir das Projekt durchzuziehen. Wenn du einmal ;JA' sagst, gibt es kein ,Zurück.' Ich gebe dir Bedenkzeit bis morgen, hier und und um die gleiche Uhrzeit."

„Okay Ewald, dann bis morgen!"

Beide fahren nach Hause und lassen den Tag vorübergehen, als wäre nichts gewesen.

Am Folgetag treffen sie sich wieder und setzen sich an denselben Tisch und trinken wieder einen Cappuccino. Ewald fragt kurz:

„Na, hast du nachgedacht und dich entschieden?

„Ja, ich bin dabei bis zum goldenen oder bitteren Ende!"

Damit hat sich ein Zweierteam gebildet, um das Projekt: ‚Gamma' zu beginnen. Mit diesem griechischen Buchstaben kann jedoch Fred nichts anfangen. Das wundert Ewald in keiner Weise, denn vor einigen Tagen hatte er noch den gleichen Wissensstand. Ebenso wie es sein Vater gemacht hat, versucht Ewald Fred eine gewisse Grundlage zu vermitteln.

Das von Papa gebrachte Beispiel findet er so einleuchtend, dass er Fred damit die Gamma-Wellen erklärt.

Fred:

„O. K., Ewald, das habe ich verstanden. Doch wie gehen wir mit dieser Erkenntnis um, damit wir etwas bewirken?"

Ewald:

„In dem Beispiel, das ich dir von meinem Vater erzählte, wurde auch das Krankheitsbild ‚Schizophrenie' angesprochen. Dabei ist die Wahrnehmung gestört und der Patient führt unkontrollierte und sinnlose Bewegungen und Handlungen aus. Stell dir vor, was passieren würde, wenn ein Kampfpilot mitten in seinem Einsatz einen solchen Anfall bekommen würde. Was wäre dann? Was glaubst du?"

„Der Pilot hätte seine Maschine nicht mehr unter Kontrolle und er würde irgendwelche irren Steuerungsbefehle geben. Schließlich würde sein Flieger abstürzen!"

„Fred, du hast es verstanden. Jetzt kannst du auch abschätzen, welche Macht ein Feind hätte, wenn er durch Flieger angegriffen würde. Der versuchte Angriff würde nicht stattfinden, weil er alle seine Maschinen abstürzen lassen würde."

„Das wäre für den Gegner, der angegriffen wird ein unbezahlbarer Vorteil."

„Fred, du siehst, dass der Verkauf von diesem „Know-how" uns eine gute Einnahme sichern würde, denn ich habe dazu auch schon einen Kunden, der uns diese Idee einer modernen Kriegsführung abkauft!"

„Ist ja alles super, aber wie erreichen wir es, dass die Piloten diese „Pseudo-Schizophrenie" bekommen?"

„Fred, das ‚WIE' ist ja gerade mein Erfindungsgedanke, den ich dir gern erklären will:
Wir erzeugen in einem Apparat, den wir noch bauen müssen, verschiedene Gamma-Wellen in dem Bereich von 30 Hz bis 120 Hz und senden sie über den Sprechfunk-Kanal zu dem Flugzeug."

„Das hört sich plausibel an, aber wie sendest du sie, wenn du den Sprechfunkkanal nicht kennst?"

„Fred, jedes Flugzeug hat einige Sprechfunkkanäle und von der F35 können wir sie ablesen, da wir die Maschinen auf dem Prüfstand haben. Es ist üblich, auf

343

Kanal 16 anzurufen, um dann mit dem Gesprächspartner einen Kanal festzulegen, auf dem die folgenden Gespräche geführt werden.

Deine Aufgabe ist folgende: Du baust einen Apparat der auf Kanal 16 sendet und dabei Gamma-Wellen verschiedener Frequenz im schnellen Wechsel überträgt. Das ist alles!"

„Wow, natürlich baue ich einen solchen Wobbler, denn so heißt die Kiste, die genau das macht, was du vorhast!"

„Fred, melde dich, wenn du ihn fertig hast, dann probieren wir dieses Verfahren auf unserem F35-Prüfstand aus. Das war's für heute, machs gut und Tschüß!"

Damit verabschieden sie sich und jeder geht seines Wegs nach Hause.
Fred fängt natürlich sofort an, sich Schaltungen für verschiedene Wobbler herauszusuchen und überlegt, wie er sie schnell realisiert.
Er ist plötzlich von einer ungewöhnlichen Begeisterung ergriffen, wie er sie bei sich noch nie erlebt hat. Das hat zur Folge, dass er schon in 5 Tagen Ewald meldet, dass der gewünschte Apparat fertig ist und darauf wartet, getestet zu werden.

Ewald ist begeistert vom Enthusiasmus, den Fred an den Tag legt und verabredet sich mit ihm, dass er kurz vor Dienstschluss noch einmal zum Prüfstand kommt und seinen Apparat mitbringt.

Um 16:00 Uhr haben alle die Abteilung verlassen, nur Ewald und Fred sind noch im Prüfstand. Ewald wendet sich an Fred:

„Wir machen jetzt einen Test. Ich setze mich ins Cockpit und starte die Maschine. Du siehst ja, genau wie ich, auf dem großen Screen, der vor dem Cockpit an der Wand hängt, wie ich fliege, denn den gewünschten Kurs, den ich fliegen soll, markiere ich mit einem roten Strich."

„O. K., Ewald, ich sehe jetzt den gewünschten Kurs an der rot gepunkteten Linie. Bitte zähle du zurück von 5 und bei 1 starte ich die Störung!"

„O. K., Fred habe verstanden. Fünf-vier-drei-zwei-eins!"

Beide schauen auf den Screen, doch Ewald hält den Kurs, ohne durch eine Störung abgelenkt zu sein.
Dann stoppt Ewald den Flug, landet und stellt ab.

Ewald zieht das Fazit:

„So geht es jedenfalls nicht. Fred, bitte sage mir, wie erfolgt bei deinem Wobbler der Wechsel der verschiedenen Gamma-Wellen?"

„Fred, ganz einfach: 30-32-34-36-38 und so weiter bis 120 und dann wieder zurück 120-118-116-114 und so weiter bis zum Anfang."

Ewald:

„Fred, ich weiß es auch nicht, aber ich kann mir nicht vorstellen, dass durch dieses gleichmäßige Ansteigen der Frequenz das Gehirn durcheinander kommt.

Programmiere deinen Mikroprozessor um, so dass er stochastisch die Frequenzen auswählt, zum Beispiel: 30-86-40-102-57 und so weiter. Verstehst du, wie ich das meine?"

Fred:

„O. K., Ewald, das werde ich heute Abend machen, so dass wir morgen vielleicht einen neuen Flugversuch starten können!"

Am nächsten Tag können die beiden Gamma-Forscher den Dienstschluss kaum erwarten. Punkt 16:00 Uhr sind sie wieder am Prüfstand. Ewald kriecht hoch und nimmt im Cockpit Platz. Wieder erscheint auf dem Screen die rote Kurslinie und Ewald fragt:

„Fred, sag mir, wann ich anfangen kann zu zählen!"

„Es kann losgehen, ich bin bereit!"

Ewald startet den Motor und beginnt mit dem Flug, steil nach oben.

Jetzt hört er:

„Fünf-vier-drei-zwei-eins: Störung"

Ewald:

„Eehhh. Lolololos. Neeeeeiiiiin. Schuss!"

Beide sehen auf dem Screen, dass die Maschine trudelt und mal scharf rechts dreht, dann steil anhebt und schließlich mit ‚Schuss' den Schleudersitz auslöst. In diesem Moment schaltet Fred den Wobbler aus und Ewald setzt zur akkuraten Landung an und hält.

Ewald sagt nur:

„Also, so etwas habe ich noch nie erlebt, ich war vollkommen durcheinander und als ich nicht mehr wusste, wie ich den Steuerknüppel bewegen sollte, habe ich mit der flachen Hand auf den roten Pilzknopf zur Auslösung des Schleudersitzes geschlagen. Ich habe gemerkt, in diesem Zustand kann kein Pilot den Kurs halten. Meine Erfindungsidee ist ein genialer Gedanke!

Wir haben unser Ziel fast erreicht. Jetzt versuchst du, herauszufinden, wann und wo die Russen das nächste Manöver oder eine Flugschau veranstalten. Ich nehme Kontakt mit meinem potenziellen Kunden auf, unterbreite ihm die Erfindung und frage ihn, zu welchem Preis er das Knowhow kaufen würde."

Damit geht ihr erweiterter Arbeitstag mit einem grandiosen Erfolg zu Ende. Beide fahren nach Hause mit dem Versprechen im Kopf, gegenüber anderen kein Wort von diesem Vorhaben zu verlieren.

Ewald ist wieder einmal voller Elan und nimmt sofort Kontakt mit dem potenziellen Kunden auf, den er über Mike eine Information zukommen lässt.

Er sendet eine verschlüsselte LINE- Mitteilung an Mike mit folgendem Inhalt:

„Heute unterbreite ich euch ein neues Projekt, nennen wir es D99. Ich biete ein Gerät an, das in der Lage ist, gleichzeitig die Piloten mehrerer Flugzeuge handlungsunfähig zu machen. Sie beherrschen dann

nicht mehr ihre Maschine und können sich nur noch über den Schleudersitz retten.
Wie gefällt euch die Idee und was würdet ihr dafür bezahlen wollen. Reiche diese Message bitte an D99.0 weiter. Ewald"

Es vergehen nur wenige Minuten, da kommt bei Ewald eine LINE an, in der steht:

„Hallo Ewald, D99.0 findet das sehr interessant, doch bevor er eine Kaufsumme vorschlägt, möchte er gern wissen, auf welcher Basis diese Waffe funktioniert. Bitte melde dich bald, denn D99.0 befindet sich in einer selten großen Erwartungshaltung!"

Ewald lässt nicht lange auf sich warten und schreibt zurück:

„Der Grundgedanke dieser Waffe ist meine eigene Erfindung und über die spreche ich erst, wenn der Kauf abgeschlossen ist. Aber D99.0 oder ein Vertreter kann sich gern von der Funktion überzeugen."

Inzwischen war auch Fred nicht untätig und kann Ewald mitteilen, dass schon in genau einer Woche in Russland, unmittelbar an der Grenze zu Finnland ein russisches Manöver stattfindet, bei dem auch militärische Flugzeuge beteiligt sind.
Finnland bietet ausländischen Journalisten gegen einen Preis von 3.000 Euro einen Platz auf einer geschützten Aussichtsplattform an. Auf der russischen Seite liegt das Manövergebiet bei Svetly und die Plattform auf finnischem

Territorium wird nahe dem Grenzübergang Finnland/Russland sein, bei dem Dorf Raja-Jooseppi.

Diese Information gibt Ewald sofort per LINE weiter und ist gespannt, wie sich dazu D99.0 verhält.

Es dauert auch nicht lange, da hört Ewald einen kleinen Klick und weiß, dass jetzt eine Antwort ankommt:

„Lieber Ewald, D99.0 hat mir den ehrenvollen Auftrag erteilt, gemeinsam mit euch und den Journalisten dort zu sein, um mit eigenen Augen zu sehen, ob deine Idee eine Summe von 1.000.000 Dollar wert ist.“

Selbstverständlich ruft Ewald seinen Partner Fred an und teilt ihm mit, was er von Mike erfahren hat. Ewald ist mit sich im Reinen und fest entschlossen, dass diese Aktion im Sinne einer Agententätigkeit für immer seine letzte sein wird. Dann hat er für sich und seine Familie die Basis für eine sorgenfreie Zukunft geschaffen.

Diese Mal informiert er Rosa, dass er eine Erfindung gemacht hat, die natürlich mit der Fliegerei im Zusammenhang steht. Er wird in der nächsten Woche für zwei Tage verreisen, um dem Käufer des Patentes seine Neuerung vorzuführen.

Doch jetzt spricht er Rosa persönlich an:

„Rosa, ich hatte dir schon gesagt, dass ich nächste Woche verreisen werde, um meine Idee zu präsentieren. Es besteht zwar kein Risiko, doch sollte mir wider Erwarten etwas zustoßen, so findest du in meinem Büro, versteckt in dem Buch 'Risiken der Luftfahrt' einen Briefumschlag mit wichtigen Informationen.“

Letztes Kapitel

Die Zeit des Wartens ist vorbei und Fred hat neben seiner kleinen Reisetasche einen Alu-Koffer dabei, in dem das „erfindungsgemäße" Gerät sicher untergebracht ist. Ewald nimmt lediglich einen Rollkoffer mit auf die Reise in das nördliche Finnland. Ihr Flug führt von Hannover nach Hamburg und von hier nach Rovaniemi in Finnland. Von hier geht es mit Bus und Taxi bis zum Zielort. In der Nähe nehmen sie sich ein Zimmer, um pünktlich nächsten Morgen auf der Plattform zu sein.

Es ist ein kleines Hotel, was vorwiegend für jene Reisende gedacht ist, die nach Russland wollen und vorher noch einmal gut essen und gemütlich zusammensitzen möchten. Ewald und Fred treffen hier auf lediglich vier Journalisten, die offensichtlich auch auf die Plattform wollen, denn sie haben Kameras, Stative und Fernrohre dabei. Aber dennoch wird auf der Plattform genügend Bewegungsfreiheit gegeben sein.

Plötzlich öffnet sich die Tür und Mike betritt das Restaurant. Er begrüßt Ewald und Fred und setzt sich zu ihnen an den Tisch. Nachdem alle ausreichend gegessen und sich noch ein Bier gegönnt haben, legen sie sich zur Ruhe.

Am nächsten Morgen nehmen sie sich ein Taxi, damit sie schnell zur Plattform kommen. Fred stellt sein Stativ auf, doch nicht um eine Kamera darauf zu befestigen, sondern seine spezielle Antenne für den ,Gamma-Wellen-Sender. Die Journalisten schauen zwar sehr interessiert, doch weder Ewald noch Fred äußern sich. Es ist gerade 9:00 Uhr da ertönt in der Ferne, wahrscheinlich auf dem Manövergelände ein lauter Schuss.

Bald darauf steigen kleine Aufklärungsflugzeuge auf, machen einen Turn und drehen wieder ab. Dann aber kommt gleich ein Geschwader von fünf F35 - Kampfbombern. Sie ziehen erst einige Kreise um das Manövergebiet. Doch dann erhöhen sie die Geschwindigkeit und nehmen Kurs in Richtung Finnland. Jetzt ist es so weit. In diesem Moment drückt Fred auf den Knopf ‚STÖRUNG' und schon beginnt das erste Flugzeug zu schwanken, dann die drei anderen und das vierte steigt steil nach oben, kippt ab und nähert sich im Sturzflug der Erde. Aus vier Maschinen schießen die Schleudersitze die Piloten in die Luft, doch die andere Maschine ist noch immer im Sturzflug und Ewald ruft:

„Die kommt ja direkt auf uns z......".

Ein wahnsinnig lauter Knall durchbricht die finnische Stille und von der Stelle, wo die Plattform stand, wirbelt Betonstaub auf und Flugzeugteile fliegen durch die Luft.

In den Mittagsnachrichten geht eine Meldung um den Globus:

„Bei einem Manöver der russischen Streitkräfte gab es einen traurigen Zwischenfall. Fünf Kampfflugzeuge vom Typ F35 gerieten außer Kontrolle. Vier Piloten konnten sich mit dem Schleudersitz retten. Ein fünfter Pilot und sieben Journalisten, die sich auf einer Besucherplattform befanden, wurden von der abstürzenden Maschine getroffen und unter deren Trümmern begraben.

Die russische Regierung hat den Angehörigen bereits ihr Mitgefühl bekundet."